北京市社会科学理论著作出版基金资助

Escape from the Trap of E-culture:
A Study on Neil Postman's Media Theories

逃离电子文化的陷阱
尼尔·波兹曼媒介学思想研究

吴晓恩 著

北京大学出版社
PEKING UNIVERSITY PRESS

图书在版编目(CIP)数据

逃离电子文化的陷阱:尼尔·波兹曼媒介学思想研究/吴晓恩著. —北京:北京大学出版社,2015.6

(媒介与文化传播研究丛书)

ISBN 978-7-301-25865-1

Ⅰ.①逃… Ⅱ.①吴… Ⅲ.①波兹曼,N.(1931~2003)—传播媒介—研究 Ⅳ.①G206.2

中国版本图书馆 CIP 数据核字(2015)第 110081 号

书　　　名	逃离电子文化的陷阱——尼尔·波兹曼媒介学思想研究
著作责任者	吴晓恩　著
责任编辑	武　岳
标准书号	ISBN 978-7-301-25865-1
出版发行	北京大学出版社
地　　　址	北京市海淀区成府路 205 号　100871
网　　　址	http://www.pup.cn
电子信箱	ss@pup.pku.edu.cn
新浪微博	@北京大学出版社　　@未名社科-北大图书
电　　　话	邮购部 62752015　发行部 62750672　编辑部 62753121
印　刷　者	三河市博文印刷有限公司
经　销　者	新华书店
	965 毫米×1300 毫米　16 开本　19.75 印张　274 千字
	2015 年 6 月第 1 版　2015 年 6 月第 1 次印刷
定　　　价	49.00 元

未经许可,不得以任何方式复制或抄袭本书之部分或全部内容。

版权所有,侵权必究

举报电话:010-62752024　电子信箱:fd@pup.pku.edu.cn

图书如有印装质量问题,请与出版部联系,电话:010-62756370

谨以此书献给我的家人

序

吴晓恩的《逃离电子文化的陷阱——尼尔·波兹曼媒介学思想研究》是在其博士论文的基础上修改补充而成,写得很是扎实。

算起来,这是作者的第二部著作了。早在2004年,年纪轻轻的吴晓恩就和她的同学合著了《花园声音——MTV的意义空间》。作为媒介文化丛书的一种,该书很有创新意义。当时国内有关MTV的出版物,多侧重为技术操作层面的教材式编撰,因此,从媒介传播与文化的角度来挖掘音乐电视的文本特征、文化精神、消费属性与偶像特质,无疑是为音乐大众文化的研究开拓了新的空间。尤其是作者从文化比较的角度,对中国MTV的文化内蕴,作了细致的分析。吴晓恩以自然顺畅的笔触描述了中国语境下的MTV是如何在中华民族深厚而绵长的文化漩涡中,以其特有的节奏旋律和画面构思,显示出其与欧美MTV迥然不同的文化韵味。因此该书的有关章节被多家媒体发表、转载和摘录。应该说,当年的《花园声音》为今天出版的《逃离电子文化的陷阱——尼尔·波兹曼媒介学思想研究》,打下了牢固而坚实的基础。

说到传播学媒介学领域,可以研究的对象和选题很多,但是吴晓恩对波兹曼似"情有独钟",这或许缘自波兹曼严谨的学理和晓畅的文风,我曾将从伊尼斯经由麦克卢汉到波兹曼的思想历程称之为"由想象性表达到学理性阐释",正是波兹曼深邃的思考和令人信服的学理性阐释牢牢地吸引着作者。

波兹曼有关媒介研究的著述如《童年的消逝》《娱乐至死》《技术垄断》都有中文译本,对于许多读者来说是耳熟能详,特别是他的《娱乐至死》几成大众读物。说它是大众读物,除了受众面广,还缘于波兹曼的文风,晓畅明白,循循善诱,许多晦涩的话题到他笔下就豁然开朗起来。

西方自 18 世纪 60 年代工业革命以来,社会形态的急剧变化可以从多个角度来加以读解:比如从生产力发展和经济生活的视角来阐释,或从理性精神的确立和思想观念的嬗变来梳理,也有从现代性的拓展等方面来立论,而波兹曼则继承伊尼斯和麦克卢汉的思路,从媒介环境的变化入手来描述现代社会,并在体制上确立了媒介环境学。在学术领域,承认媒介环境带来社会变化的同时,尚有不同的价值立场,或赞赏或警惕,有乐观也有悲观,当然更加复杂的情形是既进行批判又保持谨慎的观望态度。

波兹曼的媒介环境学也可以说是批判的媒介环境学,即警惕电子媒介的偏向将社会文化导入歧途,吴晓恩就是沿袭这一思路,分别从电视文化批判、技术垄断批判和应对信息泛滥等三个方面切入,对波兹曼的思想作了解析和阐释,并在吸收学界当下的研究成果后,尽量做到精细而到位。

说精细到位,是作者在材料上面下了工夫,晓恩在有关波兹曼的生平介绍中,提及波兹曼的职业生涯始于小学教师,我曾问她根据何在?她告诉我来自波兹曼《教育的终结》一书,本来问题可到此为止,可是她并没有放弃对波兹曼这一段经历的考证。在翻阅了大量资料后都没有找到对此经历的其他讲述或佐证后,认真执着的吴晓恩给波兹曼纪念网站的两位建立者 Christopher Blosser 和 Joshua Sowin 写信,寻求对波兹曼小学教师经历的求证,希望能挖掘到更为细致的内容,但是他们都对此表示不清楚。Joshua Sowin 建议作者向波兹曼的经纪人 Elaine Markson 询问。然而发出的邮件石沉大海。就在晓恩快要放弃的时候,她突然想起或许可以试着给杰伊·罗森、保罗·莱文森以及兰斯·斯特雷斯写信,于是她又通过网络寻找他们的联系方式,并最终给莱文森和斯特雷斯发出了邮件。几天后,惊喜地收到了斯特雷斯的回信。斯特雷斯表示,为此问题他特意与波兹曼的遗孀 Shelley 夫人联系询问,最后证实了这一段经历。

以上例子,足以表明吴晓恩的认真劲头和一丝不苟的学风,正是这种凡事求实的学风,使得作者不仅将波兹曼有关的电子文化批判方面的著述囊括在内,而且还关注波兹曼在语言学和教育学方面的著述,并阐述了波兹曼在语言学研究和教育改革方面的研究成就,使我们看到了以上两方面的研究和媒介环境学研究之间的内在联系,即无论是语言学、教育学还是媒介环境学,归根到底是涉及社会文化的承传和文化发展平衡的大问题。

如果说伊尼斯的媒介学理论源自于大宗货物贸易,麦克卢汉的灵感来自于新批评和形式主义,那么波兹曼则是从语言学和教学实践活动出发,走上媒介学研究之路的。在前后相隔十年之间,他先后写出了《作为颠覆活动的教学》和《作为保存活动的教学》两部著作,这前后的判然有别,正表明他对电子文化的批判是出于对冗余信息的忧虑,和对上千年以来的书面文化和印刷文化的依恋。当然,仅仅是语言学和教育学还不足以构成波兹曼的理论基础,他的思想来源是广谱性的,因此吴晓恩还追溯到了芒福德、杜威、艾吕尔、福柯、詹姆斯 凯瑞和法兰克福学派等对他的影响,力图勾勒出其宽厚的学术思想背景。

波兹曼对电子文化的批判不仅仅停留于理论层面,更主要的是他善于进入到具体的社会现象层面,在对文化现象和文化走向的描述和解析中得出令人信服的判断。因此他所进行的电子文化批判特别能得到广泛的社会认同。作为一个学者和优秀的教育工作者,他的最大长处是敏锐而清晰,能迅速捕捉正在生活中刚刚展开的现象,并能将复杂的理论问题和生动的社会现象结合起来,作出深入浅出的解读。而吴晓恩似乎在这一点上得波兹曼的真传,对波兹曼作了同样深入浅出的解读,使其思想和学术形象清晰地呈现在读者面前。我们看到继《娱乐至死》中波兹曼对美国的电视文化进行了猛烈批判之后,在《技术垄断》中他又对美国的电脑科技和医疗技术垄断作了深刻剖析,并以"机器意识形态"名之,这是他"娱乐至死"观念的延伸,即"信息至死"观念的展开。波兹曼认为,在过量的信息面前,人愈发地丧失了独立思考的愿望、自信和能力,人不再是一个理性的个体而成为计算机的附件,成为臣服于技术垄断的奴仆。

另外,信息泛滥还大大提高了人们甄别信息真伪和有用与否的难度。因此他大力呼吁人们要尽可能地逃离虚拟的网络空间,反对技术垄断,重新获得生命的活力。

当然,娱乐至死也罢,信息至死也罢,电子科技和新媒体技术并没有因为受到波兹曼等人的批判而停止脚步,反倒是一路高歌猛进,而波兹曼等批判者也没有因为新媒介技术的狂飙突进就放弃批判,仍然坚守阵地。而吴晓恩在最后一章《波兹曼与互联网》中,对此作了反思,并结合中国的具体情形和后起的学者对波兹曼的批判,指出波兹曼理论中的不足之处,即波兹曼将文化作为凝固的价值,似乎忘了文化同时也是人们对当下生活的反应,文化是活生生的文化而不只是对历史的追忆和致敬,波兹曼在互联网时代抵制互联网生活,坚持用笔写作,不上网浏览和交往,虽然显得悲壮,却不是一个文化研究者,特别是媒介文化研究者应该采取的态度。

由此,我希望吴晓恩在波兹曼等前辈所开拓的路途上走得更远。

蒋原伦
2014 年冬,积水潭

目　录

导论　/1

第一章　波兹曼的研究领域及其成就　/22
　　第一节　波兹曼生平　/22
　　第二节　波兹曼的三大研究主题　/32
　　第三节　波兹曼学术思想的阶段划分　/50

第二章　电视文化批判　/57
　　第一节　走出麦克卢汉　/57
　　第二节　电视化就是娱乐化　/80
　　第三节　电视与信息控制　/132
　　第四节　电视与教育　/145

第三章　技术垄断文化批判　/170
　　第一节　技术批判　/171
　　第二节　信息批判　/200
　　第三节　科学主义批判　/222

第四章　应对信息泛滥　/246
　　第一节　波兹曼的文化保存观　/246
　　第二节　波兹曼的教育改革思想　/249

结语　波兹曼与互联网　/269

参考文献　/292

主题词索引　/303

致谢　/307

导　　论

尽管尼尔·波兹曼早在20世纪60年代就成为美国教育改革运动的风云人物,但直到2004年其代表著作《娱乐至死》(1985)中文译本的出版,才使他全面进入了中国学者和民众的视野。他风趣幽默而顺畅明晰的语言风格和旁征博引的雄辩之才深受中国学者和民众的喜爱,他的媒介批判思想得到了众多批评者的拥护,一时间"娱乐至死"一词在学术圈内及坊间时有耳闻。但是,就总体而言,中国学者和民众对波兹曼的了解多限于他所提出的具有煽动力和批判性的"娱乐至死"这一结论。应该说,波兹曼受到中国学界的广泛关注和深入研究始于2007年两部著作的出版:《技术垄断——文化向技术投降》中文译本和林文刚(Casey Man Kong Lum)编的《媒介环境学:思想沿革与多维视野》。由此,波兹曼的媒介学思想得到了更为全面的展示。加上波兹曼自称最喜爱的《童年的消逝》(1982)一书,《娱乐至死》《技术垄断》《童年的消逝》这三部跨越十年的著作广受赞誉,被中国学术界称为"媒介批判三部曲",同时也奠定了波兹曼在媒介批评领域内的重要地位。

波兹曼在中国声名鹊起开始于《娱乐至死》中译本的出版。该书分析了宗教、政治、教育、新闻、商业广告等多个领域的电视化现象以及由此带来的危险。波兹曼指责当时作为社会第一媒介的电视对社会文化、公共话语、民众心理和智力的戕害,认为全社会文化电视化的最终结果就是娱乐至死。波兹曼直言该书是对20世纪后半叶美国告别印刷术时代步入电视时代这一重大文化转变的探究和哀悼。由于该书反响热烈,使大部分中国学者/民众将《娱乐至死》一书作为进入波兹曼思想世界的主要路径,而这一路径直接导致了他们倾向于将波兹曼塑造和想象为一个严肃而悲观的社会公共知识分子,以兰州大学瞿辉的硕士学位论文《波兹曼媒介思想研究——电子媒介时代的技术悲观主义》(1997)为典型例证。但是这一界定偏离了波兹曼的本真形象,有违波兹曼乐观进取的亲和性格。

波兹曼的职业生涯起步于小学教师。[①] 作为一位担任一线教学工作的研究者,波兹曼十分关注语言尤其是媒介语言与教育的关系,认为教育成效与语言的选择和运用具有紧密的关系。在《普通语义学评论》(*ETC.: A Review of General Semantics*)杂志社工作期间,波兹曼逐步确立了自己在语义学领域研究的重要地位。他密切关注语言与现实的关系,树立起"语言是一种环境"的观点,强调要考察作为工具的语言所带来的伴随后果,以达到有效地用语言调节和管理我们与生存环境之间的关系。在此期间,波兹曼还将普通语义学与传播学相结合,并将之作为媒介环境学课程的理论基础。在与麦克卢汉的交流中,波兹曼"广泛接受麦克卢汉的思想,因为它们适合并推进了他自己的思想,成为他思想演化的催化剂;他把自己学术生涯的精力用来使麦克卢汉的探索合法化,给这些探索提供坚实的基础,澄清并延伸麦克卢汉的探索"[②]。波兹曼受麦克卢汉的影响萌发了"媒介作为环境"这一思想,开创了媒介环境学,建立了世界上首个媒介环境学专业博士点,大力推动该学派进入北美传播学主流圈,将"媒介环境"一词转变为学术领域的专有名词。

波兹曼在普通语义学的基础上,继承了麦克卢汉的媒介学思想,将麦克卢汉的"媒介即讯息"说发展为"媒介即隐喻"说,重在揭示媒介的意识形态偏向以及这种偏向对社会文化和心理的深远影响。他告诫人们要严肃认真地对待媒介,要深思在特定媒介影响下的公众话语的方式是怎样规范乃至决定话语内容的。这种对媒介方式的强调,近似于形式主义对

---

① Neil Postman, *The End of Education: Redefining the Value of School*, Knopf, New York, 1996, p. ix.

② 〔美〕托马斯·金卡雷利:《尼尔·波兹曼与媒介环境学的兴起》,选自〔美〕林文刚:《媒介环境学》,何道宽译,北京大学出版社2011年版,第153页。

文学形式的强调。形式主义关心语言结构而不关心内容,他们不仅不把形式视为内容的表现,反而指出内容只是形式的"动因",是为某种特殊的形式运用提供的一种机会或便利。① 形式主义的这一观点实际上与波兹曼的媒介学观点不谋而合。在对电视文化进行分析中,波兹曼指出所有呈现在电视上的内容都必须符合电视媒介的要求,那些不符合电视话语结构和运作机制的事物是根本不能出现在电视上的。而且,从某种意义上来说,我们确实是为了使用电视这个媒介而创造了很多适合电视表现的内容,如电视布道、电视讲堂、电视手术直播、电视竞选演说、电视求职、电视征婚、电视广告、电视厨艺大赛等,不一而足。具体而言,我们可以肯定地说,如果没有电视,那么风靡一时的各类选秀类节目如《超级女声》、各类相亲类节目如《非诚勿扰》等,就根本不会出现。正是由于这种对媒介的强调,导致了常常有人将麦克卢汉、波兹曼等一脉称为"媒介/技术决定论者"。殊不知凡持此种观点的人都混淆了"技术/媒介"和"技术/媒介的方式",更没有认识到"方式"本身对社会文化的决定性作用。同样强调"方式"的还有马克·波斯特。他在《信息方式》中指出"历史可能按符号交换情形中的结构变化被区分为不同时期,而且当今文化也使'信息'具有某种重要的拜物教意义。每个时代所采用的符号交换形式都包含着意义的内部结构和外部结构,以及意义的手段和关系"②。无论是伊尼斯、麦克卢汉、波兹曼还是之后的保罗·莱文森(Paul Levinson),尽管他们在价值立场上存在显著区别,但是他们都有一个共同点即他们强调的并不是技术/媒介本身,而是由这种技术/媒介乃至非技术事物产生的"方式",如一条河流孕育了特定的社会文明,河流的方式决定了这个社会的组织结构和运行模式,决定了依托河流而生的文化的倾向。然而,河流本身并不是技术/媒介。波兹曼等人就是考察这种特定事物的方式对社会文化心理产生的影响。伊尼斯似乎预见到后人的这一误解,他

---

① 〔英〕特雷·伊格尔顿:《二十世纪西方文学理论》,伍晓明译,陕西师范大学出版社1987年版,第4页。
② 〔美〕马克·波斯特:《信息方式》,范静哗译,商务印书馆2000年版,第13页。

在《传播的偏向》中明白无误地指出媒介的偏向及其强大影响不等于媒介具有决定性,媒介的作用仅限于加速、促进或推动复杂的社会进程。除此之外,还有其他许多因素影响了社会历史的进程。① 因此,波兹曼等人的思想绝不是媒介/技术决定论。如果非要冠以一个名称的话,或许可以将他们的思想称之为"媒介路径决定论"或"方法决定论"。波兹曼注重"方法",他在多个场合中强调"方法"的重要性,明确指出"与其说是'媒介即是讯息',不如说是'方法即是讯息'"②,并将这一思想贯彻到对教育的研究和实践中。从中我们可以清楚地看到杜威"做中学"思想中对"方法"的强调。因此,为了防止读者将伊尼斯、麦克卢汉、波兹曼一脉划入形式主义一派(不可否认麦克卢汉确实从形式主义那里获得了灵感),为了将他们与媒介/技术决定论者撇清关系,笔者在文章中选取"媒介方式"/"方法"一词而非"媒介形式"/"形式"一词。

波兹曼在给《麦克卢汉——媒介及信使》一书作序中如此评价自己与麦克卢汉之间的关系:"他们(波兹曼的学生)都知道,自己是麦克卢汉的孩子。当然我也认为自己是他的后代,不是很听话的一个孩子。可是这个孩子明白自己从何而来,也明白他的父亲要他做什么。"③这段话再一次明确了麦克卢汉与波兹曼在思想上的传承关系,并为波兹曼反叛麦克卢汉的价值中立观做了简洁而形象的描绘。不过,在对波兹曼思想的梳理中,我们还可以清楚地看见其他学者/学派的身影:伊尼斯、芒福德、杜威、福柯、柯日布斯基、艾吕尔、法兰克福学派、西方马克思主义学派、芝加哥学派等。在众多学者中,对波兹曼"媒介即隐喻"思想产生重要影响的除了麦克卢汉外,首当其冲的便是伊尼斯。伊尼斯是最早提出"媒介偏向论"并著书论述的一位学者(如果说"明了"或"发现"的话,塔姆斯法老或者更早的人就洞悉了此道理,这一点可以从谚语中寻找到痕迹),他在

---

① 〔加〕哈罗德·伊尼斯:《传播的偏向》,何道宽译,中国人民大学出版社 2003 年版,"译者序言",第 12 页。
② 〔加〕菲利普·马尔尚:《麦克卢汉:媒介及信使》,何道宽译,中国人民大学出版社 2003 年版,"波兹曼序",第 2 页。
③ 同上书,第 7 页。

《传播的偏向》中指出媒介本身就具有一种偏向,这种偏向会在时间和空间上对社会组织产生决定性的影响,进而影响社会形态和社会心理,最终决定文明的走向。因此,当一种具有特定偏向的新媒介出现并占据文化的主导地位时,一种新文明由此产生。波兹曼高度肯定伊尼斯思想的指导作用:"我们可以用哈罗德·英尼斯的学说作为指导。英尼斯强调说,传播技术的变化无一例外地产生了三种结果:它们改变了人的兴趣结构(人们所考虑的事情)、符号的类型(人用以思维的工具),以及社区的本质(思想起源的地方)。"[1]波兹曼十分赞同伊尼斯的观点,但是又感到意犹未尽,而且他对伊尼斯推崇口头文化而贬抑印刷文化这一点存有不同意见。伊尼斯推崇口头传统尤其是古希腊的口头传统,认为该传统达到了时间偏向和空间偏向相互平衡的理想境界。他对口头传统的衰弱表示惋惜,认为向书面传统的回归是一种倒退,因为以视觉为本位的传播"产生的垄断,给西方文明构成毁灭性威胁……这种垄断强调个人主义,随后又突出非稳定性。它造成了民主、新闻自由和言论自由等标语口号的幻觉。"[2]伊尼斯的媒介学观点具有浓烈的价值判断色彩,认为好的媒介应该是能够促进时空观念的平衡。在媒介道德评判这一方面,"麦克卢汉常常否认媒介人性化的观念,伊尼斯则从来不否认这个观念"[3],波兹曼无疑更接近和认同伊尼斯。尽管麦克卢汉在价值判断上与伊尼斯截然不同,他强调媒介研究要"避免价值判断,因为价值判断可能会堵塞我们的道路,使我们不能准确理解正在发生的事情"[4],但是在对具体媒介的评价上,麦克卢汉基本上延续了伊尼斯推崇口头文化而贬抑印刷文化的偏向。麦克卢汉认为机械媒介(尤其是线性结构的印刷品)使人过于专门化和偏重视觉,使人用分析切割的方法认识世界,这直接导致了人的感官分裂,我们成为被分割肢解、残缺不全的畸形人。麦克卢汉对新兴的电子

---

[1] 〔美〕尼尔·波兹曼:《童年的消逝》,吴燕莛译,广西师范大学出版社2004年版,第32页。
[2] 〔加〕哈罗德·伊尼斯:《传播的偏向》,"译者序言",第10页。
[3] 〔美〕林文刚:《媒介环境学》,第46页。
[4] 〔加〕菲利普·马尔尚:《麦克卢汉:媒介及信使》,第4页。

媒介赋予厚望,高呼"今天,凭借电子手段,各种文化和各个媒介发展阶段的并存给人类提供了解放的手段,使我们能够从媒介的感知奴役中解放出来;媒介在各个发展阶段的特定倾向对人的感知都是一种奴役,有了电子媒介之后,我们就从这种奴役状态中解放出来了"①。麦克卢汉将电子媒介视为人类中枢神经系统的延伸,它把人重新整合成一个统一的有机体,实现感官的再度融合和平衡。因此,电子媒介时代的人是一个更高层次的全面发展的人。② 显而易见,麦克卢汉认为电子媒介具有解放人类的功能,他为电子文化中人类社会的再度部落化而欢欣鼓舞。③

波兹曼则不然。波兹曼推崇印刷文化,认为印刷文化有利于严肃成熟的思维和公共话语的产生,如启蒙思想就是深深扎根于印刷文化之中的。与身为加拿大人的伊尼斯和麦克卢汉不同,波兹曼深受印刷文化的浸染。波兹曼所处的美国是一个印刷文化高度发达的国家,他从小就受到了印刷文化体系内严格的语言和思维的训练,这不仅使他对于印刷文化有着天然的亲近感,而且使得他的著作清晰完整、明晰晓畅、生动风趣,完全不同于身处文化蛮荒状态(相对于美国而言,加拿大印刷文化系统内的学术文化状况较为落后)中的加拿大学者麦克卢汉那晦涩桀骜、跳跃玄妙、难以卒读的文章风格。作为印刷文化人,波兹曼高度评价印刷文化馈赠给人类的礼物,认为在新媒介当道的今天,印刷文化是制衡电子文化的有力武器,唯有大力保存印刷文化才可以多少弥补电子文化对社会文化的伤害。波兹曼从不掩饰印刷媒介相对于口语和电子媒介而言所呈现出来的劣势,也不否认印刷媒介给人类文化造成的损失,承认"印刷媒体曾摧毁了世界宗教社群的凝聚力、破坏了口语传统的亲密与诗意、削弱了地

---

① 〔加〕马歇尔·麦克卢汉、斯蒂芬妮·麦克卢汉、戴维·斯坦斯:《麦克卢汉如是说》,何道宽译,中国人民大学出版社2006年版,第5页。
② 〔加〕埃里克·麦克卢汉、弗兰克·秦格龙:《麦克卢汉精粹》,何道宽译,南京大学出版社2000年版,"中译本序",第8页。
③ 麦克卢汉一方面对电子媒介大加赞赏,另一方面他严格限制自己的子女观看电视,使之与电子媒介保持一定距离。

区的忠诚度、又创造了残酷无人味的工业体系"①。但是波兹曼坚信,就总体而言,印刷术给我们社会文化带来的影响是利大于弊。现代的智力、教育、知识、真理和信息等观念都来自于印刷文字,这些都是我们的宝贵财富,是推动社会进步发展的重要动力。尽管对于电子媒介,波兹曼表示了强烈的反对,但是他也认为应该客观全面地看待新媒介,指出"随着印刷术退至我们文化的边缘以及电视占据了文化的中心,公众话语的严肃性、明确性和价值都出现了危险的退步,这就是我希望说明清楚的。但是,对于同种情况下可能出现的好处,我们也应该保持坦诚的态度"②。需要特别指出的是,我们说媒介具有偏向,是指媒介方式本身必然带来的偏向性/倾向,而不是常言的偏颇、不全面甚至是错误的倾向。而且,事实上并不存在所谓的"媒介正向",因为不同的媒介必然导致不同的路径/方法,不同的路径/方法导致不同的方向,进而产生不同的结果。

在波兹曼思想谱系中同样占据了重要地位的还有米歇尔·福柯。从一定程度上来说,《童年的消逝》是波兹曼对福柯思想的回应和献礼。福柯从多个角度寻找构成社会制度背后的隐蔽规则——权力关系,指出真理只是在特殊的历史状况下被权力认可的暂时的有用性知识而已,是在历史过程中由许多方面建构而成的,是由多种社会实践捕捉到的。由此,福柯直接颠覆了传统的历史观,否定了历史的本质主义,指出"历史是被塑造出来的"③。从这个角度出发,福柯不仅指出"作家"是一个被发明出来的词,而且耸人听闻地宣称"人"也只是历史的某个特定时期的知识发明,是偶然出现的且必然会消失。依循福柯的这一观点,波兹曼从媒介变迁的角度对"童年"概念进行了重新梳理和审视,指出"童年"并不是自古就有和与生俱来的,而是特定媒介环境下社会文化的产物。很明显,波兹曼反对西格蒙德·弗洛伊德、埃里克·埃里克森、让·皮亚杰等人的童年

---

① 〔美〕尼尔·波斯曼:《通往未来的过去》,吴韵仪译,台湾商务印书馆2000年版,第149页。
② 〔美〕尼尔·波兹曼:《娱乐至死》,章艳译,广西师范大学出版社2004年版,第36页。(凡无特别说明,本书引用该书皆为此版)
③ 〔德〕克拉达·登博夫斯基:《福柯的迷宫》,朱毅译,商务印书馆2005年版,第15页。

观。这些学者认为可观察的儿童发展的各个阶段是受生物规则控制的，其中持有"遗传认识论"的皮亚杰指出儿童从一个智力层次进步到另一个智力层次遵循的是遗传原则。对他们而言，童年不是因为印刷文化中社会民众识字能力的普遍提高而被发明的，相反，童年只是被发现了，新的信息环境也并没有使它消逝，只不过是压制它的存在而已。《童年的消逝》从媒介变迁入手对"童年"概念的历史进行考察，再一次重申了童年的被建构性。该书也成为福柯非本质主义历史观的一个有力的注解。但是和福柯避免价值判断不同，波兹曼对于童年的消逝深表忧虑，认为这是人类社会的一大损失，并对造成这一社会现象的电视媒介进行了严肃深刻的批判。波兹曼关心童年，认为童年的被发明是时代的进步，童年由于其特殊性是应该受到额外保护的，印刷文化及其设立的信息控制体系不仅是童年诞生的直接原因而且是保证童年得以持续存在的必要条件。波兹曼十分赞同洛克的"羞耻之心是童年与成年的分野"这一观点，认为羞耻心不仅是童年的一个重要特征，而且是人类文明发展过程中必不可少的要素。然而，以电视为代表的电子媒介毁坏了童年得以继续存在的根基。不分对象、肆意泛滥的电子信息将以往被信息控制机制屏蔽的信息全部展现在儿童面前，不仅导致了信息控制机制的崩溃，而且也使儿童暴露在各类成人秘密的面前。由此，儿童逐步丧失了应有的羞耻之心而越来越成人化。与儿童的成人化相应的则是成人的儿童化和整个社会智力的弱化。电视是以图画/故事而不是思辨/论说为内容的媒介，它取消了思考和历史，使信息娱乐化和简单化。当收看电视时，我们不需要对观众进行儿童和成人的区分。因此，观看电视的结果是使智力趋向单一化，当这种单一化全面彻底地实现之时，也就是童年/成年的消逝之时。不仅如此，波兹曼指出电视是第三次教育危机的罪魁祸首。电视对教育尤其是传统的学校教育产生了极大的冲击，导致了第三次教育危机的出现。电视改变了"教育"的定义，塑造出了一种新型教育，一种以娱乐为最终目的的全国最大的教育产业。电视已经取代学校成为第一课程。因此，他提出要在媒介环境分析的基础上对学校教育进行改革，建构以"人类的进步"为主题的宏大叙事,重新定位学校教育的目的和方法,着重培养学生的历史意识和批判意识,发挥学校教育的保存功能,以印刷文化对抗电子文化。尽管波兹曼承认这些建议并不一定能扭转危局,但是他仍然荷枪实弹,愿意为人类的光明未来而战斗不息。应该看到,波兹曼写作《童年的消逝》的时候,互联网还未崛起和普及。如今,低门槛的、虚拟的、信息泛滥的、五光十色的互联网世界进一步应验了他的预言。无论是儿童还是成人都可以在互联网上轻而易举地寻找到各类以往无法接触到的绝密、私密、禁忌的信息,可以无限大地满足人们的偷窥欲和好奇心。在互联网时代,人类已经没有多少秘密可以保留,更遑论童年。

值得一提的还有与波兹曼年代较为遥远的芝加哥学派。大多数研究者往往着眼于波兹曼对伊尼斯和麦克卢汉的思想传承,而没有发现他与芝加哥学派的隐秘渊源,例如林文刚在《媒介生态学在北美之学术起源简史》中将波兹曼的媒介环境学思想源头追溯至芒福德、艾吕尔、伊尼斯、麦克卢汉等人,称他们与波兹曼一道是"媒介环境学历史上具有开创性的思想家"[1]。对此,胡翼青表示了不同意见。在《媒介环境学的思想谱系:从芝加哥到波兹曼》中,胡翼青认为"从学术史的角度来看,某一研究领域的学术源头必须源于一次学术的突变。从媒介环境学的角度来看,这次突变一定是发生在将生态学理论引入社会科学,用于传播研究的学者身上"[2]。更何况,芒福德和伊尼斯都曾经直接或间接地受到过芝加哥学派的影响。因此,胡翼青认为媒介环境学的第一代学术先驱是社会学芝加哥学派(以帕克为代表)。他指出芝加哥学派对媒介环境学的影响是深远的,尽管波兹曼有许多观点与伊尼斯甚至是帕克相左,但是就论题而言,波兹曼与芝加哥学派是一脉相承。首先发现这一点的应该是凯瑞,凯瑞指出当代的媒介环境学就是芝加哥学派传播思想主题的延续,因为"符

---

[1] 〔美〕林文刚:《媒介生态学在北美之学术起源简史》,陈星、崔保国译,《中国传媒报告》2003年第2期。
[2] 胡翼青:《媒介环境学的思想谱系:从芝加哥到波兹曼》,选自吴予敏主编:《传播与文化研究》,北京大学出版社2007年版,第300页。

号互动论者自身的兴趣被'诸如政治、理性、权力和社会变迁等问题所掩盖,这些问题是芝加哥学派的社会学家早已涉足过的'"[1]。胡翼青对此深表赞同,认为波兹曼及其弟子所讨论的议题"从来都没有走出过从帕克开始芝加哥学派为传播技术与社会关系研究所划定的藩篱"[2]。在对待技术的态度上,波兹曼继承了芝加哥学派的人本主义立场,他质疑技术对社会的直接作用,强化了技术的间接作用,并引用小林恩·怀特的比喻来强化自己的观点:"随着我们对技术史的了解日益增加,我们很清楚,新设备仅仅是为人类打开一扇门,它不会强迫人类走进去。接受还是拒绝一项发明,或者若是接受了,它的含义究竟能实现到什么程度,这些都依赖于当时的社会状况、它的领袖有没有想象力,同时也要看技术项目本身的性质。"[3]胡翼青认为,"多伦多双星"(编者注:伊尼斯与麦克卢汉)尤其是麦克卢汉过于夸大技术的作用,实际上已经偏离了芝加哥学派社会生态学研究中浓厚的人文主义色彩,而波兹曼更为看重人在面对技术时所具有的自主判断、实践反馈和驾驭技术的能力。因此,波兹曼在很大程度上修正了"多伦多双星"一度走得过于极端的方向,并将人的主体性重新注入媒介环境学的研究,一定程度上回到了芝加哥学派早期的人本主义道路上。在社会科学研究的方法论上,波兹曼同样通过伊尼斯传承了芝加哥学派对形式主义尤其是统计学定量分析方法的批判。芝加哥学派"试图使社会研究回归历史学的分支,强调社会知识的跨学科特性"[4],伊尼斯也从时间性的角度指出了定量分析方法的局限性:"浩若烟海的统计数字摆在社会科学家的面前,他被迫去解释并去发现模式和趋势,以便能够预测未来……不过,精细计算的预设是短期的预测……这反映了西方

---

[1] 〔美〕大卫·阿什德:《传播生态学——控制的文化》,邵志择译,华夏出版社2003年版,第78页。
[2] 胡翼青:《媒介环境学的思想谱系:从芝加哥到波兹曼》,选自吴予敏主编:《传播与文化研究》,第311页。
[3] Lynn White Jr., *Medieval Technology and Social Change*, London: Clarendon Press, 1962, p.28.
[4] 〔美〕詹姆斯·W.凯瑞:《作为文化的传播》,丁未译,华夏出版社2005年版,第112页。

文明对时间因素的忽视。"①到了波兹曼这里，这一方法论思想体现为对科学主义的批判、对实证主义研究方法滥用于社会科学研究的抵制以及对学校课程的改革建议（如每一门课都是历史课、教师应具有历史性思维）等方面。胡翼青高度评价了波兹曼对芝加哥学派的继承和弘扬，认为"芝加哥学派的思想是通过波兹曼师徒再度强势发言，对当代媒介环境学的发展走向又一次产生了重要的影响。这一次发言的影响力和重要意义，丝毫不逊于在多伦多双星开辟媒介环境学战场的那一历史时期"②。由此，通过胡翼青的论证，我们从芝加哥学派思想传承的角度再次印证了波兹曼在媒介学研究中所作出的重要贡献。

面对技术，波兹曼延续了芒福德的人本主义思想和技术批判思想以及他对理性的强调。芒福德指出电力延伸并强化了机器的意识形态，是古代王者机器的翻版，它们都具有一个共同的特征即"古今王者机器都有一个潜隐的共同意识形态的纽带，为了加强权力复合体，为了扩大控制范围，它们都忽视生命的需求与宗旨"③。在技术膨胀的文化中，芒福德认为唯一的出路就是有意识地践行理性的思考，用理性来指导行动。从电报出现伊始，电子媒介的持续的、不稳定性的特性逐步侵入到社会文化生活中，有力地"促成了语言的彻底重构，这种重构把主体性构建在理性自律个体的模式之外……一个多重的、撒播的和去中心化的主体，并被不断质询为一种不稳定的身份"④。对此，推崇理性自律的波兹曼坚决地认为以电视为代表的电子文化损害了启蒙运动以来的对人类社会文化进步具有重大推动作用的优秀品质（如理性、质疑等），他深刻地揭露了新媒介的潜藏危险，批驳了新媒介/技术神话论，号召全社会大力抵制技术垄断。波兹曼毫不掩饰自己对电子媒介/技术的批判，他在《媒介环境学的人文关怀》（2000）一文中指出电子媒介飞速提升了信息速度、容量和多样性，

---

① 〔加〕哈罗德·伊尼斯：《传播的偏向》，第69页。
② 胡翼青：《媒介环境学的思想谱系：从芝加哥到波兹曼》，选自吴予敏主编：《传播与文化研究》，北京大学出版社2007年版，第312页。
③ 〔美〕林文刚：《媒介环境学》，何道宽译，北京大学出版社2009年版，第69页。
④ 〔美〕马克·波斯特：《第二媒介时代》，范静哗译，南京大学出版社2005年版，第58页。

这造成的最深层次的后果是道德赤字,他直言在新媒介时代"信息已经成为一种垃圾"[①]"新媒介使我们的国家成为信息垃圾堆放场"[②]。波兹曼的关注点经历了从"媒介"到"技术"的扩展,他在《技术垄断》中深刻地考察了新技术对当代社会文化生活和心理的影响。他指出技术的变化实际上是环境的变化,每一种新技术的出现都具有改变当前文化的巨大威力。因为,在每一件工具里都隐藏了一个不被它的制造者和使用者觉察的意识形态上的偏倚或行为倾向,进而,控制我们对周围世界的认识和理解。波兹曼自创了"technopoly"(技术垄断)一词,用以鲜明地呈现技术对我们今天的世界和生活所实行的独特控制。在技术垄断阶段,技术使信息泛滥,使传统世界观消失得无影无踪,人们已经失去驾驭技术的能力而成为技术的俘虏。对此,波兹曼忧心忡忡。

对于电子文化持有批判态度的学者不在少数,如芒福德(后期)、艾吕尔、阿多诺、麦克卢汉(前期)、波兹曼(中后期)等。也不乏对电子文化持肯定态度的研究者,如麦克卢汉(中后期)、莱文森、托夫勒、布热津斯基、富勒、约翰·凯奇、吉尔德、尼葛洛庞帝、奈斯比特等,他们赞美电子技术,坚信电子媒介将驱除社会混乱、环境破坏等不如意的社会现实,消除政治冲突与个人疏离,坚信它们可以帮助我们重获生态平衡及人与自然的和谐,步入更加美好的未来。当然,还有持中立态度、倾向性并不鲜明的研究者,如约书亚·梅罗维茨、马克·波斯特等人,他们对电子媒介给社会文化心理所带来的各种变革进行描绘和研究,一方面不满于电子媒介的消极影响,另一方面又对电子媒介塑造的新的社会景象抱以期望,这些人传承了麦克卢汉价值中立的传统,如,梅罗维茨就认为"新的环境与旧的环境相比既不是天生就好或天生就坏,同样它也不是天生就更真实或更虚假——虽然在这两个方面都有声明"[③]。值得注意的是,这种中立

---

① 〔美〕尼尔·波斯曼:《技术垄断》,何道宽译,北京大学出版社2007年版,第41页。
② 同上书,第49页。
③ 〔美〕约书亚·梅罗维茨:《消失的地域》,肖志军译,清华大学出版社2002年版,第280页。

的、无关价值判断的态度往往是以更加隐蔽的方式出现的。比如南帆在《双重视域——当代电子文化分析》中试图跨越简单对错的论断,认为"人们没有必要急于确定一个结论,一个肯定或者否定电子传播媒介的评价。人们需要的是分析和展开,从而看到哪些方面呈现为一种解放,哪些方面又呈现为一种控制"①,应该"在双重视域之中考察电子媒介的意义:电子传播媒介的诞生既带来了一种解放,又制造了一种控制;既预示了一种潜在的民主,又剥夺了某些自由;既展开了一个新的地平线,又限定了新的活动区域"②。此言确实有其深刻之意和可取之处,但是细究,则可以发现作者在某种程度上落入了价值中立的窠臼之中而不自知。伊格尔顿指出"我们的一切描述性陈述都在一个经常是隐形的价值范畴网络中活动……利害关系并非只是危害我们知识的偏见,它构成我们知识的一部分。认为知识应该'免于判断'这种主张本身就是一个价值判断"③。很明显,波兹曼与伊格尔顿同处一个阵营。波兹曼指出社会研究不能避免价值判断,他赞同保罗·古德曼(Paul Goodman)的观点,认为技术/媒介研究是道德哲学的分支而不是科学的分支。

波兹曼认为电子时代滥觞于19世纪电报的发明,其弟子林文刚进一步将电子时代的特征界定为"快速的技术变革"。自从电报出现之后,在短短的一百多年的时间里,新的电子传播媒介不断涌现,新技术层出不穷:电报、电话、留声机、轮转印刷机、电影、汽车、飞机、广播、有声电影、收音机、电视、电脑、卫星、激光、视盘、磁带录像机、盒式录像机、电子游戏、互联网、万维网、无线个人通讯等。这些电子传播技术(媒介)引进了一套完全不同于传统的认识世界和感知世界的全新方式。它们带来的变化,不是人们所认识/谈论的"内容"发生了变化,而是人们认识/谈论世界的"方式"发生了变化。考察"媒介"一词的历史与词源可以发现,古典拉丁文 medium 指的是某种中间的实体或状态,在古典时期之后的拉丁文

---

① 南帆:《双重视域——当代电子文化分析》,江苏人民出版社2001年版,第4页。
② 同上。
③ 〔英〕特雷·伊格尔顿:《二十世纪西方文学理论》,第18页。

以及12世纪之后的不列颠资料中,"媒介"一词所指的就是从事某事的方式。①因此,媒介的改变便是方式的改变。这种方式上的改变,具有深厚而丰富的意义,对人类社会产生了全新的影响,此即麦克卢汉所说的"媒介即讯息"。电子媒介出现之前,主宰人类社会的是印刷文化及其衍生物。印刷文化强调理性思维和自律个体,它颠覆了口头文化中长者的权威,树立起知识和作者的权威,它推动了自我内省和知识的民主化,促进了现代学校和现代科学的出现以及长足发展等。然而,电子媒介消解了印刷文化所致力建构的以上种种文化特征,使人类传播和文化中传统的时空观念完全过时,代之以全新的思维/言说/实践的方式、审视/认识世界的方式和价值评判的方式等。电视、互联网、多媒体成为时代的主宰,"直觉"而非"理性"成为电子媒介时代典型的感知方式,林文刚将之称为"后现代文化的征候"。电子媒介在时间、空间、符号和物质结构等方面的偏向都和过去的媒介不一样,而且可以说,它的这种偏向是与印刷媒介偏向针锋相对的,波兹曼将电子媒介的传播方式概括为"快速、视觉、数位的传播方式"②。因此,在电子媒介出现并大行其道之后,不仅印刷媒介及其衍生物出现严重的生存问题(越来越多的纸质媒体、出版社、书店倒闭或濒临绝境),而且整个印刷文化大厦也轰然倒塌。毫无疑问,这对人类社会文化的发展而言是不可弥补的巨大损失。但是,这并不是最具有危害性的,更紧迫而且更严重的问题在于,热情拥抱新技术的人们没有认识到这实质上是与浮士德所做的一场交易——人们在获得某些东西的同时,必定失去了某些东西。人们对此交易茫然不知或无视,更确切地说,是对新媒介带给人们的损失茫然无知/无视。波兹曼清晰地看到了这场交易,对交易中人们所丧失的宝贵财富(如童年的消逝)痛心不已,对人类社会文化的走向抱以忧虑。波兹曼积极推动媒介环境的研究工作,强调媒介环境学者的任务是揭示媒介的隐藏偏向及这种偏向对社会文化的

---

① 〔丹麦〕克劳斯·布鲁恩·延森:《媒介融合:网络传播、大众传播和人际传播的三重维度》,刘君译,复旦大学出版社2012年版,第59页。
② 〔美〕尼尔·波斯曼:《通往未来的过去》,第162页。

影响,并对当下社会文化的发展提供指导,引领人们走向更美好的未来。

在电子媒介的政治功用方面,波兹曼否定了社会上普遍流传的关于电子革命必将促进政治改革的说法,指出"当媒介数量急剧增加的同时,有效的和可行的民主的沟通通道却减少了,因为大众媒介完全成为了单向传播。比如,作为影响公共政策的一种手段——镇民大会已经死去。有意义的(非暴力的)社会行为日益稀少。将个人家中的小型印刷机作为社会变革的工具这一想法/做法是荒谬的"①。波兹曼对电脑的评价也不高。他在纽约社会研究所纪念卡尔金的讲话(1994)中认为电脑是一种加强了的电视屏幕,也可能会对认知过程产生类似的影响(要么没有影响,要么就是有害的影响)。对此,莱文森表示反对,提出电脑是一种新型的书籍,是书籍、电话和电视三者相融合的产物,并暗指老师波兹曼是一个不聪明的使用者。② 由于受时代局限,波兹曼没有深切地体会到互联网普及之后社会文化的巨大变革,他对电子媒介的考察主要是围绕电报、摄影和电视这几大早期的电子媒介进行的。随着计算机技术的飞速发展和互联网的普及,BBS、博客、微博、微信等互联网新生事物纷纷出现并兴盛起来,这些都极大地改变了波兹曼笔下的上述现状。越来越多的社会事务通过互联网得到了广泛的传播和关注,草根个人通过互联网参与到各类社会事务中,积极地进行评论、互动、出谋划策和监督等活动,促进了社会问题的合法合理的解决,极大地推动了整个社会的民主进程。互联网的出现使"大众传媒对民众的绝对控制逐渐让位于电子媒介人与传媒机构的平等对话,人类整体上则由被动的受众而逐渐变为积极的信息传播者、自觉的知识共享者和自主的公共事务参与者。互联网开启了我们这个星球崭新的未来"③。哈贝马斯孜孜以求的"交往理性"在互联网中得到了较为鲜明的体现。这些都是互联网带给整个世界的宝贵财富,很

---

① Neil Postman, Charles Weingartner, *Teaching as a Subversive Activity*, New York: Dell Publishing Co., Inc., 1969, p.8.
② 〔美〕保罗·莱文森:《数字麦克卢汉》,何道宽译,社会科学文献出版社2001年版,第165页。
③ 夏德元:《电子媒介人的崛起》,复旦大学出版社2011年版,第47页。

显然,波兹曼并没有预见互联网对社会民主进程产生的前所未有的重大影响。因此,借用徐友渔教授对《娱乐至死》一书的评价:"该书的观点既有创见,也相当重要。但读的时候,要有清醒的头脑和问题意识。"①

在对电子媒介的评价上,波兹曼也有过思想斗争:一方面,他强烈批判电子文化,死死盯住技术的阴暗面;另一方面,他也难免表示出对电子媒介评判的不确定性,这一点在《娱乐至死》和《技术垄断》中都略有流露:"我之所以不愿被人误解为是在攻击电视,还有一个原因。任何稍稍了解人类交流历史的人都知道,每一种思想的新工具的诞生都会达到某种平衡,有得必有失,虽然这种平衡并不是绝对的……我们在或毁或誉时要十分小心,因为未来的结果往往是出人意料的"②"谁知道25年后的学校会是什么样子呢?50年之后的学校又会是什么样子呢?到那时,目前成绩不好的学生说不定会被认为是优秀学生,而目前的优秀生说不定会被认为是残障生吧,这些优秀生有可能会反应迟钝,太超脱,缺乏激情,可能没有足够的能力在心理上构建现实的画面。请琢磨塔姆斯这句话:'自以为有智慧的自负',即通过书面词语获得的非真实的知识,这样的自负最终成了学校珍惜的最明显的知识形式。我们没有理由认为,这样的知识形式必须永远得到很高的评价"③。这种不确定性更加鲜明地体现在《作为保存活动的教学》中。在这本书中,波兹曼表示在他和查尔斯·韦因加特纳(Chareles Weingartner)共同建构论点的时候并不是执著地坚持自己观点的唯一正确性,而总是会考虑到其他合情合理的不同/对立的观点。波兹曼承认对于他们所表述为"真"的每一个观点而言,要论证它的对立观点或替代物也同样为"真"是很容易的。他将这种情况比喻为我们和我们的影子通过异性极(opposite pole)在相互观看,我们的右边就是它的左边而它的右边是我们的左边。对此,波兹曼称之为"复视"/"双重

---

① 〔美〕尼尔·波兹曼:《娱乐至死》,章艳、吴燕莛译,广西师范大学出版社2009年版,刊引的名家评论。
② 〔美〕尼尔·波兹曼:《娱乐至死》,第35—36页。
③ 〔美〕尼尔·波斯曼:《技术垄断》,第9页。

视域"(double vision)①,正是从这一视域出发,韦因加特纳甚至提议用"反之亦然"一词作为他们每一本书的结尾,但是考虑到种种因素,他们最终还是放弃了这一做法。在《媒介环境学的人文关怀》(2000)中,波兹曼再次重申了要以历史的眼光去看待媒介的影响,指出"即使像我这样认为童年的消逝是一场灾难的人也必须记住,一百年之后,情况也许会有所不同"②,因为"时间引起的变革可能会使我们对事物的看法发生变化"③。尽管波兹曼肯定了时间的魔力,但是他也明确地指出"虽然时间可能会使人对新媒介影响的判断发生变化,但时间也可能出错"④,一种媒介的负面效应并不会随着时间的流逝而有所改变,因此"具体到一种媒介究竟是有助于或有害于人性化的观念,我们还是可以表达一个明确的观点"⑤。由此,波兹曼给"复视/双重视域"钉上了一个清晰的标签即人文关怀,进而与笔者之前提及的强调道德中立、逃避价值判断的"双重视域"(以南帆为例)划清了界限。波兹曼坚持对媒介的评判应该从人性化进步的角度进行考察,要紧紧围绕以下四个问题来思考媒介,即"一种媒介在多大程度上有助于理性思维的应用和发展?""媒介在多大程度上有助于民主进程的发展?""新媒介在多大程度上能够使人获得更多有意义的信息?"和"新媒介在多大程度上提高或减弱了我们的道义感,提高或减弱了我们向善的能力?"可见,波兹曼并非没有研究视野的双重视域,他的批判是基于对人性化发展的历史考量,这是进步主义观点的典型体现。应该说,波兹曼的人性化观点与他对媒介环境学宗旨的界定是相辅相成的,即"媒介环境学的全部重要命题是,它要深化我们的洞见。我们何以为人,我们在人生路途中的道德关怀上做得怎么样"⑥。在当

---

① Neil Postman, *Teaching as a Conserving Activity*, New York: Dell Publishing Co., Inc., 1979, prologue.
② 〔美〕林文刚:《媒介环境学》,第46页。
③ 同上。
④ 同上。
⑤ 同上。
⑥ 同上书,第50页。

前的电子文化大潮中,自称是"20世纪与21世纪的敌人"的波兹曼对人性化进步的坚守,同样充分体现出了他作为敢于逆潮流而上的公共知识分子的担当。

波兹曼严苛地审视后印刷文化时代不断涌现的新媒介,执著地将目光聚焦于新媒介对社会文化所产生的潜藏的、不为人注意的负面和消极的影响。由于波兹曼死死地盯着新媒介的阴暗面,有人因此称他为"勒德分子"①"保守主义者""悲观主义者"。对此,波兹曼表示反对并在多个场合声明自己并不是反对一切新技术(媒介),只是有选择性地接触新技术,并以一种批判性的眼光去审视新技术的利弊,并且将新技术的弊端展示出来,以警醒那些只看见新技术带来的好处而头脑发热、欢欣鼓舞的人们(波兹曼将这些人称为"独眼龙",意指他们看待事物只看一面而忽视另一面)。以电视媒介为例,波兹曼强烈地批判了电视的非理性和娱乐化,不断地拷问电视所产生的铺天盖地、不眠不休、毫无语境的信息对整个社会文化心理的影响。人们毫无防备地浸淫在电视营造的躲躲猫的娱乐世界中,将自己的头脑、情绪、时间、亲子交流乃至人际关系等都通通交给了电视,在电视时空里,思考是没有立锥之地的。简言之,电视消灭了思考。这对于崇尚理性的人而言是难以接受的,于是有人说要杀死电视。但是,波兹曼却从来没有过这种对电视的仇视,而且他本人也没有采取与电视绝缘的做法。波兹曼喜欢看大卫·莱特曼②(David Letterman)主持的电视节目并且是他的忠实粉丝。他声明自己对电视生产的"垃圾"绝无异议,电视上最好的东西正是这些"垃圾"③。但是,在观看电视的时候,波兹曼知道电视对自己施加了什么样的影响,了解电视具有偏向性的话语结构,深谙电视的意识形态,他能够对电视话语进行甄别,并以嘲讽的眼光看待那些疯狂愚蠢的话语,而不是成为没有思想的电视奴隶。一

---

① 勒德份子(Luddote):19世纪英国工业革命时期,大机器生产使手工业者失业。他们迁怒于机器,并破坏机器。后来引申为持有反机械化和反自动化观点的人。

② 大卫·莱特曼,美国脱口秀主持人、喜剧演员、电视节目制作人,主持风格讽刺幽默,具有荒诞主义喜剧的特点。

③ 〔美〕尼尔·波兹曼:《娱乐至死》,第20页。

句话,在使用媒介时,波兹曼清楚自己的初始目的,将使用媒介后的效果与未使用之前的效果进行比较,权衡得失,从而获得对媒介的理性认识。波兹曼告诫人们要正视电子技术的意识形态倾向,睁开双眼去分析技术的利与弊、自己的得与失,从而理性地使用技术。波兹曼高举人文主义大旗,号召人们以强烈的道德关怀和博爱之心去拼死抵抗技术的集权统治,为人类争取更为人性化的未来。

波兹曼的媒介学思想发展史呈现出前期"颠覆"后期"保存"的思想特点,该转变成就了波兹曼的一种教育哲学思想——"恒温器观点"。波兹曼认为学校教育的功能之一是要保持社会文化的平衡,学校的首要目的是去拯救并维持主导潮流影响下失去的东西。波兹曼在媒介研究的过程中逐步形成了宏大历史视角下的文化平衡观。从这一平衡观出发,波兹曼指出,肩负培育未来重任的教育应该具有前瞻性、独立性和出世性,应该保持清醒的意识,对社会发展的方向和步速进行调节和制衡,教育必须要对前瞻性的时代作出保守的回应,而对保守性的时代作出革命的回应。在对技术/媒介的态度上,前期的波兹曼师法麦克卢汉,积极推动新媒介介入生活,尤其是大力倡导新媒介环境下的教育改革。波兹曼一跃成为教育界改革运动的领袖,追随者众多。但是,中后期的波兹曼发现自己前期对媒介认识的不足,为追求真理而勇于自我转变/否定,将目光对准新媒介尤其是电视对文化生活所造成的负面影响。对于波兹曼的这一逆转,大多数人都认为这是波兹曼政治立场的转变,而凯瑞指出波兹曼实际上保持着相当稳定的自由主义立场,在意识形态方面,他与芒福德更为接近,与麦克卢汉则相对较远。林文刚等人认为波兹曼直接承袭了芒福德在启蒙伦理中的领袖地位。①

虽然互联网出现于波兹曼的有生之年,但是互联网对社会文化产生普遍而重大的影响却是在波兹曼罹患疾病的晚年及去世之后。因此,波兹曼没有时间也没有足够的精力(波兹曼的刻意回避也是重要的原因之

---

① 〔美〕林文刚:《媒介环境学》,第69页。

一)去对电子媒介的新兴代言人——互联网进行深入而系统的研究和评说,这对我们而言无疑是一个巨大的损失。但是,波兹曼对于电子媒介娱乐化、技术垄断和信息泛滥等的批判在互联网时代依旧适用,而且在某种程度上来说,这些现象在互联网时代呈现出愈演愈烈的趋势。因此,我们完全可以沿用波兹曼的媒介批判学思路及其方法,对互联网及其后的新媒介/技术进行冷静的审视,剖析媒介形式及其话语结构,审视媒介倾向以及由此对社会文化的影响,并提出因应之策。

波兹曼对电子文化所展开的激烈批判、他对印刷文化所表现出来的深沉热爱以及他所提倡的教育改革等,究其实质,无非是希望人们能够理性地驾驭技术,以免掉入电子文化所铺设的温柔陷阱。然而,凭此我们能否成功逃离电子文化的陷阱,就连波兹曼自己都无太大把握。面对电子文化的汹涌大潮,他不由得感叹"眼前的困难简直无法逾越……也许根本不存在解决的方法"①,但是波兹曼并不退缩,他深信"如果不能提出防止灾难发生的方法,那么也许可以退而求其次,试图理解灾难为什么会发生,那也是有用的"②,只要人们认识到了这些问题,那么这些问题就不会太危险,如果加以积极应对,那么未来总归是充满希望的。对此,有研究者总结为"西方媒介生态学者以他们对宇宙秩序和人类生存的根本信仰和意念为基础介入当代冲突,这个基础给予他们特殊的力量和对一个和谐未来的快乐憧憬。也许他们在面对现实的问难时,理论和实践的距离使他们难免痛心、尴尬和沮丧,但他们并未放弃……这里的理论坚守不仅具有对现实的批判意义,还有对'哪里有危险,哪里就有拯救的力量'的可贵执著"③。斯言不差!

波兹曼的媒介学思想孕育于他深厚的语义学根基和长期的教育实践及研究,受到麦克卢汉思想的指引,发轫于对童年问题及学校教育改革的

---

① 〔美〕尼尔·波兹曼:《娱乐至死》,第205页。
② 〔美〕尼尔·波兹曼:《童年的消逝》,第4页。
③ 单波、王冰:《西方媒介生态理论的发展及其理论价值与问题》,《新闻与传播研究》2006年第3期。

关注,成长于电视媒介研究,成熟于对技术垄断的批判,并最终回归教育研究。希望波兹曼穷毕生之力讲述的这些故事能够在我们的内心深处生根发芽,激励我们将这一故事不断地传承下去;希望在波兹曼孜孜不倦地指引下,我们可以延续着他的温暖笑容,回首他所推崇的 18 世纪,理性而优雅地走向更为人性化的未来……

第一章　波兹曼的研究领域及其成就

第一节　波兹曼生平

尼尔·波兹曼(尼尔·米尔顿·波兹曼 Neil Milton Postman, 1931—2003)是著名的媒介理论家和批评家,当代最重要的媒介学者之一,生前任美国纽约大学教授,他的研究领域横跨教育学、语义学和传播学。波兹曼提升并促进了普通语义学学科的发展,推动了教育改革进程,弘扬了麦克卢汉的媒介学思想,创建了媒介环境学学科并大力推动了该学派进入北美传播学主流圈。作为一位人文主义者,波兹曼始终坚信:"新技术的允诺是有限的,它不能成为人类价值的替代物。"[①]他在等身的著作中,不遗余力地反对娱乐工业入侵教育领域,号召人们大力抵制技术垄断,反复呼吁人们不要盲目接受扑面而来的信息而忽视对其来源进行考察。时至今日,他的警告对于浸淫在电子媒介/技术的当代社会而言仍然具有重大的醒世价值。

1931年3月8日,波兹曼出生于纽约市布鲁克林区的一个倾向民主政党的犹太家庭。波兹曼的父母具有鲜明的政治意识,屡次教导波兹曼应该赋予政治事件和政治评论以特定的价值,告诫波兹曼在投票中要支持民主党,反对共和党,因为共和党代表富人阶级的利益。据波兹曼陈述,他的家人及邻居都属于工人阶级,因此"我们对民主党忠心耿耿,因为

---

① 来源于美国"PBS Newshour"1996年的一次采访。

它代表工人阶级的社会经济利益"①。

幼年时期,波兹曼在学校教育中接受了严格的语言训练,掌握了极为规范的语法和正确的口音。在日后的生活和学术研究中,波兹曼一贯强调语言使用的恰当性和明晰性。对语言的关注是波兹曼学术生涯的起点。日后(1986年),波兹曼因为在语言上的明晰性而获得了由美国英语教师学会授予的"乔治·奥威尔奖"。

20世纪50年代,波兹曼的生活是丰富多彩的:他是纽约州立大学篮球代表队的明星运动员,是弗里多尼亚大学球赛中的纪录保持者,并且加入了小职业篮球联盟,他的运动天赋和1米8的身高使得他在布法罗公民会堂中举行的篮球比赛中保持了得分最多的纪录;按照学校的学生教学实践计划,就读大四的波兹曼在纽约州立大学附近的一所小学任教。这一教学实践总共持续了三个六周,而且波兹曼从一年级教到了八年级②;他在美国陆军服役;1953年,波兹曼从纽约州立大学弗里多尼亚分校毕业,获理学学士学位。在本科学习的这段时光中,波兹曼沉浸在知识探索的快乐之中,对教师这一职业充满了渴望和激情。1955年和1958年,波兹曼先后在哥伦比亚师范学院获得硕士学位和英语教育博士学位。研究生期间,他在纽约市表演艺术高中教授英文。③ 他的导师路易斯·福斯戴尔(Louis Forsdale)尽管是教育学教授,但是长期以来对传播学有着浓厚的兴趣。福斯戴尔将多伦多大学的英语系教授马歇尔·麦克卢汉介绍给波兹曼,这位20世纪60年代因媒介研究而世界闻名的人对波兹曼产生了重要而直接的影响,以至于波兹曼直言不讳地承认自己是麦克卢汉的"儿子"。

1959年,波兹曼在纽约大学教育学院任教。他的第一部作品是1961年出版的《电视和英语教学》,这本书是他整个学术生涯的开场白,指明了波兹曼日后研究的方向。值得注意的是,在50年代末60年代初的美

---

① 〔美〕尼尔·波斯曼:《技术垄断》,第45页。
② 波兹曼的小学任教经历来源于波兹曼夫人Shelley的口述。
③ 同上,来源于波兹曼夫人的口述。

国,电视才刚刚兴起,只有为数不多的黑白频道通过无线电不足全天的播放电视节目。即使如此,波兹曼敏锐地预见到世界上所有的英语教师都无法抵消电视这一新媒介的影响。曾任纽约大学新闻系主任杰伊·罗森(Jay Rosen)一度在个人博客主页的显著位置标注:"波兹曼提出,电视是第一课堂,学校是第二课堂。"①

60年代,波兹曼十分关注美国的英语教育。针对当前英语教育中存在的问题,他提出应该整合语言学、语义学和"新语言"的研究②,以促进中小学的英语课程改革。此时的波兹曼是一个激进的教育改革者,他所提倡的英语教育方法,也是与60年代迅速发展的教育改革运动相契合的。1969年《作为颠覆活动的教学》(Postman & Weingartner)的出版将波兹曼推上了这场运动领导者的地位。这本书风靡全国,一时间洛阳纸贵。据麦克卢汉的长子托马斯·埃里克·麦克卢汉(Tomas Eric McLuhan)回忆,正是这本书引起了麦克卢汉对波兹曼的关注。在日后的岁月里,麦克卢汉对这本书十分的喜爱,并经常在文章、课堂授课和讲演中提到该书。可是,在该书出版的十年之后,波兹曼的态度发生了180度的大转变。他不再攻击学校教育的传统定义,不再强调和使用"颠覆"一词,而是体现出了许多保存性的思想,成为印刷文化的坚决捍卫者。在《作为保存活动的教学》(1979)中,他指出学校在对抗电子文化、保持文化平衡等方面具有不可替代的重要作用。

1968年,波兹曼在全国英语教师委员会年会上的致辞中正式提出了"媒介环境"一词。同年,波兹曼在纽约大学教育学院晋升为教授。③1970年,受到麦克卢汉的鼓励,波兹曼在纽约大学教育学院创建了媒介环境学学位课程博士点,确立了他在媒介环境学制度化初期的领导地位。这个博士点在思想、组织和体制上为媒介环境学的迅猛发展提供了坚实

---

① Jay Rosen:"Neil Postman(1931—2003):Some Recollections",http://journalism.nyu.edu/pubzone/weblogs/pressthink/2003/10/07/postman_life.html(Accessed on March 30, 2009)。
② "新语言"是1960年马克卢汉的同事艾德蒙·卡彭特在谈论媒介传播时提出来的短语。
③ 〔美〕林文刚:《媒介环境学》,第18页。

的保障,培养出众多弟子,其中有保罗·莱文森、约舒亚·梅罗维茨(Joshua Meyrowitz)、杰伊·罗森、丹尼斯·史密斯(Dennis Smith)以及林文刚和孙振滨两位华人博士等。他们在波兹曼的带领下将媒介环境学思想推及全球。

80年代,波兹曼成为电子媒介批评的领军者,他越来越多地在电视上发表充满人文主义关怀的媒介批评演说,强调媒介技术对人类的深远影响。《作为保存活动的教学》被视为波兹曼的电视批评三部曲之首,第二部是1982年出版的《童年的消逝》。在这本书中,波兹曼指出以图像为主要语言的电视排斥思考,模糊了儿童与成人之间的区别,揭露了成人对儿童隐瞒的秘密,导致了童年的消逝和整个社会智力水平的低下。《纽约时报》文学评论家安纳托·卜若雅(Anatole Broyard)对《童年的消逝》的评价为"精彩绝妙却充满争议"①。第三部是发表于1985年的《娱乐至死》。在这本书中,波兹曼提出了著名的"媒介即隐喻"命题,这个命题和麦克卢汉的"媒介即讯息"说一脉相承。他在这本书中考察了疯狂、愚蠢的谈话和意义的贬值等问题,控诉了电视对读写文化和理性的戕害,指出无论是新闻、政治还是信仰和教育等严肃的话题,一旦遭遇电视便立刻成为娱乐的对象而变得无足轻重,电视营造的躲躲猫的世界使得整个人类成为娱乐至死的物种。很明显,他对电子媒介的态度与麦克卢汉相左。此外,波兹曼在向美国汽车协会交通安全基金提交的一份报告(1987)②中,呼吁禁止电视播出酒类广告。这一报告引发了巨大争议。作为纽约州立顾问委员会的一员,波兹曼坚持应禁止摄像机进入法庭,因为他坚信电子媒介的偏向性会导致人们对图像和娱乐的喜爱,而忽视其他。波兹曼也因为这一提议在1988年被起诉。同年,波兹曼获纽约大学杰出教授奖。

---

① Wolfgang Saxon, "Neil Postman, 72, Mass Media Critic, Dies," *The New York Times*, Thursday, October 9, 2003.
② 这份报告由波兹曼和克里斯琴·尼斯特洛姆(Christine Nystrom)、兰斯·斯特雷特(Lance Strate)、查尔斯·韦因加特纳共同草拟,于1987年发表。

90年代,波兹曼将批评重点扩展至信息技术。在《技术垄断:文化向技术投降》(1992)一书中,他指出,我们无意识地而且是毫无批判地将技术带入生活,让它弥漫于美国社会的每一个部分并且管理人类活动的每一个层面。这一观点使波兹曼被贴上了新勒德分子的标签,尽管他的核心观点是人们应该对技术的无法预料的后果进行更为深入的思考,应保存价值、道德、社会制度的独立性,使之免受技术的奴役。

在最后两部作品中,波兹曼将他的关注重点从媒介/技术转移到更为广阔的文化主题上。在1995年出版的《教育的终结/目的:重新界定学校的价值》①中,他讨论了由电子媒介和技术垄断导致的共同文化和共享信仰的衰落。波兹曼认为,在这种环境中,公众教育不能保存它的活力,更不用说生存能力了。1999年,作为对克林顿总统提出的颇富修辞色彩的"建造通向21世纪的桥梁"这一号召的回应,波兹曼带给了我们一本《通往未来的过去:与18世纪接轨的一座新桥》②,指出我们需要把启蒙理性(即印刷文化的产物)带入新千年。在这两本书中,他坚定不移地认为理解语言、媒介和技术可以更长远地解决我们社会的疾病。③

1993年,波兹曼被任命为大学教授,成为当时纽约大学斯坦哈特教育学院的唯一一位大学教授,位列纽约大学17位教授之一。1998年,他被任命为媒介环境学普利特戈达德教授(the Paulette Goddard Professor of Media Ecology)④。他曾在世界各地讲学,被若干世界著名大学授予荣誉博士学位。波兹曼著作等身,出版了25本著作,其中独著13本,合著10本,合编2本。他为《纽约时报》周末杂志、《大西洋月刊》《时代》《星期六

---

① 波兹曼在 The End of Education: Redefining the Value of School 序言中自陈"end"一词至少具有两个重要的含义即"目的"和"终结"之意,波兹曼希望人们可以重新评估和引进真正的教育目的,故笔者将该书书名译为《教育的终结/目的》。

② 笔者认为何道宽的译文《修建通向18世纪的桥梁:历史如何帮助改进未来》更能体现出波兹曼对克林顿提法的针锋相对。

③ Lance Strate, "Neil Postman, Defender of the Word," Etcetera: A Review of General Semantic, 2004.

④ "NYU Professor Neil Postman, 72, Social Critic and Educator," http://www.nyu.edu/about/news-publications/news/2003/09/25/nyu_professor_neil_postman_72.html.

评论》《哈佛教育评论》《华盛顿邮报》《洛杉矶时报》《世界报》等撰写了200多篇文章。此外,他还是《国家》杂志的编委会成员之一。

波兹曼具有诙谐幽默的性格特质。根据杰伊·罗森的回忆,每一个认识(或只是听过波兹曼讲话)的人对波兹曼的第一印象几乎都是他的诙谐幽默。① 波兹曼曾以幽默且略带自嘲的口气对兰斯·斯特雷特(Lance Strate)提及早在本科学习期间自身的教学能力被老师质疑和否定(见于斯特雷特的回忆)②,但事实上他在研究生教育方面非常杰出。这一点在他的绝大部分著作中得到了很好的体现:《童年的消逝》讽刺了美国文化的简单化和低智力化,《娱乐至死》讽刺了电子时代庸俗化的娱乐及其影响,《技术垄断》讽刺了文化向技术的投降。波兹曼常常以讽刺的口吻为人们描绘出最糟糕的景象,以期达到警示作用。

波兹曼是一个典型的印刷文化人。他写的一手好字,终身只用钢笔写字,从来不用打字机和电脑。他用一只毡尖笔在记事本上、以空双行的形式完成了25本书、所有讲稿和论文的写作。在写作工具从"笔"进化到"打字机""计算机"的过程中,波兹曼的这种坚持应该也是他的一种讽刺行为吧。尽管他的口才极好,但是他从不脱稿演讲,也不用提纲。相反,他写下所有的演讲内容,而且请学生们充当听众以试验演讲效果,并常常修改一些词语来提升听众的参与感。波兹曼特别喜欢待在餐馆就餐。在他一生的餐馆就餐时光中,他总共点了11道主菜、743000道开胃小吃。③ 他的不少著作都是在皇后区的一家他最喜爱的小餐馆中一边吃着面包圈喝着咖啡,一边写作完成。受到柯日布斯基"人是时间的连接体"(time-binders)④观点的影响,波兹曼坚信历史的连续性和传承性,并

---

① Jay Rosen, "Neil Postman: A Civilized Man in a Century of Barbarism", http://dir.salon.com/story/tech/feature/2003/10/10/postman/index.html(Accessed on March 30, 2009).
② 源于笔者与兰斯·斯特雷特(Lance Strate)的通信。
③ Andrew Postman, "Eulogy for Neil Postman," delivered on October 8,2003,Parkside Chapel, Forest Hills, Queens.
④ 柯日布斯基认为语言是人所特有的东西,人类凭借语言而区别于动物,人也是凭借语言从而可以连接时间,将经验代代相传,创造出全部人类文化成果,因此人类是生活在时间之中的。

将这一思想身体力行地贯彻到日常生活中。当年轻的安德鲁向父亲借钱并确切地告知还钱计划的时候,波兹曼斩钉截铁地打断了他,说:"我不是银行,我是你的父亲,你不用还给我。你报答我的方式就是以同样的方式对待你的孩子。"①然而,坚守印刷文化的波兹曼并不是完全拒绝电子媒介。他喜欢看电影,如战争题材的电影,特别对二战电影感兴趣。他也观看一些电视节目,如历史纪录片、体育节目,而且他还是大卫·莱特曼的忠实粉丝。莱特曼常在节目中嘲讽媒介,形象地揭露了由电视媒介构建出的现实所具有的荒谬性。波兹曼对此高度赞赏,认为这是莱特曼在试图打破电视陈规的限制,并指出当前学校最为重要的任务是为年轻人打破遮蔽物。② 波兹曼坚守印刷文化所塑造的辨证性和连续性,坚信任何事物都会产生两面性的后果,正如一条线不会只作单纯的正向旋转一样。③

波兹曼是一个口头文化人,在纽约大学教授群体中以幽默著称。他喜欢演讲,是讲故事的一流高手和备受学生喜爱的好教授,课堂教学令人倾倒。他喜欢教师这份职业,乐于教导学生学会如何提出高水平的问题。他总是用明白的、合乎情理的、直截了当的语言进行演讲,从不故弄玄虚和装腔作势,却能到达摄人心神的效果;他喜欢对事物进行评判,犹如法官主持审判那样。他用低沉的声音,以缓慢而温暖、权威而轻松的方式,认真地进行论述。波兹曼喜欢和人交谈,他与人谈话有一个特点即总是在盘问一些问题。这一点让人想起了苏格拉底。波兹曼应该和数以千计的餐馆服务生们、加油站的服务员们以及数不胜数的纽约大学的学生、同事、领导们建立起了谈话关系。根据安德鲁的回忆,和波兹曼待在一起总是有话可说,从来不会觉得无聊。他是一个善于言谈的人,也是一个爱出点子的人。无论是在纽约大学里、家庭聚餐中还是小吃店内,哪里有波兹曼,哪里就会有令人兴奋的谈话,而他总会成为中心。波兹曼喜欢在散步

---

① Andrew Postman,"Eulogy for Neil Postman," delivered on October 8, 2003, Parkside Chapel, Forest Hills, Queens.

② Elaine Woo, "Neil Postman, 72; Author Warned of Technology Threats," *Los Angeles Times*, October 12, 2003.

③ Ibid.

中进行谈话,尤其是在犹太假期。他经常和家人沿着比奇大道(Beech Avenue)散步,谈论着各类话题。每当他的女儿即将开始一次新的冒险历程,波兹曼总是送给女儿一句宝石般的世俗警句:"确保车里有油。"波兹曼是讲故事的高手。尽管他的秘书南希·西尔弗曼(Nancy Silverman)在走进波兹曼家庭之前从未见过波兹曼的任何一个家人,但是当她和波兹曼夫人坐在厨房餐桌边聊天时,却出人意料地能够准确无误地叫出每一个走进厨房的人的名字。这不得不归功于波兹曼高超的讲故事的能力。波兹曼的生动形象的讲述使得这些人物在南希脑海中栩栩如生。

波兹曼是一个乐观向上、积极进取、活力充沛、对物质享受毫不在意的人。他热爱运动,是一名集力量和温和于一身的运动健将,一度是大学篮球联赛的纪录保持者。在他的熏陶和激励下,他的儿子安德鲁成为了一名"臭名昭著"的强硬得分手。波兹曼的左右手都出奇的灵巧:他用右手投掷,其余的事情都由左手来完成。他喜欢穿夹克打领带,即使没有其他人会像他这样搭配衣服。身穿米黄色粗毛呢冬装的他看上去很时髦——介于教授和电影明星之间。他拥有一头让年轻人都自惭形秽的茂密的头发……这些都充分显示出波兹曼身上所散发出来的强劲的生命力。尽管他不希望直面生活的黑暗一面,但是他并不逃避或视而不见。波兹曼最常说的一句话是"我打出了我最好的一击"[1]。波兹曼的家人表示,波兹曼是一个纯粹的乐观主义者。他从不悲叹,从不后悔,从不会沉湎于"如果……将会怎样"的黑暗境地。波兹曼做的所有事情都是肯定生命的,是出于对生活的热爱和对他人的关爱。所有这些积极向上的、振奋力量的信息都深深地蕴藏在波兹曼的书名中。[2] 安德鲁认为无论是 *Teaching as a Subversive Activity*、*Building a Bridge to the 18th Century* 还是 *Amusing Ourselves to Death*,这些书名都以动名词的形式起头,这种语言方式透露出作者是一位积极乐观的人。正是出于这种乐观,波兹曼才能笑

---

[1] Elaine Woo, "Neil Postman, 72; Author Warned of Technology Threats," *Los Angeles Times*, October 12, 2003.

[2] Ibid.

对病魔的折磨。当得知自己处于肺癌晚期的时候,波兹曼竟然对着安德鲁调皮地眨了眨眼。

波兹曼是一个十分务实的人,他会对绝不可能的、虚妄不实的事情进行透彻的、毫不留情的批评。不论是在与阿尔·戈尔(Gore)副总统还是贝特尔海姆·布鲁诺①(Bruno Bettelheim)、卢西亚诺·巴伐洛堤②(Luciano Pavorotti)、卡米拉·帕格利亚③(Camille Paglia)交谈的时候,他都毫不客气地、甚至有些咄咄逼人地对事情进行务实的评判。他斩钉截铁地告诉这些人无论他们所吃的法国的美味佳肴是多么的荒谬和奇妙,但是我们就是打着灯笼也无法从法拉盛区凯辛娜大道上随处可见的小餐馆中寻找到一种将金枪鱼沙拉放在带有莴苣和番茄的全麦面包之上的食物。如果戈尔不同意的话,那就让他见鬼去吧。

波兹曼是一个温和的人,他对年轻人充满耐心和希冀。一次,波兹曼带着年少的安德鲁去法拉盛附近的球场打篮球。波兹曼一到场地就开始了热身运动,并投掷出漂亮的篮外空心,震撼了全场。为了参加对抗比赛,波兹曼需要增补一个人以组成3个人一组的队。当时,坐在围栏上有很多强壮的年轻人,但波兹曼却出人意料地将手指向了一个看上去并不健壮的大约12岁的孩子。这个孩子比他抱着的篮球大不了多少,他也难以相信自己会被挑中,以至于四次回头看是不是后面还站着其他人。这个小男孩身手并不敏捷,但是波兹曼却不断地传球给他,给他提供好的进攻位置,帮助他打出好成绩,获得自信。最后,波兹曼一队以15:3、15:2、15:0的比分大胜对方。令安德鲁印象深刻的是,全场比赛下来,波兹曼都没有脱掉他的蓝色羊毛衫。在学术领域,波兹曼奖掖后生的精神也同样令人感动。尽管他的弟子莱文森常常与他意见相左,他却扶持莱文森迅速成名。1977年,在他接任国际普通语义学会会刊《普通语义学评论》

---

① 贝特尔海姆·布鲁诺,奥地利裔美籍心理学家,以对儿童和教育的研究而著称,著有《仅有爱是不够的》和《魅力的用处》。
② 巴伐洛堤:世界三大男高音之一、意大利殿堂级歌唱家、高音C之王。
③ 卡米拉·帕格利亚:美国社会批评家、作家,著有《性面具》。

主编不久后,就相继发表了莱文森的两篇文章,即莱文森的成名作《玩具、镜子和艺术》和莱文森为麦克卢汉的《媒介定律》作的小序。这两篇文章的发表为莱文森日后的学术道路铺平了道路。

波兹曼对音乐没有多大兴趣——或许除了大爵士乐队时代的音乐(Big Band Era music)。当他的大儿子在房间里用立体声音响设备播放音乐时,波兹曼不时地走进房间说:"把噪音给关了。"平克·弗洛伊德乐队(Pink Floyd)的共同创立者罗格·瓦特(Roger Waters)将他的专辑命名为《娱乐至死》,以此向波兹曼最著名的著作《娱乐至死》致敬。对此,安德鲁认为他的这一行为恐怕是完全浪费了。

面对新技术,慷慨的波兹曼是一个谨慎理性、富有质疑精神的人。据安德鲁回忆,在使用快易通(EZ pass)之前,每当波兹曼一家通过收费亭时,波兹曼总会为后面的车(完全陌生的人)付费。当这个幸运的车通过收费亭并最终在他们身边停下来,车里的每一个人都会斜着眼睛寻找为自己付费的人。波兹曼一家人则像傻子一样向他们挥手和微笑,直到这一辆车中的人们意识到他们刚刚拥有了一个独一无二的经历,节省了50美分,并向波兹曼一家挥手回应。后来快易通这一新技术投入使用,波兹曼毫不客气地发问:"快易通回答了一个什么样的问题?"波兹曼认为,这项新技术毫无疑问地降低了我们排队的时间。但是,像所有新科技一样,这是一个浮士德的交易。在使用快易通之前,我们可以将平淡的收费旅途变为与人接触的旅途,并可以从中收获乐趣。而使用快易通之后,我们也就失去了这一与人接触的机会和乐趣。当波兹曼购买新车时,他甚至轻蔑地拒斥定速巡航这一功能。"这个解决了什么问题呢?"他向汽车销售员提出这个他已经问过学生们无数次的问题。片刻之后,这位汽车销售员回答说增配定速巡航功能可以帮助那些在把脚一直放在油门上有困难的人。具有多年驾驶经验的波兹曼反驳道:"我的汽车有定速装置,但是我从不使用,因为我不觉得把脚一直放在油门踏板上是个问题"[①]。对

---

① 〔美〕尼尔·波斯曼:《通往未来的过去》,吴韵仪译,台湾商务印书馆2000年版,第61页。

于这个简单而尖锐的问题,波兹曼从来没有得到过令他满意的答案。于是,他往往紧接着提出另一个有力的反问"是你在使用技术,还是技术在控制你呢?"波兹曼对新技术抱有警惕,尽可能地远离他所认为的不是必需的新技术。因而出现了这样一个有趣的现象:一个如此健谈的人却从来不是一个激情的电话交谈者。如果他给孩子打电话,最多的是问孩子们是否都好。如果答案是肯定的,那么他会开心,然后便会放下电话。波兹曼在接受加拿大记者采访时说"我不是勒德分子,我只是怀疑技术,我十分清楚技术的好处,但是我还会尽力去关注技术的一些负面影响"[1]。虽然波兹曼并不鼓励人们像他一样生活,但是身体力行的他将这一生活方式确立为另一种可选择的范式,为人们提供更多的可选择性。

波兹曼拥有一个幸福的家庭。他与妻子共同生活了48年,生下了2个儿子和1个女儿,4个孙子(女)承欢膝下。2003年10月5日,波兹曼因肺癌医治无效,在纽约皇后区法拉盛逝世,享年72岁。波兹曼逝世后,美国各大媒体发表多篇评论,高度评价他对后现代工业社会的深刻预见和尖锐批评。[2]

第二节 波兹曼的三大研究主题

一、语言学研究

由于成长在纽约市布鲁克林社区说依地语[3]的犹太家庭中,波兹曼早在幼年时期就感受到语言的强大力量。作为家庭语言的依地语是波兹曼入学之前的主要语言。然而,在当时的公立中、小学中,教师们十分注重教导学生学会使用恰当的语法和措辞,竭尽全力地帮助学生去除口音和方言。因此,在这种有意识的训练中,波兹曼逐渐克服了依地语的语法

---

[1] Elaine Woo, "Neil Postman, 72; Author Warned of Technology Threats".

[2] 本书所叙述的波兹曼的生平事迹主要来自"Eulogy for Neil Postman"(Andrew Postman)和"Neil Postman, 72; Author Warned of Technology Threats"(Elaine Woo)这两篇文章。

[3] 依地语是犹太语言的一种。

习惯和口音,学会了在和人交谈时采用一种(因罗斯福而出名的)受过训练的纽约式的语言方式和习惯用语。受到这种严格教育的影响,波兹曼也十分注重培养子女在语言使用上的严谨性,告诫他们要明确区分不同词语的用法和语境,使用明晰性的语言。他反复教导子女当意指"imply"的时候不能使用"infer"这个词,而且绝不要用"very"这个词来修饰"unique",因为他认为"你不能是'very one-of-a-kind'(非常的独一无二的人)"①。1987年,波兹曼因为在语言使用上的明晰性获得了全国英语教师学会授予的奥威尔奖。由此推断,波兹曼幼年时所接受的语言方面的训练,引导了他对语言的关注,为日后的语言学研究打下了根基,并促使他创造性地将语言学观点融入到教育学和媒介学研究中。后来,波兹曼通过早川(S. I. Hayakawa)②深受柯日布斯基及其普通语义学思想的影响,走上了语义学研究之路。在随后的学术生涯中,波兹曼在多个场合中引用柯日布斯基的观点,论述柯日布斯基的思想贡献,并给予了他极高的评价。柯日布斯基对波兹曼的影响是重大而深远的。对此,特伦斯(Ripmaster,Terence M.)在回忆文章《波兹曼如何改变了我的生活》③中指出波兹曼有两个精神导师,一个是麦克卢汉,一个是柯日布斯基④。麦克卢汉引导波兹曼走向了媒介学研究之路,柯日布斯基引导波兹曼对普通语义学研究产生了浓厚的兴趣。

20世纪30年代,柯日布斯基创建了普通语义学。这是现代西方哲学中以日常语言的作用为研究对象的一个哲学派别。以往的语义学主要涉及研究语词意义的理论、用语词定义语词的理论,而普通语义学则研究语言和符号与其所指之间的关系,研究语言、思维和行动之间的关系,着

---

① Andrew Postman,"Eulogy for Neil Postman".
② S. I. 早川,日裔加拿大语言学专家,是"普通意义论"的倡导者之一,著有《行动中的语言》。
③ Ripmaster Terence M.,"How Neil Postman Changed My Life," *Etcetera*: *A Review of General Semantic*, December 22, 2003.
④ 柯日布斯基,波兰出生的美国哲学家、逻辑学家,普通语义学的创立者,著有《人类成年时期》《科学与健全的精神——非亚里士多德体系和普通语义学入门》。

重研究语言对思维和行动的影响。普通语义学家把人类所处的世界分为实物世界和语言世界,认为随着文化的发展,语言世界将不断扩大。在语言的海洋中,人人都需要有语义学修养,都应当接受语义学训练,掌握"外延法",用以辨别词语有无确指的对象。他们强调有对象的词语即有外延的词语才是可信可用的,宣称研究普通语义学的目的在于增进人们的相互了解,从而做到协同合作、消除纷争。普通语义学特别重视语词对人的影响力。柯日布斯基认为要重点研究人如何使用语词以及语词如何影响人,探讨人和语词的关系。通过探究,柯日布斯基提出人的存在、社会问题甚至战争都有语义学上的根源,只有通过语义学的训练,才可以医治一切社会问题。这些观点都对波兹曼产生了重要的影响。

波兹曼对柯日布斯基及普通语义学的关注始于他博士毕业前夕的一段工作实践中。1958年,他加入圣弗朗西斯科州立学院的英语系,接受早川的领导,与马克·哈里斯(Mark Harris)①共处一室。早川是《行动中的语言》(1939)的作者,在书中他通俗地介绍了普通语义学的基本观点。在早川的指引下,波兹曼接触到普通语义学,开始深入了解柯日布斯基的语义学思想,并与国际普通语义学会开始了密切交往。这一时期的工作极大地激发了波兹曼对普通语义学研究的热情,开始了在该领域富有成效的探索实践。1959年,纽约大学教育学院因为波兹曼在语言学研究领域具有专长而聘任了他。执教后的波兹曼承接了纽约大学在普通语义学领域内率先建立起来的第一个高等学校本科的课程,而这个课程的建立与柯日布斯基有着直接的渊源关系。用波兹曼的话说:"我不能确定这个日期,但是有可作为参考的依据,那就是在40年代末,纽约大学进修教育学院发起了一个由柯日布斯基主持的研讨会。在斯图尔·蔡斯(Stuart Chase)的广为流传的文章《话语的力量》(The Power of Words)中,蔡斯认为纽约大学教育学院的'语言和行为'课程是一所重要大学所开设的第一代语义学课程之一。这一课程以'语言和人类行为'的名称延续到今

---

① 马克·哈里斯是《战鼓轻悄》的作者。

天(Postman,1998:145)"①。因此,从某种意义上说,在普通语义学的课程设置和思想传播上,波兹曼作出了重大的贡献。在40多年执教"语言和人类行为"课程的过程中,波兹曼逐步使该课程成为普通语义学领域内学科历史最古老的一门讲授式课程。

这一难得的巧合机缘进一步地激发了波兹曼对普通语义学的热情,他深入到柯日布斯基的语义学思想世界中,关注语言和现实的关系。柯日布斯基认为语言的关键在于它对存在的关系,即意义问题。语言只能在结构上与存在对应,而现行的语言体却是受"同一性原理"支配的亚里士多德语言体系,这是造成社会问题的根源所在。柯日布斯基对这种现行的语言体系大加批判,提出没有"同一性"只有"相似性"的观点。他指出,正是由于同一性原理在作怪,人们才往往把属于同一类的东西看成是绝对一致的,导致了思想的绝对化和僵化,这是一种类似于精神病患者的思维方式。从反对同一性原理出发,柯日布斯基强调个体的差异性,重外延轻内涵。在对"人"的定义上,他认为生活中的人是个别的人,是具体的人,每个人都是独一无二的,跟其他人不同,因此,重要的是了解每个人的特征,而不是了解他们的共性,认识人的共性对人们的生存毫无意义。柯日布斯基在批判语言旧传统的基础上,提出要建立一种非亚里士多德的语言体系以"保护个人不上当受骗和自欺欺人"。在《科学和健全精神:非亚里士多德体系和普通语义学入门》一书中,针对亚里士多德语言体系所遵循的"同一律""排中律"和"不矛盾律",他提出了三个原理:(1)非等同原理,即世上没有各方面完全等同的两物,而且由于变动不居,一物本身也不等同;(2)非全原理,即任何一物均有无数特点,非人所能说完;(3)自身反映原理,即表达事物的语言,表达这语言的语言,表达这语言的语言的语言,等等。表达离事物愈远,价值就愈小。柯日布斯基声称,人们一旦掌握了这三条科学原理就拥有了"健全精神"。为了更好地说明"语言"与"实在"之间的关系,柯日布斯基以"领土"和"地图"

---

① Lance Strate, "Neil Postman, Defender of the Word".

的关系为例进行说明。语言与实在的关系跟地图与领土的关系是一样的:(1)地图不是领土(语言不是它所代表的事物);(2)地图不能代表领土的一切(语言不能说明事物的一切);(3)一切理想的地图必须是包括这张地图的地图,而它又必须包括这张地图的地图的地图,等等。在这个意义上,地图是自我反射的,语言也是自我反射的。由这种理论构筑起来的语言就是非亚里士多德体系的语言。柯日布斯基认为,一切内涵定义都是语词定义,即辞典上的词义。它是人们随意规定的,因而是规定的语词定义。定义有真实定义和语词定义之分,真实定义中的主词是指具体的事物,而语词定义是对概念的解释和规定,就像词典中的词条解释。出于这种对内涵定义的不信任,柯日布斯基坚持语词定义只能给人带来危害,使人陷入误区。例如,有人指着椅子说"请坐",我们却不可立刻坐下去,因为实在的椅子可能是坏的。认识到这一点,我们便能免受语言之害。总体而言,柯日布斯基认为,人们不论做什么,都不能按语词定义行事,不能从概念出发,而应从事实出发。由此,他进而否认语言有助于认识事物,认为它只能作为我们面向实际的向导。

  在柯日布斯基思想的影响下,正在主持纽约大学"语言学示范中心"工作的波兹曼和韦因加特纳合作出版了一本理论书籍《语言学:教学革命》(1966)。在这本书中,波兹曼试图确立并揭示普通语义学的宗旨和价值,指出"如果科日布斯基的体系有一个核心的话,那就是:语言必须和'现实'建立密切的对应关系"[①]。托马斯·金卡雷利(Thomas Gencarelli)认为这一句话正是解读《语言学:教学革命》一书的关键。这本书在波兹曼语言学研究中具有至关重要的地位,因为它首次回答了波兹曼一直以来密切关注的问题:语言如何并在多大程度上允许我们再现现实?与此同时,语言作为现实和经验的中介如何并在多大程度上脱离现实?最后,我们在多大程度上认识到:语言能够且的确把我们往这两个方向上引导?语言如何、何时、为何这样引导我们?如果人们看不到这些问题,他们又

---

① 〔美〕林文刚:《媒介环境学》,第 158 页。

能够在多大程度上意识到这些重要的问题呢?① 该书有力地推动了当时不断高涨的公共教育领域内的语言学运动。

三年后,波兹曼、韦因加特纳、特伦斯·莫兰(Terence P Moran)三人合编了一本作品集《美国的语言:关于语义环境退化的报告》(1969)。该书同样是柯日布斯基思想的直接体现,主要考察了语言运行的情况,指出要用普通语义学来检验真实的世界。柯日布斯基常常用地图作比喻来说明语言和现实的关系:地图对于旅行的人具有极大的指导作用,但是,地图并不等同于那一块现实存在的地方(同样,语言并不就是、也不等同于我们所身处其中的世界),可是对于我们认识世界、环游世界,对于我们的工作和生活而言却是不可缺少的向导。然而,如果地图显示给旅客的结构和实际旅行地区的结构不同,这幅地图便一文不值,如果坚持以这幅错误的地图为指导,人们必定犯错误。波兹曼十分认可柯日布斯基的这一比喻。在《美国的语言》中,波兹曼就语言对人类的重大意义及语言误用所导致的严重后果做了深入的分析:"人类生存的关键。正如科日布斯基所云,语言是地图,它描绘我们肌肤内外正在发生的事情。这幅地图不准确或不妥当时,我们的生存机会就会减少,而且不仅是肉体层次的生存机会要减少……无论如何,有一点是显而易见的:人借助并通过语言给他赖以生存的现实编码。同样明显的,语言是人得天独厚的生存工具,而且是任何层次上的工具——但有一个条件,他要知道语言是自己的工具,他要时常核查语言产生的后果"②。波兹曼和韦因加特纳指出语言乃至所有人类符号的首要而又危险的功能是在变动中创造一种安稳的幻觉,提醒人们要清醒地认识到语言的工具性质,认识到语言描绘了一种媒介和我们理解的环境之间的关系,因此,要经常对语言这一工具所产生的后果进行审视和考察,有效和有意识地用语言调节和管理我们与生存环境之间的关系。

波兹曼十分推崇柯日布斯基。在《语言学:教学革命》中,波兹曼单

---

① 〔美〕林文刚:《媒介环境学》,第158页。
② 同上书,第159页。

列一章论述普通语义学,详尽介绍了柯日布斯基的语言学观点。而且,波兹曼在多个场合和文章中也多次提及柯日布斯基,赞誉之词溢于言表。在《认真的反对》(1988)中,波兹曼收录了他在《普通语义学评论》上发表的纪念柯日布斯基的文章《阿尔弗莱德·柯日布斯基》,再次高度评价了柯日布斯基的历史地位:"1976年,我担任《普通语义学评论》杂志的总编。在尽职尽责的十年中,我对柯日布斯基的敬意与日俱增,对那些无视柯日布斯基思想成果的学者的敬意则逐日下降。我向柯日布斯基这位独一无二的探索者致敬,并含蓄地表达我对前述的那些语言教育者的蔑视。这些语言教育者信奉威廉·萨费尔、埃德温·纽曼的语言观,并使学生们耽于不相干的事物。"①

此后,虽然波兹曼的关注重点有所转移,但是语言学话题依旧不时地出现在波兹曼的后期著作中。可以说,语言学研究是贯穿波兹曼学术生涯始终的,是探究波兹曼思想的一把不可或缺的重要钥匙。1985年,在《娱乐至死》中,他再一次讨论了疯狂和愚蠢的谈话以及意义的降格,对宗教语言和政治语言进行了深入阐述;在《技术垄断》(1992)中,他对科学语言进行了简略的论述。在《教育的终结/目的》和《通往未来的过去》中,虽然波兹曼将他的关注重点扩展到更为广阔的文化主题上,但是波兹曼依然将语义学研究作为诸种问题的解决办法之一,指出理解语言(无论是口头/文字的语言,还是媒介/技术的语言)才是解决当前社会痼疾的长远之计(这一观点鲜明地打上了柯日布斯基的思想烙印)。同样,从语言的目的在于增进了解、促进合作这一普通语义学观点出发,波兹曼在《通往未来的过去》中严厉批评了后结构主义和后现代主义理论家们所使用的晦涩艰深的语言和符号形式,强调要用明晰、纯净的语言进行表达。语义学研究出身的波兹曼经常告诫学生"明晰就是勇气"②,指出通过研究普通语义学和媒介环境,可以获得对语言、符号形式和技术的理解,实现

---

① Neil Postman, "Alfred Korzybski," *Etcetera: A Review of General Semantic*, December 22, 2003.

② Lance Strate, "Neil Postman, Defender of the Word".

"明晰"。他也在 25 本著作、200 多篇文章和数以万次的与人交谈中,用行动践行着这一理念。

在语言学研究中,柯日布斯基的语言观无疑对波兹曼产生了重大影响,使之认真深入地思考作为手段和向导的语言和语言环境对人类、社会的影响,进而发展到对媒介(包括语言)隐喻的研究。因此,波兹曼日后的警惕媒介/技术、审视/批判电子文化等思想,从源头上可以追溯到柯日布斯基的普通语义学思想。

二、教育改革研究

教育学领域是波兹曼学术生涯的始发地。波兹曼首先是一位教育学家,他的职业生涯始于小学教师,他接受的教育训练和获得的最高学位是英语教育,他本身也是英语教育家,学术生涯以此起步。1986 年,因出色的教学成就,波兹曼被授予克里斯提林德贝克奖(the Christian Lindback Award)。此外,波兹曼还是美国媒介教育/媒介素养运动的奠基人。可以断定,波兹曼日后生发的对语言学和媒介学的研究热情都源于他对教育的关注。

波兹曼的教育学研究深深根植于教学实践。在实践中,波兹曼发现教育工作者们普遍存在着忽视语义、符号传播及其效果等问题,于是,他有意识地将自己的语义学研究和教学实践相联系,试图通过对普通语义学的原则、语言以及符号传播等内容的介绍,唤起教育工作者们对语言的重视,提升教学效果。1963 年到 1966 年,波兹曼相继出版了七本目标明确的"新英语"系列①。这些系列作为 7 年级到 12 年级的学生教材,大受欢迎。在《语言学:教学革命》(1966)一书中,波兹曼再次重申了语言的重要作用,强调有效、成功、牢固地掌握语言,是一切教育的核心要素。波兹曼指出,我们必须要研究并理解我们借以学习和理解的语言,我们必须认识到语言这个手段如何影响、控制、决定甚至限制我们能够认识什么、

---

① 七本系列教材包括:《新英语前瞻》《发现你的语言》《语言的用处》《发现的语言》《语言和系统》《探索你的语言》和《语言与现实》。

我们又如何认识我们的认识对象。波兹曼和韦因加特纳试图这样来界定语言学的作用:"我们需要的语言学定义应该是这样的:她把语言学变成行动,其结果是语言能力的提高和学习行为的改善……所谓'语言能力的提高和学习行为的改善'是,学生使用语言的方式(听说读写)有所提高,他们要更好地了解如何学习那些尚未学到手的知识。我们相信,如果把语言学定义为用科学方法探索语言在人类事务中的作用,语言学对这两个提高的目标就能够作出重要的贡献。"① 波兹曼强调要将语义学观点与教学活动相结合,这便是日后让波兹曼声名大振的《作为颠覆活动的教学》(1967)一书的思想基础。在这本书中,波兹曼指出教师要充分了解萨丕尔、沃尔夫、柯日布斯基、埃姆斯、维特根斯坦等人的语言学观点,要知晓爱因斯坦、海森堡、麦克卢汉等人的思想,认识到"语言不仅仅是表达的工具,而且还是驱动器。我们所感知的东西以及因此所能学习的东西都是在语言过程中产生的"②。波兹曼的这一观点凸显了教育与语言的密切关系,指出教师要充分认识并理解教学活动中所运用的语言,尤其是新媒介语言,唯有如此,才能最大限度地取得预期的教学效果。

深受麦克卢汉"探索式"思想和杜威"做中学"思想的影响,波兹曼不满于现有的学校教育体制。波兹曼认为,学习是一种开放性和个体性的活动,这种活动只有在以下情况中才最有成效:学习者所学习的知识与现实生活存在着密切的互动关系的时候,学习者在现实生活实践经验的关照下,积极主动地适应所学的内容并进行知识和经验的再建构,同时,在建构的过程中学习者对知识和经验进行自我解释。由此,波兹曼指出学校的教育目的、培养目标、教育内容甚至学习目标应该由学习者本人制定。为此,波兹曼提出了重构学校教学活动的八项建议③:

(1) 所有的教科书只能使用 5 年时间。教科书上的内容是预设的知

---

① 〔美〕林文刚:《媒介环境学》,第 158 页。
② Lance Strate, "Neil Postman, Defender of the Word".
③ Neil Postman, Charles Weingartner, *Teaching as a Subversive Activity*, New York: Dell Publishing Co., Inc., 1971, pp.16—23.

识，与学生的生活经验毫不相干，因此它们不仅毫无价值，而且十分有害。如果一定要为学生提供教科书的话，最好在教科书里提供空白边页，让学生编写属于自己的教材。

（2）重组教师，构建理想的学习课堂。英语教师教授数学，数学教师教授英语，社会研究教师教授科学，科学教师教授艺术……对于教师而言，最重要的是建构一个理想的学习环境。教师必须体察到学习者的需要。

（3）学科融合，打破官方课程，避免教师以此为借口逃避服务学生的职责。

（4）教学活动中必须限定教师的发言时间不超过25分钟，如此，学生才有充分的时间进行自主的资料收集和学习活动。

（5）禁止教师围绕学生已知的内容向学生提问，教师不仅要善于洞察学生，而且要学习怎样通过提问产生新知识。

（6）废除考试和等级。考试和等级给学生的学习活动制造了障碍，教师必须抛弃这种操纵学生的武器。

（7）教师必须提供爱护学生的真实证据，而非泛泛的口碑。

（8）教学活动中禁止使用下列词语：讲授、课程提纲、教学范围、智力、测试、处境不利、天才、加速、增进、学业、等级、分数、人性等。

波兹曼希望通过以上改革培养出"废话探测专家"（experts at crap detecting），即"那些经过教育而能够意识到变化的人们，是对变化所引发的问题具有高度敏锐性的人们，是当熵加速到危险程度而有意识、有勇气去发出警世危言的人们"[1]。波兹曼在《作为颠覆活动的教学》中对"废话探测专家"进行了着重阐释，指出"我们中的每一个人无论是来自美国部落、俄国部落还是霍皮人部落，都是一出生就处于一个符号环境之中，正如一出生就处于一个自然环境中一样。我们很早就习惯以一种'自然'的方式去谈论'真理'。一个人的'真理'观或真实观是由他所属部落的

---

[1] Neil Postman, Charles Weingartner, *Teaching as a Subversive Activity*, New York: Dell Publishing Co., Inc., 1969, p.4.

符号和符号操纵机制塑造的,这实际上是一件很随意的事情。大部分的人们及时学会了以青睐的眼光和顺从的态度来回应一整套的语言的抽象概念,他们认为这套语言的抽象概念建构了他们的意识形态认同。一言以蔽之,它们就是'偏见'。没有人可以逃脱偏见,但是,如果一个人没有完全地被自己偶然生活并成长于其中的社会的任意抽象所迷惑,那就标志着他是一位能干的'废话探测者'。对于那些对'自然'环境的语言的固有倾向并不敏感的人而言,那些具有高度敏锐性的人就是具有颠覆性的危险分子"[1]。之所以强调"废话探测",是因为波兹曼认为人类的历史是一个不停地与废话崇拜抗争的历史,在这个历史过程中,总有一些人试图帮助同胞们意识到他们所最宠爱的信仰是误解、错误的假设、迷信甚至是直率的谎言,而人类知识史就是这些人经受痛苦和磨难的编年史。人类智力发展的里程碑以这些时刻为标志,在这一时刻,一些人发展出一种新的视角、一种新的方法或一种新的隐喻。

波兹曼认为教育是治疗现存多种社会问题的较为有效的良方。他承认当前的很多社会问题不是简单地通过教育就可以得到彻底解决的,但是波兹曼坚信其中的一些问题是能够得以解决的,而且相比其他方式而言,教育是更直接的解决办法。写作《作为颠覆活动的教学》时的波兹曼将教育定义为"我们社会的一个能够'传染'所有人的机构,而且学校的作用也有所不同,有好有坏"[2]。波兹曼批评当前学校的教育方式对于年轻人在当前社会中争取生存机会没有太多帮助,甚至可以说没有作用。波兹曼借用麦克卢汉的"后视镜"一词,将当前教育的现状比喻为"我们正在驾驶几百万的运动跑车,只顾盯着后视镜,尖叫着'更快些!更快些!'。这是用一种愚蠢的方式来告诉我们在哪里,而不是告诉我们要去哪里。幸运的是,到目前为止我们还没有毁掉自己。我们给汽车装配了各式各样的小发明,不断提升引擎的推动速度,但是我们好像忘记了我们

---

[1] Neil Postman, Charles Weingartner, *Teaching as a Subversive Activity*, New York: Dell Publishing Co., Inc.,1969, p.4.

[2] Neil Postman, Charles Weingartner, *Teaching as a Subversive Activity*, p. xiii.

本来需要什么"①。在30年后的《通往未来的过去》一书中,波兹曼又一次借用了"后视镜"一词,不过是从相反的角度告诫人们应该重视历史教育,应从历史中积极汲取宝贵财富,引导人们走向更为人性化的未来。

在《作为颠覆活动的教学》中,波兹曼充分展现出一名教育研究者对当前教育改革的关注和思考。他围绕着"学校是为了什么?"这一基本问题,提出了一种学校重建的可能性。波兹曼直指现行教育体制的陋病,提供了一种全新的教育改革视角,契合了当时风起云涌的教育改革热潮和人们对现行教育失望的普遍社会心理。加上波兹曼极富个人魅力的语言和形象,他一跃成为教育改革运动的领导者,追随者众多。而十年之后,在《作为保存活动的教学》中,波兹曼对教育问题重新进行了深入思考,反思了自己的过往观点,高度肯定了以铅字为基础的学校教育在电子文化社会中所具有的不可替代的文化制衡作用,并提出了旨在保存印刷文化及其宝贵遗产的学校教育改革举措。

当然,波兹曼对学校改革的思考不止这些,笔者将在后文对波兹曼教育学思想的其他方面进行论述。对教育改革的看法,波兹曼在十年间经历了一个从颠覆到保存的大转变,但是对学校教育的关注,对年轻人教育的关注,波兹曼却从未改变过。

三、媒介环境学研究

出于对教育和语言的关注,波兹曼从语义学尤其是从语义环境的观念出发,逐步踏上了研究语言尤其是新媒介/技术语言的探索之旅。他开创了媒介环境学,研究媒介尤其是电子媒介对社会文化的影响,成为备受瞩目的媒介学研究者和媒介文化批评家。

波兹曼创新性地将普通语义学与传播学相结合,使之成为媒介环境学课程的理论基础。在《美国的语言:关于语义环境退化的报告》(1969)中,波兹曼着重论述了语言环境和语义环境,具有贡献性地提出"人类的

---

① Neil Postman, Charles Weingartner, *Teaching as a Subversive Activity*, p. xiii.

一切传播媒介都是环境"这一观念。这一观念日后成为80年代媒介批评的中心。在1970年创立的媒介环境课程中,波兹曼将普通语义学、语言学和符号形式哲学等内容列为必修课程,对本专业的学生进行了系统而深入的语义学教育。此后,《疯话,蠢话:我们如何败于自己的方式,我们又应该怎么办》(1976)一书也正是建立在普通语义学和传播学理论的思想基础之上。在这本书中,波兹曼提出了"元语义学"(meta-semantics)的观点,旨在提醒人们认识到语言是一种环节,应提高语境意识以更好地理解和使用语言。如果换成典型的麦克卢汉式话语,就是"语境如何成为讯息?"。1976年,波兹曼担任《普通语义学评论》杂志的总编,直到1986年卸任(2003年,波兹曼重返该杂志的编委会)。任职期间,波兹曼将杂志的关注重点从普通语义学扩展到媒介环境。该杂志在波兹曼的主导下,除了刊发传统的普通语义学的研究文章之外,还发表了大量的媒介环境学领域内有重大影响的作品。1980年,在多伦多举办的国际普通语义学大会上的主题发言中,波兹曼不仅将柯日布斯基的符号分析理论和麦克卢汉、哈弗洛克、卡彭特、伊尼斯和其他多伦多学派代表人物的理论结合起来,而且给予了柯日布斯基极高的评价:"伊尼斯相信每一个传播媒介都内嵌有时间或空间的偏向。在这个大讨论的竞技场中,伊尼斯最知名的学生麦克卢汉探寻每一种媒介增强或减弱人们感觉的程度,从而声名大振。冒着大不敬的风险,我提出,如果柯日布斯基还活着,他应该处于这一思想竞技的最前沿,因为他告诉人们任何一种传递信息的媒介都输入了它自身的结构和它自身的呈现信息的方式。他比任何人都更明了媒介不是一个中性的机械装置,文化通过媒介主导事务。凭借自身独特的形式,媒介成为价值的塑造者、感觉的按摩师、意识形态的鼓吹者和苛刻的社会模式的组织者。当然,柯日布斯基关注的是媒介的语言,如果柯日布斯基能够看到我们今天必须面对的不同形式的人类交流,那他将扩展的研究领域、将取得的研究成果则令人遐想无限(Postman,1980,pp.322—323)"[①]。

[①] Lance Strate, "Neil Postman, Defender of the Word".

对于波兹曼将媒介学与普通语义学相结合的做法,一些人表示欢迎并视为创新之举,而另一些人认为这是包办婚姻。但总的来说,这十年对波兹曼的学术生涯、对媒介环境学的发展来说具有重大而深远的意义,正如托马斯·金卡雷利(2000)所指出的那样,《普通语义学评论》的总编工作是波兹曼一生研究事业的重大转折点①。在这期间,波兹曼逐渐成为像麦克卢汉一样的媒介批评的领导者和公共知识分子。

在麦克卢汉的启迪下,波兹曼于1968年在全国英语教师委员会上正式提出了"媒介环境"一词,将媒介环境学定义为"把媒介当做环境的研究"②,指出"媒介环境学考察媒介传播如何影响人的感知、理解、情感和价值;考察我们与媒介的互动如何促进或妨碍我们的生存机会。其中'环境'一词的含义是对环境的研究:研究环境的结构、内容以及环境对人的影响。毕竟,环境是一个复杂的讯息系统,这个系统把某些思维、感觉和行为的方式强加于人。"③在随后的研究生涯中,波兹曼没有停止对"媒介环境"的思考,他多次对"媒介环境"进行了界定和阐述:1969年,波兹曼在《作为颠覆活动的教学》中将媒介环境界定为"媒介环境是对信息环境的研究。它所关注的是交流的技术和技巧如何控制了信息的形式、数量、速度、分类以及方向;由此,这样的信息构造或者偏见如何影响到了人们观点、价值和态度。因此,媒介环境超过了被人们所广泛接受的其他学科,如心理学和社会学,因为它假定人们的心理和社会组织的方法在很大程度上是一种文化独特的信息模式的产物"④;1970年,波兹曼对媒介环境学科目的定义和范式进行了描述:"媒介环境学把环境当做媒介来研究。在这个层面上,媒介环境学至少有三个层次上的概念:符号环境、感知环境和社会环境。换句话说,媒介环境学研究作为符号环境的媒介、作为感知环境的媒介和作为社会环境的媒介。这些概念显示,媒介环境学

---

① Lance Strate, "Neil Postman, Defender of the Word".
② 〔美〕林文刚:《媒介环境学》,第10页。
③ 同上书,第153页。
④ Neil Postman, Charles Weingartner, *Teaching as a Subversive Activity*, New York: Dell Publishing Co., Inc., 1969, p.186.

强调人在媒介研究中的重要角色,重点关怀如何研究人与传播媒介的关系"①;在《软性的革命:以学生为主动力的教育改革提案》(1971)中,波兹曼指出"环境给我们耳闻目睹的东西提供结构,所以,环境就构成我们耳闻目睹的事物的结构"②;在2000年媒介环境学会年会上,波兹曼做了题为《媒介环境学的人文关怀》的开幕词,对媒介环境学做了总结性的阐述:"亚里士多德使用'生态'(ecology)的本原意义是'家庭'或'家居环境'。他说的意思是让我们的家庭保持精神上的安稳,强调精神安稳的重要性。生态一词的第一个现代意义,是19世纪德国动物学家恩斯特·海克尔赋予的。这个意义就是我们现在所用的意义,即自然环境里诸元素的互动,他特别强调这样的互动如何产生一个平衡而健全的环境。在媒介环境学这个术语里,我们把媒介放在生态前面,意思是说,我们感兴趣的不仅是媒介,我们还想说,媒介与人互动的方式给文化赋予特性,你不妨说,这样的互动有助于文化的象征性平衡。如果我们想要把生态一词的古代意义和现代意义联系起来,那就不妨说,我们需要使地球这个大家庭维持井然有序的环境(Postman,2000,pp.2—3)"③。

概言之,波兹曼指出媒介环境构建了我们所看、所说以及所做的对象和内容,设定了我们的角色,并迫使我们扮演好这个角色。和其他社会环境一样,媒介环境也规定了什么行为是被允许的,什么行为是不被允许的。不同于现实环境里(诸如法庭、教室、办公室)明晰、正式的规定,媒介环境制定的规范是模糊的、非正式的、半隐蔽的。不同类型的媒介环境所制定的规范是不同的。因此,媒介环境学的任务就是揭示这些隐蔽的规定,发现媒介迫使我们扮演的角色以及媒介是如何构建我们的所见、所言和所行④。不仅如此,整个媒介环境具有生态性,媒介/技术对社会的影响并非"1+1"式的简单叠加的模式,而是产生了与以往完全不同的新

---

① 〔美〕林文刚:《媒介环境学》,第3页。
② 同上书,第164页。
③ 同上书,第44页。
④ Neil Postman, "The Reformed English Curriculum," in A. C. Eurich. ed., *High School, 1980: The Shape of the Future in American Secondary Education*, 1970.

事物。这就如一滴墨水加入清水中,结果并不只是清水加上墨水,而是一盆颜色发生了改变、不同于以往的水,是一盆无论如何都不能被称为"清水"的水。整个媒介环境是一个系统的、有机的整体结构,任何新媒介/技术的加入都将引起整个系统的变化。媒介是有偏向的。这种偏向是媒介与生俱来的,是不以发明者的初衷为转移的,更不会随着人们对媒介的不同使用方式而改变。在这种偏向的导引下,媒介必然提升/培育文化的某一方面,而压制/毁灭文化的另一方面。因此,任何新媒介/技术的出现,都将对整个社会文化的走向、人们的思维方式、话语结构、行为模式、价值观念、评判标准等产生重要的影响,媒介环境研究者就是要揭示这些媒介的隐藏偏向,并对当下的社会文化发展提供指导。

从1968年"媒介环境"一词的首次提出,到1970年媒介环境学专业的创建,再到2000年媒介环境学会上的讲话,媒介环境学这一主题始终贯穿于波兹曼三十多年的思想历程,波兹曼不断地对媒介环境进行思考,淬炼和廓清其概念的内涵和外延。在波兹曼的不懈努力下,媒介环境学派日益兴盛,并逐步进入北美学术主流圈。

四、学术研究轨迹

波兹曼的研究主要围绕教育学、语言学和媒介学展开,研究成果与技术哲学、后现代文化研究、社会学、心理学、西方马克思主义等均有联系。对于波兹曼的学术生涯而言,导师路易斯·福斯戴尔功不可没,正是他带领波兹曼深入教育学的研究领域,也正是他将波兹曼引荐给麦克卢汉,促成了波兹曼与麦克卢汉的一段深入而热烈的思想交流。在麦克卢汉等人的指引下,波兹曼逐步将研究范围扩展至媒介研究领域,成为媒介环境学派的创建者和领导者。

波兹曼学术研究的基础和出发点是教育。因为波兹曼首先是教育家,接受的是专业的教育学学术训练,获得的是英语教育的博士学位。波兹曼认为教育是实现文明的必要条件,是培育文明的个体/群体的必经之路。唯有秉持这一目的从事教育事业,积极地改进教育方法,才能培育出有修养、有文化的人。这一教育思想成为波兹曼拓展研究领域的重要驱动力。

语言与教育密不可分。于是,波兹曼从关注教育及其成效顺利地过渡到对语言的研究中。波兹曼认为,语言是教育活动的媒介,是一切学习和知识的基础,是人类理解世界的手段和工具。但是,并不是所有的语言都能够对人们的社会生活实践有所帮助,那些疯话、蠢话对人们有百害而无一利。只有在充分反思、充分理解和使用得当的基础上,语言才能对人们的实践活动发生有益的指导作用。由此,波兹曼萌发了对语言性质、功用和效果以及语言与现实的关系等问题的兴趣。柯日布斯基的普通语义学恰好为波兹曼提供了肥沃的思想土壤。受到柯日布斯基的语言观的影响,波兹曼认为语言并不是现实的表征,而是现实的中介;语言不仅是一种技术,更是一种传播交流的媒介。因此,波兹曼将语言视为一种媒介。

随着研究的深入,波兹曼进一步将语言构想为一种环境,认为每一种语言形式都产生各自的环境,每一种语言形式都产生一幅地图。波兹曼在《美国的语言——关于语义环境退化的报告》(1969)中对语义环境进行了界定,并将语义环境作为自己强调普通语义学和语言教育的理论基础。波兹曼指出语言不仅是环境的一部分,而且语言凭借其本质又创造了一种环境,所以我们要有意识地、最大成效地利用语言来调节和管理我们与生存环境的关系。在该书收录的《意义的降格》一文中,波兹曼将"语义环境"进一步推进为"人类的一切传播媒介都是环境",介绍了媒介环境学的基本观念——媒介是环境,媒介环境有问题时,负面的后果就会产生。这篇文章彰显了麦克卢汉对波兹曼的影响,意味着波兹曼开始对每一种传播形式进行比较研究。波兹曼发现每一种传播形式都会对教育的手段和目的产生影响,最终对教育培养人的宗旨产生影响。在这一阶段中,与麦克卢汉的交流进一步激发了波兹曼对媒介尤其是媒介方式的兴趣,波兹曼认真探讨了不同的媒介方式对教育所产生的决定性的重要影响,深切地认识到每一种媒介都暗含偏向,都有自己特定的思想情绪的偏向、政治的偏向、感知的偏向、社会的偏向和内容的偏向。因此,媒介使用者必须要理解媒介的这种偏向,并找到抗衡这种偏向以实现平衡的办法。①《作为颠覆活动的教学》(1969)的出版是波兹曼向麦克卢汉的一次献礼,也是波兹曼正式转向媒介学研究的重要标志。在该书中,波兹曼指出不仅语言而且一切媒介都为我们对现实的感知提供结构,不仅语言研究而且一切媒介研究都应该成为新教育里至关重要的教育。受到麦克卢汉的影响,波兹曼也将媒介的外延扩大化和含糊化。虽然他没有明确地将语言界定为媒介,但是,从各方面的表述来看,他已将语言视为人们进行传播活动的重要媒介。

正如林文刚指出的那样,1969 年的波兹曼实质上关注的是在大范围社会环境变革(即印刷技术向电子技术转变)冲击下的文化与教育问题。这个主题正是波兹曼学术成就的主要特征。在媒介学研究的基础上,波兹曼对学校改革提出了多项建议,如要在学校中开设媒介素养课程、培养年轻人的历史意识、提升语言使用能力等,目的是教育年轻人理性地认识和使用媒介,以对抗电子媒介的文化倾向,更好地为人类文化的健康发展而服务。可以说,教育是波兹曼自始至终关注的重点,只不过随着波兹曼研究工作的拓展,对于教育改革的目标、性质和方法,波兹曼从不同的方面进行了深入探讨。在《教育的终结/目的》和《通往未来的过去》这最后的两部著作中,波兹曼高擎人文主义大旗,带着他多年来对语言和媒介研究的成果,带着他对美好未来的希冀,回归到教育研究,回归到他学问的滥觞之源。

毋庸置疑,麦克卢汉对波兹曼的影响是直接而重大的,这一点已经在学术界获得了广泛的认同。不过需要指出的是波兹曼媒介学思想中深藏着的语言学根基。通过上文对波兹曼语言学研究的追溯,我们可以清楚地发现波兹曼不仅承传了柯日布斯基的语义学观点,而且受到他对词语不信任态度的影响,波兹曼也对作为工具的语言持有一种警惕态度,强调要理性地认识和使用语言,以实现最大的成效。很明显,日后波兹曼对媒

---

① 〔美〕林文刚:《媒介环境学》,第 186—193 页。

介的审慎态度是与此一脉相承的。因此,波兹曼对作为工具的媒介尤其是电子媒介所持有的严肃而审慎的批判态度并不是凭空而来的,而是建立在他的语言学研究基础之上的,是与柯日布斯基的语言观有着千丝万缕的联系的。可以说,波兹曼对语言的态度直接决定了他对媒介的态度。这也是为什么波兹曼在媒介研究中呈现出与麦克卢汉截然不同的价值评判色彩的重要原因。

第三节 波兹曼学术思想的阶段划分

波兹曼著作等身,是一位多产的学者。为更全面地把握波兹曼的思想,对他的思想发展历程的各个阶段进行分析和划分,便是一个不容忽视的工作。在本节,笔者将在介绍已有的划分方法的基础上,试着提出另外两种划分方法,以求从多个角度去探究波兹曼的思想宝藏。

金卡雷利在《尼尔·波兹曼与媒介环境学的兴起》中将波兹曼的著作分成一连串各具特色的四个阶段:"语言和教育""媒介环境学的兴起""过渡期,《技术垄断》""回归教育研究"。他的划分依据是"波兹曼本人承认,他学术生涯中的著述围绕他感兴趣的事情展开。同时,他承认,一旦研究之中的课题不再引起他的兴趣。他就会转向其他课题(Gencarelli et al, 2001, p.135)"[①]。值得注意的是,金卡雷利是从媒介环境学的视角对波兹曼著作进行划分,其关注点更多的是放在了媒介和环境的关系之上。他承认,自己的关注点是媒介环境学,终极目的是澄清媒介环境学的核心,因此这四个阶段并不能容纳波兹曼的全部著作,例如,由于题材及内容上的差异悬殊等,波兹曼的第一本书《电视和英语教学》及"新英语"系列教材就没有被涵盖进来。金卡雷利指出波兹曼的媒介环境学思想主要包括"媒介环境学以教育为根基""媒介环境学是媒介素养/媒介教育的一种形式""媒介环境学赋予印刷文化优先的地位""语言是一种技术"

[①] 〔美〕林文刚:《媒介环境学》,第154页。

"语言是一种媒介""语言是一种环境""一切技术都强加在自然秩序上并使之变化""一切媒介/技术都有一种隐而不显的偏向""媒介技术是环境"和"谋求用保存印刷文化的办法来抗衡电子革命的倾向"等观点。金卡雷利的这篇文章是目前已有的对波兹曼全部著作及主要思想进行梳理的最为完整的一篇文献,具有重要的参考价值,对我们更为深入地探讨波兹曼的媒介学思想无疑具有极大的指导意义。

从波兹曼的哲学态度转变这一角度来看,我们也可以将波兹曼的学术思想划分为前后两个阶段即颠覆阶段和保存阶段。笔者将之确立为波兹曼思想发展阶段的第二种划分方法。波兹曼在相隔十年的时间里先后出版了《作为颠覆活动的教学》(1969)和《作为保存活动的教学》(1979)。这两部著作的书名之间所存在的巨大张力鲜明地表现出波兹曼哲学思想的重大转向。

早期的波兹曼是一位激进的教育改革者,他没有将目光局限在英语教育中,而是放眼全美国的学校教育体系。波兹曼和倡导在学校结构上进行大规模改变的实践理论家乔纳森·科佐尔①(Jonathan Kozol)、约翰·霍尔特②(John Holt)处于一个同盟(值得注意的是,思想转变之后的波兹曼主动脱离了这一同盟,他在《童年的消逝》中批评了各类攻击学校的观点,尤其指出了霍尔特等人的观点的本质是疾病还需病来医,代表了"使一个看来已无可逆转的文化趋势合理化"③的企图)。波兹曼强烈质疑循规蹈矩的学校教育,认为不顾社会现实的重大变化而按部就班的学校教育是失败的教育,这种教育直接导致了未来冲击的出现:"未来冲击出现了,当你面对这个事实——你接受的教育为你塑造的世界根本不存

---

① 乔纳森·科佐尔:非小说类文学作品(non-fiction)作家、教育家和社会活动家,著有《美国的公共教育》。
② 约翰·霍尔特:作家、教育家、演说家、业余音乐家,著有《儿童的失败》《失败的学校》《学习像呼吸一样自然》,主办杂志《无需上学的成长》。他倡导顺应儿童天性的教育方法,毕生致力于关注和分析儿童的自然学习行为。他强烈抨击美国教育制度的弊端,是美国"在家上学"运动的积极推动者,被誉为美国当代教育改革之父。
③ 〔美〕尼尔·波兹曼:《童年的消逝》,第199页。

在……柯日布斯基用了一个有些不同的隐喻来描述这种'未来冲击'。他将一个人的语言比喻为一幅地图。地图的作用是描绘我们称为'现实'的领土,也就是我们皮肤之外的世界。当地图和领土之间精确符合时,一种高度有效的机能便出现了,尤其是当涉及生存问题的时候,这一机能的重要性更是得到了突显。当两者不相符时,熵增这一趋势则大幅提高。"①波兹曼指责学校以传统和惯例的名义去破坏一个民主社会生存的机会,它传输的不是当下新时代的最新知识、观念、态度,而是(3分钟之前的)已死的思想、价值、隐喻和信息,它创造的不是社会发展急需的、与电子媒介接轨的人才,而是热切冲动的消费者和平稳运行的官僚主义者。在《作为颠覆活动的教学》中,波兹曼质疑学校坚持让学生记忆微不足道的事实以及学校自以为是地告诉学生任何问题都只有一个正确的答案等做法的正确性,指出这些做法都阻挠了真正意义上的教育的健康发展。

波兹曼在融合普通语义学和麦克卢汉媒介学思想的基础上,针对当时美国通行的教育体系的现状和问题,提出了一种富有创新性的课程和教学方法。该课程传授萨丕尔、沃尔夫、柯日布斯基、埃姆斯、爱因斯坦、海森堡、维特根斯坦、麦克卢汉等人的思想观点,是建立在"语言不仅仅是一种表达工具,还起着重要的驱动作用;我们所感知的并从中学习到的,都源自语言处理的功劳"(p.101)②这一思想之上的。在这种新的教育模式中,理解语言(包括理解新媒介语言)占据了主导作用。从事新教育模式的教师应重视问问题的艺术,教导学生使用探索式方法对陈述进行评估或"废话探测"(crap detecting)。

波兹曼倡导颠覆性的学习,钟情于"探索式"方法,这种方法强调学习的过程,鼓励学生提出他们自己认为有意义的问题,教会学生如何思考而不是要求他们记住零散的信息。他所勾勒的"颠覆性"的学校不依赖有多项选择的测试或合乎规范的课程,学校教师的目标是培养一种新型

---

① Neil Postman, Charles Weingartner, *Teaching as a Subversive Activity*, New York: Dell Publishing Co., Inc., 1969, p.14.
② Lance Strate, "Neil Postman, Defender of the Word".

人类,这一人类的特点是具有探索性、创造力和革新精神,拥有灵活、宽容、自由的人格,可以毫不困惑地面对不确定性和含糊性。1969年至1970年,波兹曼与纽约市新罗谢尔的教育家艾伦·夏皮罗(Alan Shapiro)合作,在新罗谢尔中学推行自己倡导的教育原则,创立了著名的探索式、参与式、独立式的教学方法。这个"开放学校"的教学实验持续了15年。在随后的几年中,美国中学都遵循着这一教育方针,该方针也因此得到了进一步的发展和完善。波兹曼对教育改革运动的影响一直延续至今,位于纽约市格雷特内克的威利学校(The Village School)至今仍沿用波兹曼的教育方针。时至今日,波兹曼所提出的这一教育模式依然是被广泛关注的媒介研究样本。

《作为颠覆活动的教学》一书成为教育领域内的经典著作,引领了20世纪60年代美国的教育改革运动,对无数人产生了重要影响。人们争相阅读此书,并将之奉为经典。波兹曼也一举成为该时期教育改革运动的重要领导者之一。据波兹曼的学生杰伊·罗森回忆,他多次见证了宗教仪式般的如下场景:每当波兹曼讲演结束之后,一位50岁左右的妇人会尊敬地走到波兹曼面前说:"波兹曼教授,我只是想告诉您,我读过您的书,《作为颠覆活动的教学》这本书改变了我的生活。"通常她会随身带着那本书,波兹曼便用毡尖笔在上面签名。[①]

六七十年代的社会大变革是波兹曼哲学态度转变的一个重要因素,但更为直接的因素则是当时电视文化对美国社会的支配性。此时,电子媒介已经变成了美国社会的指挥中心,波兹曼认为这并不是一个好消息。

波兹曼在《疯话,蠢话》(1976)中呈现出从颠覆走向保存的趋势,他表示"想提出一个社会保守观点:在大多数语义环境下,总有一点儿值得保存的东西。我所谓'语义环境'毕竟是长期的人类经验塑造的情景,我们决不能轻视这些情景的宗旨和惯用的语言,绝不能贸然轻率地修改这

---

① Jay Rosen, "Neil Postman: A Civilized Man in A Century of Barbarism", http://dir.salon.com/story/tech/feature/2003/10/10/postman/index.html(Accessed on March 30, 2009).

些情景"①。《作为保存活动的教学》(1979)的出版标志着波兹曼正式由颠覆走向保存。该书的观点与波兹曼十年前的观点相去甚远。1969年,波兹曼认为学校需要改变自身以适应由电子媒介主导的新的文化环境;1979年,波兹曼却指出年轻人不需要任何帮助就可以适应电视,相反,年轻人更需要由传统学校提供的以印刷为导向的反环境。他将电视视为一种课程,是传统学校的竞争者,因为非线性和不一致性的电视(电子)图像使文字黯然失色,强烈地吸引了年轻人几乎全部的注意力。对此,波兹曼高呼,学校应责无旁贷的在理解语言、符号形式和媒介上为年轻人提供指导,以抗拒电子媒介的影响。当这本书出版的时候,美国社会的动荡不安使波兹曼进一步坚信学校有必要成为稳定/保存的力量。于是,他倡导师生衣着规范,强调社会要帮助贫穷的和属于少数派的青年提升在标准英语领域中的竞争能力。在《作为保存活动的教学》一书中,波兹曼承认该书观点是对《作为颠覆活动的教学》一书的再思考,表示并不想采取他1967年同样的视角。一贯承认反面意见价值的波兹曼坦诚"我并不知道是我改变了方向还是它们改变了方向。但是一些原来看似处于对立面的意见,现在却看起来那么的统一/贴切,而且本书就是这种态度(立场)变化的结果"②。对此,金卡雷利认为,波兹曼的"'颠覆'倾向很大程度上是20世纪60年代文化进程和动乱的产物,'保存'则是印刷文化在电子革命的冲击之下坚守自身阵脚的特点"③,波兹曼态度的改变,"原因可能是时代观念的变化,或者是15本书和38年思想发展和深思熟虑的结果,或者是两者兼而有之"④。

客观地说,《作为保存活动的教学》无论是在流传广度还是影响力方面都不及《作为颠覆活动的教学》。《作为保存活动的教学》早已绝版,而《作为颠覆活动的教学》至今在版且购买方便。在图书馆藏书方面(就中

---

① 〔美〕林文刚:《媒介环境学》,第168页。
② Neil Postman, *Teaching as a Conserving Activity*, New York: Dell Publishing Co., Inc., 1979, prologue.
③ 〔美〕林文刚:《媒介环境学》,第165页。
④ 同上书,第184页。

国北京几大图书馆而言),《作为颠覆活动的教学》的藏书率也远远高于《作为保存活动的教学》。

波兹曼哲学态度转变之后生发的保存性思想一直延续下去,贯穿了《作为保存活动的教学》之后的每一本书。这种哲学态度不仅体现在他对新媒介/技术的看法,更体现在他对教育的深思中,他强调要通过保存印刷文化来抗衡电子媒介的偏向。《通往未来的过去》一书鲜明地体现出波兹曼的这种文化保存观。波兹曼也因为这种保存主义以及对以文字为主导的印刷文化的拥护、对以图像为指导的电子文化的批判而被称为印刷文化的捍卫者。由于他对技术尤其是电子技术持有一种警惕的审视以及对新技术尤其是电子技术的消极影响的无情揭露,而被一些人批评为"新勒德分子"。然而,对于这一批评,波兹曼自己并不认同,并在多种场合为自己申辩,强调自己并不反对技术,反对的只是"独眼龙"思维模式,号召人们深入地思考技术对人类社会文化产生的隐形影响。对于波兹曼的这一转变,他的学生莱文森有过如下叙述:"请容我做一点全面的介绍:波兹曼是我的博士生导师,20世纪70年代晚期,我在纽约大学受业于他的门下。当时,我尝试纠正他对电子媒介的看法,徒劳一场。也许这是因为,他早期对媒介和教育的观点与后来大不相同——见他与查尔斯·怀因加特纳合著的《作为颠覆活动的教育》,他把这本书写成了对媒介的批评,但后来他又谨慎地转变了观点。虽然我们观点不同,我还是把本书献给他,因为他是我最有才华、最有奉献精神、最善于激励学生的老师。"①

必须承认,尽管波兹曼在哲学态度上存在着"颠覆"和"保存"这一看似对立的鲜明张力,但是他对"文化与教育如何承受大范围的社会环境变革的冲击"这一关注点始终并没有改变,无论是激进的颠覆态度,还是保守的保存态度,都是波兹曼在面对社会由印刷技术向电子技术转变这一过程时所表现出来的公共知识分子的严肃思考。这一哲学态度的转变是

---

① 〔美〕保罗·莱文森:《手机:挡不住的呼唤》,何道宽译,中国人民大学出版社2004年版,第188页。

波兹曼学术思想发展过程的直观表现，呈现出了波兹曼在不同社会阶段中的认识和思考程度，显示出作为公共知识分子的波兹曼在推动社会文化健康发展上的不懈努力和积极探索。

波兹曼有两位精神导师，一位是柯日布斯基，另一位是麦克卢汉，两位思想家都对波兹曼的学术走向产生了重要影响。因此，对波兹曼学术思想发展阶段的划分还可以从思想来源入手，分为"跟随柯日布斯基的语义学研究""走向麦克卢汉的媒介学研究"这两大阶段。这也是笔者试图提出的第三种划分方法。

波兹曼对媒介环境学的创立和发展作出了重要贡献。他对媒介/技术、教育、社会、文化等事物之间的关系进行了深入的思考和探究，并通过富有魅力的言谈和文字将其思想传播至世界各地。海明威在《丧钟为谁而鸣》中冷酷地指出，丧钟为我们而鸣！同样，面对电子文化的侵袭，面对文化向技术投降这一现象，浸染于印刷文化中的波兹曼用幽默风趣的语言为我们再一次"严肃"地敲响了警钟！

因此，下面就转向他的媒介学思想，聚焦他的媒介认识论。

第二章 电视文化批判

第一节 走出麦克卢汉

一、认识论转向与"真理"问题

在西方哲学发展史上,"真理"和"本质"是哲学研究的重大主题。众多的哲人和思想家们以不同的方式对"世界的本质是什么""如何把握客观实在"等问题穷尽了毕生的才思和精力。在面对神秘广袤的自然现象时,有人将之视为客观恒定的对象,将人类古往今来的探索都视为对唯一的永恒存在的不断接近。这种对真理/世界本质的探求路径和主导思想不仅是西方哲学思想的发源所在,也是众多思想家的理论根基。另一些人则认为真理/本质/客观实在不是亘古不变的固定对象,而是在与人们的实践互动中不断变化发展,因此,人们应该在日常生活中积极进行发明和改造的活动(杜威将这种活动称为"艺术"),用实践的方式去改造世界以优化自己的生存环境。他们指出那些承认真理具有客观恒定性的主张实质上是消极被动的,这种思想在宗教上的表现便是要求人们向内发掘、着力于自我内在的改变,人们在极端悲苦中若能顺从这些支配命运的力量,就能避免失败,并可在毁灭中获得胜利。① 由此,精神和行动之间的划分出现了,而对二者的不同强调也就成为日后西方哲学理论流派差异的渊薮。

---

① 〔美〕约翰·杜威:《确定性的寻求:关于知行关系的研究》,傅统先译,上海世纪出版集团2005年版,第1页。

古希腊智者怀着对世界的终极关切,执著地追问"世界是什么"这一命题。自从巴门尼德①提出了唯一不变的本原"存在"之后,关于存在的研究便成为哲学领域的重要主题,西方几千年来对于存在问题的不懈探求由此滥觞。以柏拉图的理念说、亚里士多德的形而上学体系为代表的本体论将探索世界的本原和始基作为主要任务,开启了对确定性的探寻之旅。本体论的各派哲学家们力图把世界的存在归结为某种物质的、精神的实体或某个抽象原则,其中亚里士多德认为哲学研究的主要对象是实体,而实体/本体的问题是关于本质、共相和个体事物的问题。从此,本体论的研究转入探讨本质与现象、共相与殊相、一般与个别的关系。亚里士多德旨在研究实体/本体的第一哲学被笛卡儿称为形而上学的本体论。

15世纪,狂飙突进的文艺复兴运动同样对哲学界的思想转向产生了重要影响,西方思想界开始进入一个新的发展时期。在对"世界是什么"进行了不懈地漫长追问之后,人们开始质疑人类的认知能否正确地反映事物的本质,探究怎样的认知行为才能探究到真理等问题。人们提出要回答"世界是什么"这一问题,首先要解决认识问题。于是,西方哲学出现了由本体论向认识论的转向。在这一转向中,笛卡儿的理性主义影响深远。笛卡儿开启了全新理解心身区别的闸门,是柏拉图理念说之后的又一次重大哲学事件。以笛卡儿为源头的主客对立认识论成为日后西方哲学的主要思想根源。柏拉图将世界分为"理念的世界"和"现实世界",指出世界的本原是外在于人而独立存在的理念,是世界唯一永恒不变的本质,这个世界是通过对理念的分有和摹仿而形成。此即柏拉图的形而上学的本体论。笛卡儿开创性地将人类与外物一分为二,将事物的性质、广延和人对事物的感知一分为二,创立了形而上学的主体论。笛卡儿认为人的知识不是来源于感觉经验,而是来源于理性,认为"我是一个实体,这个实体的全部本质或本性只是思想,它并不需要任何地点以便存在,也不依赖任何物质性的东西;因此,这个'我',亦即我赖以成为我的心灵,

---

① 巴门尼德:前苏格拉底哲学家中最有代表性的人物之一,他认为没有事物会改变,我们的感官认知是不可靠的。著有《论自然》。

是与身体完全不等同的,甚至比身体更容易认识,纵然身体并不存在,心灵也仍然不失其为心灵"①,此即"我思故我在"。笛卡儿认为既然实体是不依赖其他事物而独立存在的,因此"我"是一个脱离现实而孤立存在的抽象的认识主体,人类可以凭借理性去审视一切,一切都是可以怀疑的,唯有心的存在是无可置疑的。这一论点必然导致了认识论中的心与物、人与世界处于外在对立、机械分割的状态,以及主体与客体处于独立二分的状态。

然而,无论是笛卡儿强调的主体性(判断"真"观念的原则是符合"我"这一确定无疑的出发点),还是柏拉图强调的客观性(万物都是对理念的摹仿),二者虽然出发点不同,但是他们的探求方式都是一致的,即他们都把可感世界一分为二,意在强调两者之间的一种"符合"关系。如果符合,得到的便是"真理",反之,则是谬论。此即真理符合论。率先把真理定义为"符合"的亚里士多德将"真"定义为"凡以不是为是、是为不是者,这就是假的,凡以实为是、以假为虚者,这就是真的。"②真理符合论认为真理是符合"客观"事实的命题,任何一个命题是否是真理与它和其他命题的关系无关。由于真的知识是和实在完全相符的,因此,知识的对象便成为一切其他经验对象真实性的标准和度量。

真理符合论虏获了历史上大部分的哲学家,对哲学的发展产生了重大而深远的影响。真理符合论的思想萌芽可以追溯至巴门尼德,他最早提出了世界本原是永恒不变的"存在"。所谓的真,便是要符合"存在"这个本原。为探寻纯粹的"始基"、认识真正的"真理",巴门尼德提出要采取一条新的道路,即向上、向内的认识道路,即"真理之路"。在《论自然》序诗的开篇,巴门尼德借正义女神之口对真理之路和意见之路作了严格区分,指出真理之路依靠理智,而意见之路依赖感觉。由于理智高于感觉,真理高于意见,因此人们要远离意见之路。巴门尼德高呼"别让习惯

---

① 北京大学哲学系外国哲学史教研室编译:《西方哲学原著选读》(上卷),商务印书馆1982年版,第369页。
② 〔古希腊〕亚里士多德:《形而上学》,吴寿彭译,人民出版社2003年版,第79页。

用经验的力量把你逼上这条路,只是以茫然的眼睛、轰鸣的耳朵或舌头为准绳,而要用你的理智来解决纷争的辩论。"①概言之,巴门尼德认为真理和存在一样,是永恒的、不变的,真理是达到存在的唯一路径。随后出现的真理融合论对真理符合论做了进一步的修正和补充。②

巴门尼德的"真理之路"是纯粹"向内"的。同样,柏拉图和笛卡儿的真理观也遵循了这一路线。这一"向内"的指向贯穿于他们对世界本原的思考、对确定性和真理的寻求过程的始终。符合论真理观将真理、存在视为永恒不变的,人类只能够通过思维(理性)来接近这个领域,而且人类除了用思维(理性)去认知实在以外是和实在不发生任何联系的。③ 对此,杜威借用视觉的比喻形象地指出"认识论是仿照假设中的视觉动作的模式而构成的。对象把光线反射到眼上,于是这个对象便被看见了。这使得眼睛和使用光学仪器的人发生了变化,但并不使得被看见的事物发生任何变化。实在的对象固定不变,高高在上,好像是任何观光的心灵都可以瞻仰的帝王一样"④。杜威将这种认识论称为"旁观者式的认识论",指出这一结论最彻底地证实了它的这一特征即把知识的对象当作是一种固定完备的、永恒不变的实在,是孤立于外界因素以及产生变化因素的探索动作以外的一种客观存在。这种"旁观者式的认识论"在后来绝大多数的哲学理论流派中都或隐或显地有所体现,成为传统哲学的一个理论基础,"然而完全确定性的寻求只能在纯认知活动中才得实现。这就是我们最悠久的哲学传统的意见。"⑤在真理符合论的指导下,传统哲学家把人心看成是一面能正确反映外部世界的"自然之镜",一切错误都来自主体对镜面的污染或扭曲,因而认识的任务就在于排除主体的干扰,保持"心镜"的洁净,唯有如此才能真实客观地反映外在世界及真理。罗蒂在

---

① 北京大学外哲所编译:《西方哲学原著选读》(第一卷),商务印书馆1989年版,第31页。
② 认识论视域中的传统真理观共有三种,即符合论真理观、融贯论真理观、实用论真理观,本节主要论述实用论真理观对符合论真理观的批判,故对融贯论真理观略而不谈。
③ 〔美〕约翰·杜威:《确定性的寻求:关于知行关系的研究》,第14页。
④ 同上书,第16页。
⑤ 同上书,第5页。

《哲学和自然之镜》一书中指出,这种认识论将人排除在所认识的世界之外,其所认识的世界是一个无人的、残缺的和不完全的世界。福柯则大力批判西方文化中的"求真意志",揭露各种人文科学知识与权力运作的关系,极大地动摇了传统历史所标榜的客观性和真实性。

实用主义者对这种符合论真理观大加批判,提出观念、概念、理论等的真理性并不在于它们是否符合客观实际,而在于它们是否能有效地充当人们行为的工具。如果观念、理论帮助人们在适应环境中顺利地完成了任务,那就是真的;如果它们不能清除混乱、弊端,那就是假的。实用主义创始人詹姆斯认为"只要我们相信一个观念对我们的生活是有益的,它就是真的"[①]。"有用便是真理"可以说是实用论真理观最为简洁和通俗的诠释。实用论真理观强调实践的作用,强调实践作为架通认识和评价这两个领域的中介环节所具有的重要意义。从认识论的角度来说,实用论真理观指出认识是和人的实践密切相关的,是随着环境的改变、实践的介入等外在因素的变化而变化的,根本不存在一成不变的独立于外在环境和实践的存在,也就不存在放之四海而皆准的认识和真理。实用论真理观的一个哥白尼式的变革意义在于彻底否定了符合论真理观的理论基础,否定了知识是和一个本身固定的实有的领域相联系的这一传统的认识基础,否定了笛卡儿开创的认识主体和客体的二元论思想,明确地指出了我们并不需要把知识当做是唯一能够把握实在的东西,应废弃知行的传统界限,让知识与实践这两者经常地和有效地相互作用,实现通过实践活动获得比理论上的确定性更为珍贵的安全。正如海森堡所指出的,"那种把世界划分为时空中的客观过程和反映它们的思维的旧观点,换言之,那种思维和存在的笛卡儿式区分,再也不是我们理解当代科学的恰当出发点了。"[②]

在批判真理唯一性的基础上,实用主义者进一步指出了真理与工具、

---

① 〔美〕威廉·詹姆斯:《实用主义》,陈羽伦、孙瑞禾译,商务印书馆1994年版,第109页。
② W. Heisenberg, *The Physicist's Conception of Nature*, London, Hutchinson, 1958, p.29,转引自〔美〕马尔库塞:《单向度的人》,第122页。

目的与手段的密切关系。

随着科学革命的开始以及科学实验中仪器使用的普及,人们逐渐地改变了认知事物的方法,人们对于自然事物及其相互作用的看法也发生了转变。最先将"认知的对象(结果)"与"认知活动中所使用的工具""目的"与"手段"两者联系起来,明确后者对前者的重要影响并进行系统阐述的学派应属实用主义学派。

实用主义者敏锐地注意到在科学研究中频繁使用、不能或缺的种种仪器对观察对象产生了重要却被人忽视的影响。他们发现,虽然我们不能使观察对象本身发生实质性的变化(比如,在天文学研究上我们不能使遥远的天体发生什么新的变异),但是我们可以有意识地改变观察活动的条件。在科学研究尤其是科学实验中,由于实验者使用了一些特别的工具(如天文学研究中的望远镜、分光镜和干涉仪等),那么我们就改变了观察到的结果。在外在仪器(功能、结构)的规定(限定)下,我们从不同的空间点和连续的时间上去观察/认知对象,因此,认知的结果也就会因为工具的不同而存在差异。可以说,我们通过仪器观察到的对象实际上就是一种或多或少的新的对象。随着工具的不断改进,随着我们使用工具从而在认知对象中引进新的变化,科学研究便逐步发展起来了。因此,认知的结果或者说目前发现的真理,其实是与当时使用的工具有着直接而密切的关系。[1]

工具的使用是和人们的实践活动尤其是科学研究活动密切联系在一起的。实用主义一反以往哲学重理论轻实践、重目的轻手段的传统,指出目的和手段并不是截然分开的两个方面。在杜威看来"不考虑手段就表示是不严肃地对待目的"[2],这正如一个人声称他要专心于绘画,但是他却轻视画布、刷子和颜料;或者是一个人声称他喜爱音乐,但是前提条件却是不要有任何的发音器,不允许任何的其他乐器发出声音来一样不可

---

[1] 〔美〕约翰·杜威:《确定性的寻求:关于知行关系的研究》,第63页。
[2] 同上书,第215页。

思议。杜威发人深省地提出了"认知是具有媒介性和工具性的"①这一论断。认知者是存在于世界之中的,因此认知者的具有实验性质的认知活动就会与认知对象进行交互作用,在这种交互作用下,"实在"便发生了一番过渡性的改变和重新安排。对此,杜威用形象的比喻进行解释:"认知的对象是经过实验思维之火所锻炼出来的,正如精炼的金属是从矿物原料中所提炼出来的一样。它是同一个对象,不过是起了变化的同一个对象,正如一个人在他的脾气经过了一番磨炼之后,既是同一个人,也是不同的一个人了。"②

对知识基础和世界本质的追求是自柏拉图以来传统哲学的产物,这种追求的实质是认为真理是客观存在和永恒不变的。实用主义坚持反基础主义、反本质主义的立场,拒绝观念与对象、语词与事物、语言与世界等二元观念,指出观念、语词和语言不再是模拟"真实的"或"客观的"世界的镜子,而是我们用来与我们身处其中的世界打交道的工具。通过这种互动所获取的知识是命题之间的关系而不是传统哲学认为的命题与某些对象之间的特殊关系。实用主义将真理问题与工具、实践、认识活动情境等多种因素联系在一起,指出并不存在永恒不变、普遍适用的真理,只有通过主体在具体情境中的理性探索,只有在特定工具(认识手段)的限定下,我们才能确定在一个特定的情境中哪一个"认识"才是具有实际指导意义的真理。由此,"认识""真理"与"工具"之间的关系逐渐进入思考者的视野。继实用主义学者之后,在这一领域中作出了开创性贡献的人便是麦克卢汉。

麦克卢汉关注媒介对人类历史、人类思维方式和社会生活等产生的隐秘而重大的影响。通过对人类传播史、技术史的考察,麦克卢汉发现媒介自身就具有可以直接影响我们内心最深处的意识的能力,指出在技术尤其是传播技术突飞猛进的时代,如果不想成为文盲或者不想成为媒介的被动的受害者的话,我们就必须采取艺术家的态度。在实用主义认识

---

① 〔美〕约翰·杜威:《确定性的寻求:关于知行关系的研究》,第228页。
② 同上。

论的影响下,麦克卢汉将自己的研究方法描述为"我从来没有把探索的结果当做揭示的真理。我没有固定不变的观点,不死守任何一种理论——既不死守我自己的,也不死守别人的。事实上,如果后来的发展并不能证明我的观点,如果我发现自己的言论并不能有助于对问题的了解,我随时准备抛弃我就任何课题发表的任何言论。我的工作比较好的一个方面,有点像开保险柜的工匠的工作。我探索、倾听、试验、接受、抛弃。我尝试不同的序列。直到密码锁的制动栓落下来,保险柜的门弹开"[1]。由此可见,麦克卢汉认为凡是可以打开"保险柜门"的方法就是好的认知,而且这种认知不是一成不变的,在众多其他因素的影响下是会发生变化的。麦克卢汉的媒介学思想直接继承了伊尼斯的媒介具有时间或空间的偏向性的观点。伊尼斯认为文明的兴起与衰落以及在一种单一文明之内的文化变化,基本上都可以理解为占支配地位的传播媒介的功能及结果,"传播媒介对知识在时间和空间中的传播产生重要影响,因此有必要研究传播的特征,目的是评估传播在文化背景中的影响……所谓媒介或倚重空间或倚重时间,其含义是:对于它所在的文化,它的重要性有这样或那样的偏向。"[2]

在麦克卢汉之前,人们多无视或忽视媒介的存在,只关注媒介所承载的内容。麦克卢汉的惊人之举就是高喊媒介本身就是讯息,指出"任何媒介(即人的任何延伸)对个人和社会的任何影响,都是由于新的尺度产生的;我们的任何一种延伸(或曰任何一种新的技术),都要在我们的事务中引进一种新的尺度"[3],此即"媒介即讯息"说。该理论打破了"媒介仅是表现和服务内容的外在形式"这一观点,不仅让人们看到了媒介对信息、知识等内容的反作用,而且将这种反作用提到了极高的位置。所以"铁路的作用,并不是把运动、运输、轮子或道路引入人类社会,而是加速

---

[1] 何道宽:《媒介革命与学习革命——麦克卢汉媒介理论批评》,《深圳大学学报》2000年第5期。
[2] 〔加〕哈罗德·伊尼斯:《传播的偏向》,第27页。
[3] 〔加〕马歇尔·麦克卢汉:《理解媒介——论人的延伸》,何道宽译,商务印书馆2004年版,第33页。

并扩充人们过去的功能,创造新型的城市、新型的工作、新型的闲暇。无论铁路是在热带还是在北方寒冷的环境中运转,都发生了这样的变化。这一变化与铁路媒介运输的货物或内容是毫无关系的"①。对此,让·波德里亚的解释可能更加明晰易懂:"铁路带来的'信息',并非它运送的煤炭或旅客,而是一种世界观、一种新的结合状态,等等。电视带来的'信息',并非它传送的画面,而是它造成的新的关系和感知模式、家庭和集团传统结构的改变。"②媒介形态本身塑造和控制着人的组合行为的尺度和形态,影响和改变了社会组织模式,媒介变迁的过程对人类产生了不可估量的影响,而这些都与媒介的内容无关。同样,媒介对人的影响也不仅是物理层面上的,更是心理层面上的,这种影响是深刻的、深远的、本质的和内在的,甚至可以说,媒介的改变导致了人的改变,即任何一种感觉的延伸都改变了我们思想和行为的方式,即我们感知世界的方式。当这种比例改变的时候,人就随之改变了。

从本质上来说,媒介是人类认识活动的工具,对认识活动及其结果具有决定性的作用,它为人类打开了通向新感知和新型活动领域的大门。当人们改变了在认识活动中运用的媒介手段,那么这种改变势必会直接影响到人们认识活动的过程和结果。人们观察和思考的方式改变了,对实有的认知改变了,获得的真理改变了,进而,人类社会的组织方式和文化倾向也改变了。因此,麦克卢汉指出,媒介方式影响着人类认知的对象和结果,不同的媒介方式塑造出不同的人类社会文化。由此,人们尤其是研究者们开始关注媒介方式及其对社会文化的影响。

被誉为电子时代先知的麦克卢汉在杜威、伊尼斯等人思想的基础上开创了一种从媒介方式的角度去考察认识活动的视域,建立起了一种全新的媒介认识论。这一思想对波兹曼产生了重要的影响。

---

① 〔加〕马歇尔·麦克卢汉:《理解媒介——论人的延伸》,何道宽译,商务印书馆2004年版,第34页。
② 〔法〕让·波德里亚:《消费社会》,刘富成等译,南京大学出版社2000年版,第132页。

二、媒介即隐喻

波兹曼直接继承并发展了伊尼斯、麦克卢汉等人的媒介学思想。波兹曼在媒介学领域内的一个重大贡献是，他以明晰、严谨而不乏幽默的文字阐述、弘扬了麦克卢汉的思想，并对之进行了澄清和解释，修正了麦克卢汉的"媒介即讯息"理论，提出了"媒介即隐喻"的观点。

和麦克卢汉一样，波兹曼笔下的"媒介"更大程度上指的是广义上的"媒介"概念，它不仅包括口语、文字、图像等传播媒介，还包括钟表、望远镜、显微镜、电报、计算机等工具（技术）媒介；和麦克卢汉一样，波兹曼关注技术尤其是新兴技术是怎样以不为人知的方式对社会文化的发展产生重大而深远的历史影响。波兹曼的媒介学思想直接受到麦克卢汉的启发，并且是在麦克卢汉思想的滋养及麦克卢汉本人的支持下而逐步成熟的。波兹曼直言自己是麦克卢汉的学生，对于自己的麦克卢汉化也毫不避忌。《作为颠覆活动的教学》（1969）一书的出版是他走向麦克卢汉的标志。在该书中，波兹曼大力弘扬了麦克卢汉思想。在《软性的革命：以学生为主动力的教育改革提案》中，波兹曼不仅在行文语气上模仿《媒介即是按摩》的调侃方式，甚至连结构都是《媒介即是按摩》一书的翻版："没有目录、没有索引、没有参考文献；用了各种不同型号的字体、大量的配图；使用大量的卡通图片，章节短小，有时一小页就是一'小章'。"[①]在《娱乐至死》中，波兹曼更是直接地套用了麦克卢汉"媒介即讯息"说的格式，略加修改、提炼、升华出一套以"媒介即隐喻"为核心的思想体系。这并不是对麦克卢汉"媒介即讯息"说的简单重复，而是在肯定该学说的基础上，将"讯息"置换为"隐喻"，体现出了波兹曼独特的立论根基和思考方式。

将媒介与隐喻联系起来，彰显了波兹曼的语义学基础。波兹曼对媒介的关注是从作为媒介之一的语言开始的，这一点可以从他早期有关语

---

① 〔美〕林文刚：《媒介环境学》，第163页。

言和教学的著作中得到印证。在柯日布斯基思想的影响下,波兹曼关注语言,关注英语教学中的语言媒介,因而他对语言中普遍存在的隐喻并不陌生。后来,受到麦克卢汉的引导,波兹曼逐步将对语言的关注扩展为对公众话语乃至媒介话语的关注。在《娱乐至死》的开篇,他直言要关注公众话语的方式是怎样规范乃至决定话语内容的,而公众话语的方式又是如何由承载话语的媒介方式决定的。正是在这种对语言的高度敏感和对媒介倾向的清醒认识的基础上,波兹曼发现了媒介与隐喻之间存在的秘而不宣的密切关系,发觉麦克卢汉"媒介即讯息"说存在的不足,进而提出了"媒介即隐喻"说。波兹曼将这一思想的来源追溯至《圣经》,声称自己从《圣经》中获得的启示是"媒介的形式偏好某些特殊的内容,从而能最终控制文化"①"某个文化中交流的媒介对于这个文化精神重心和物质重心的形成有着决定性的影响"②。

在论述"媒介即隐喻"中,波兹曼首先肯定了麦克卢汉的思想,认同媒介方式对媒介内容具有决定作用:原始的烟雾信号无法表达严谨、复杂、艰深的哲学思想;电视以视觉形象作为话语的表现方式,用"看上去的一种真实"代替了铅字语言所形成的线性、严肃的"真实";电视生产的视觉形象的公众话语决定了政治竞选偏离严肃的政治哲学,而成为政治表演秀。因此,和烟雾信号一样,电视的媒介方式决定了它无法表现政治哲学,而只能表现那些适合电视方式的特定内容。在此基础上,波兹曼进一步对麦克卢汉的思想进行阐释。波兹曼指出信息/内容是由媒介/技术建构的,其实质是一种媒介行为。在这里,波兹曼并不是说火灾、战争、谋杀和恋情从来没有在远离自身的地方发生过,而是指如果没有适合表现、传播它们的媒介/技术,那么人们对于它们的存在是一无所知的,也就无法将它们纳入日常生活,这些信息就不能作为文化的内容而存在。例如,建立在电子技术基础之上的"今日新闻"纯粹是技术性的想象之物,因为在用烟雾作为主要传播媒介的时代,"今日新闻"是不可能出现的。只有当

---

① 〔美〕尼尔·波兹曼:《娱乐至死》,第10页。
② 同上书,第11页。

我们拥有快捷高效的传播媒介时,我们才可以获得来自遥远世界的、关于未曾谋面的人物和远离当地实际生活的事件的片段报道,"今日新闻"由此出现。随着移动通信以及互联网的兴起和普及,"今日新闻"也逐渐过时,"即时新闻"(微博、微信、即时连线报道等)一跃而起,成为当今时代的新宠。这些通过媒介到达我们身边的新闻片段构成了我们对世界的认知,构成了我们生活和文化的内容。因此,媒介方式建构了我们眼中的世界,划定了我们能够接触到的世界疆域。

波兹曼从语言学出发,指出媒介和语言一样都为人们进行思考、表达思想和抒发情感提供了新的定位,创造出独特的话语符号。他不仅有力地解释了麦克卢汉的"媒介即讯息"说,而且直言此学说需要修正,"因为,这个表达方式会让人们把信息和隐喻混淆起来。信息是关于这个世界的明确具体的说明,但是我们的媒介,包括那些使会话得以实现的符号,却没有这个功能。它们更像是一种隐喻,用一种隐蔽但有力的暗示来定义现实世界。"①与其说"媒介即讯息"不如说"媒介即隐喻"来得更为恰当和明晰。毕竟,"语言的明晰"是波兹曼从始至终所强调的。

为了更好地理解"媒介即隐喻",我们需要对"隐喻"进行一番考察。

隐喻是人类认知的一种重要方式,是借助对已知事物的理解去认知和表达新事物的方式。它在人们的日常生活中是一种极为普遍而重要的语言现象,正如孔多塞断言:"在语言的起源时,几乎每一个字都是一个比喻,每个短语都是一个隐喻。"②随着时间的流逝,一些隐喻已经逐渐固定为日常用语,成为人们自然而然的语用习惯。因此,隐喻也是人们日用而不自知的一种语言工具。隐喻是如何发挥它的作用呢?对此,陈嘉映先生指出"隐喻就是借用在语言层面上成形的经验对未成形的经验做系统描述。我们的经验在语言层面上先由那些具有明确形式化指引的事物得到表达,这些占有先机的结构再引导那些形式化指引较弱的经验逐步成

---

① 〔美〕尼尔·波兹曼:《娱乐至死》,第12页。
② 〔法〕孔多塞:《人类精神进步史表纲要》,何兆武译,三联书店1998年版,第35页。

形。"① 因而，隐喻（由本体、喻体和喻底组成）所选择的喻体的性质对于所喻的事物呈现出来的特质、倾向性等具有决定性的影响，而这种潜在的含义便是喻底。

由莱柯夫（Lakoff）和约翰森（Johnson）合著的《我们依以生活的隐喻》（1980）②是关于隐喻的一部重要著作。该书首次提出了概念隐喻理论，指出隐喻是一种思维方式和认知手段，其本质是概念性的，因此，隐喻是思维问题，不是语言问题。作者认为隐喻的本质是通过另一件事情来理解、经验某事，例如通过"战争""战斗"来理解和经验"辩论"这项活动。我们往往会用诸如攻击对手的某个薄弱环节、击中要害、摧毁了他的论点、采用了某种战略、赢得或输掉了一场辩论等话语来描述一场辩论赛。这些说法显然来自对"战争"的描绘。我们这样描绘辩论，并且实际上也是这样进行辩论的。因此，隐喻不仅属于语言，而且属于思想、活动、行为。③然而，需要注意的是，在将"辩论"隐喻为"战斗"的同时，我们往往只注意到"辩论"具有的火药味和争斗性，而忽视了"辩论"活动的其他特质：辩论双方不只是敌手，他们也是寻求结论的伙伴。然而，"战斗"喻体掩蔽了"辩论"的合作方面；再如，在传播学领域中，一个常见的关于媒介与信息的隐喻性观念是"媒介是信息的承载者"：信息发出者将自己想要传递的信息打包/编码，寻找到一个适合的传播媒介并将之作为信息的承载和运输工具。受传者接收到这个作为传输工具的媒介，将信息从媒介上卸载下来，经过解码和编码活动，再依循同样的过程进行反馈。于是，一个传播活动便顺利完成。这个隐喻遮蔽了传播活动其他方面，特别是遮蔽了传播活动的意义对语境、说话人、听话人以及传播媒介的依赖。麦克卢汉洞察到这个隐喻舍弃并遮蔽了媒介/技术本身携带的信息及其对社会文化的影响，提出了"媒介即讯息"说，以强调媒介/技术本身的决定性作用。概言之，隐喻的一个重要特质是它无一例外地突出了所喻的某

---

① 陈嘉映：《说隐喻》，《华东师范大学学报》2002 年第 6 期。
② 同上。
③ 同上。

些方面而遮蔽了另一些方面。

　　隐喻具有潜藏的文化性、社会性和政治性。不同的文化采用不同的隐喻,不同的隐喻反射并塑造出不同的思维方式和行为方式。例如,资本主义社会催生了一个著名的隐喻"时间就是金钱"。在这个隐喻的指导下,我们习惯用"浪费""节省""花掉""投入""值得""剩余""失去"这些词去谈论"时间",我们按小时计工资、按分钟付电话费、无论钱放在哪里都要计算月息、年息。而在巴布亚新几内亚的特罗布里恩岛上,岛民的"时间"概念则完全是另一种形式。在特罗布里恩岛的语言中,没有时态的存在,时间也不是一种一旦逝去就不会重新获得的线性发展。在特罗布里恩岛系统中,时间是循环的,而且每年都有日历之外的"自由时间",因为对依旧停留在农业社会中的特罗布里恩岛岛民而言,与农业活动无关的月亮循环是不在考虑范围之内的。当然,这对于我们现代工业社会的人而言是难以理解的观念。① 同样的隐喻还有"知识就是力量""教师是蜡烛/园丁""人生是一场赛跑,不能让孩子输在起跑线上"等。如果说在一种文化中,辩论不是战斗,而像一场舞蹈;时间不是金钱,而是花朵;智慧不等于知识,而等于生活……这是完全有可能的。因为隐喻反映的不仅仅是语言层次上的不同,更是思考方式、行为方式乃至社会文化的不同。在《教育的终结/目的》中,波兹曼进一步明确地指出隐喻不是修辞而是感知的器官。

　　海德格尔的"语言是存在的家"这一论断/隐喻突显了语言对存在的意义,波兹曼的"媒介即隐喻"说强调了隐喻的建构性作用。隐喻是人们进行认知、思维、语言表达乃至行为等活动的基础,它对大多数的概念具有建构作用。人类的整个概念体系在很大程度上是隐喻式的,人类的思维就是建构在隐喻之上的。和维特根斯坦、莱柯夫一样,波兹曼认为作为传播媒介的语言界定了一种现实,隐喻在塑造经验形式的同时也对经验本身进行了规定。因此,和媒介(技术)一样,当我们学习一个语词(隐

---

① 〔英〕阿雷恩·鲍尔德温:《文化研究导论》,陶东风等译,高等教育出版社2004年版,第15页。

喻)的新用法时关注的是语言,而使用一个已知的语词(隐喻)时关注的是与之相关的世界,或者说接纳了这个词语(隐喻)划定的世界范畴,就意味着接纳了这个词语(隐喻)赋予我们的思维方式。所以,波兹曼指出隐喻不仅仅是中学诗歌教程单元中的一门课程,相反,隐喻是至关紧要的而且是无处不在的,故而他提出对隐喻的研究也是永无止境的。

任何概念都是一个"隐喻",它借助一个已成型的事物来表达尚未定型的经验,通过强调所喻事物的某一方面而遮蔽其他方面。"媒介即隐喻"这一短语也不例外。虽然在"媒介即隐喻"中,"隐喻"并非是一个已成形的现成事物如"道路""花园"等,但是,"隐喻"具有的功能和发生作用的机制易于被大家理解。因此,将"媒介"喻为"隐喻",就是通过遮蔽媒介的其他特性(信息、内容、管理机制等)而突出强调媒介在影响社会文化、思维方式等方面的重要作用。"媒介即隐喻"以简短明快的形式很好地揭示出所喻事物的本质,有效地引导人们关注媒介方式。

通过以上对"隐喻"的阐述,我们可以明了媒介与隐喻之间的三个共同点。首先,隐喻之所以作为隐喻,恰在于它是内嵌在语词—概念里的,是以一种不令人察觉的方式传达隐含的意义,产生隐蔽的影响,指引人们看待周围事物的方式和态度。与之类似,媒介的影响是由媒介本身的构成方式决定的,媒介的独特之处在于"虽然它指导着我们看待和了解事物的方式,但是这种介入却往往不为人们所注意"[①]。媒介与我们的关系,就如同空气与我们、水与鱼儿的关系一样,我们生活在空气中而对空气的存在毫无意识、鱼儿离不开水却对水视若无睹。其次,隐喻不仅是一种修辞现象,而且是一种思维方式,更是一种文化现象。媒介也是如此,媒介不仅仅是传输信息的载体(这里借用了固定思维的一种隐喻手法),更是一种塑造文化和思维方式的工具,因此,媒介本身就代表着一种文化形态和思维方式。再次,隐喻和媒介一样都具有一种建构功能。和隐喻一样,媒介也建构概念,进而建构世界。无论是使用不同隐喻的人还是使用不

---

① 〔美〕尼尔·波兹曼:《娱乐至死》,第13页。

同媒介的人,他们对世界的感知、对真理的认识都是取决于他们接受的隐喻、取决于他们使用的媒介。换句话说,在本质上,我们是由我们所看见的、听到的和阅读到的事物及我们所使用的媒介方式建构起来的。

波兹曼在提出"媒介即隐喻"的观点之后,也对"隐喻"进行了解释工作。波兹曼指出隐喻是通过一种隐蔽但有力的暗示产生着影响人们、界定世界的作用,"隐喻是一种通过把某一事物和其他事物作比较来揭示该事物实质的方法。通过这种强大的暗示力,我们脑中也形成了这样一个概念,那就是要理解一个事物必须引入另一个事物:如光是波,语言是一棵树,上帝是一个明智而可敬的人,大脑是被知识照亮的黑暗洞穴。如果这些隐喻不再有效,我们一定会找到其他适用的:光是粒子,语言是一条河,上帝是一个微分方程(正如罗素曾经宣称的),大脑是一个渴望栽培的花园。"[①]波兹曼的这一解释无疑有助于我们更好地把握隐喻和媒介之间的共性。然而,媒介即隐喻的关系并不是如此简单。在给出隐喻的定义之后,波兹曼紧接着指出"为了理解这些隐喻的功能,我们应该考虑到信息的象征方式、来源、数量、传播速度以及信息所处的语境。例如,钟表把时间再现为独立而精确的顺序,文字使大脑成为书写经历的石碑,电报把新闻变成商品。"[②]对于理解这些隐喻,理解媒介变革带来的外在事物性质的潜在改变,波兹曼指出关键是要意识到我们创造的每一种工具都蕴含着超越其自身的意义。宽泛地说,任何技术的诞生不光只涉及技术领域,而且涉及社会心理、文化历史等领域,正如眼镜的发明除了改善人们生理上的缺陷之外,还暗含着"可以不必迷信天命,身体和大脑都是可以完善的"这一潜台词。对于这种隐喻,马克思洞若观火,他着眼于基于技术之上的生产关系,明确指出"手推磨产生的是封建主的社会,蒸汽磨产生的是工业资本家的社会。人们按照自己的物质生产率建立相应的社会关系,正是这些人又按照自己的社会关系创造了相应的原理、观念和范

---

① 〔美〕尼尔·波兹曼:《娱乐至死》,第16页。
② 同上书,第17页。

畴"①。从波兹曼的视角来看,则是蒸汽磨这一技术/媒介方式改变了社会结构和运转模式,改变了人们价值观念、思维方式和行为习惯,直接催生了资本主义的诞生和繁荣。

关于媒介的隐喻作用,芒福德的探索无疑是具有开创意义的。芒福德并不关注机械钟表的用途、物理原理或者制作方法,他关注的是作为媒介的机械钟表所具有的哲学意义和隐喻象征,关注的是由机械钟表产生的"分分秒秒"这个概念的表现方式以及它导致的社会文化和心理的转变。一方面,钟表是人类文明的产物,另一方面,钟表又生产出了一种反作用于人类文明的产品,即"分"和"秒"。"分"和"秒"将时间从人类活动从大自然的日出日落中分离出来,改变了人们对"时间"的认识。在机械钟表出现之前,时间观念是一个稳定、绵延、无限和神秘的概念,"大千世界中,万物皆有时,一切自有深意"(出自《圣经》传道书)这一箴言表达了当时人们的朴素而神圣的时间观和世界观。机械钟表则通过机械、精确的时、分、秒把"时间从人类的活动中分离出来,促成了一种信仰;于是,人们开始信仰一个可以数量化的、独立于人的世界,这是一个独特的科学的世界"②。

媒介的隐喻并不以人的意志为转移,它往往会导致与发明者初衷背道而驰的结果。例如,修道院原本是希望通过使用机械钟表记录祷告次数和统一祷告时间,以确保修道士们有规律的作息以及对上帝的虔诚。然而,机械钟表直接导致了宗教中"永恒"概念的消失,"钟表不懈的滴答声代表的是上帝至高无上的权威的日渐削弱"③。钟表的出现,从根基上动摇了上帝的权威,宣布了"永恒"这一时间观念的死亡。随着"时间就是金钱"一语被奉为至理名言之后,"时间"也就成为了"金钱"的代名词。

不仅如此,从修道院高墙内传出的"准时敲响的钟声给工人和商人的生活注入新的规律。塔楼传出的钟声几乎就是城市生活的定义。记录时

---

① 《马克思恩格斯选集》第1卷,人民出版社1995年版,第142页。
② 〔美〕林文刚:《媒介环境学》,第67页。
③ 〔美〕尼尔·波兹曼:《娱乐至死》,第14页。

间的观念逐渐过渡为遵守时间、计算时间和分配时间的观念"①。钟表取代了大自然的权威,它"把有规律的集体节拍赋予人的行为,把节奏赋予机器。时钟不仅是计时的手段,而且是使人的行为同步化的手段"②,进而使人们变成了遵守时间、节约时间和现在被拘役于时间的人。人们从对耶稣的顶礼膜拜转变为对机械钟表的恪守,并从中演化出了一系列的新的指导理念和思维模式。伊尼斯、麦克卢汉、爱森斯坦等人认为15世纪50年代问世的印刷机奠定了大规模生产和消费的基础,而芒福德则认为是机械钟表催生了资本主义,"钟表是一种新的动力机器,其动力源泉和传输机制稳定可靠,能够确保能量在工作的过程中稳定地流动,使正规的生产和标准化产品成为可能。时钟和能源的计量、标准化、自动化有关系,尤其和它自己的独特产品即准确计时有关系,因此时钟是现代技术里最重要的机器,在近现代的每一个时期,它都处于领先的位置,它是完美机器的标志,其他机器都渴望达到它那样完美的程度"③。机械钟表的发明,不仅仅意味着一种新的技术/媒介的诞生,更意味着一种新的思维模式、社会心理文化和组织运行模式的出现。因此,重要的不是钟表的具体用途,而是钟表这个新媒介向社会传达的信息。钟表真正的隐喻即在于此。

　　同样广为流传的另一个典型例证是印刷术。发明者古登堡是一个虔诚的天主教徒,他不满于当时手抄版《圣经》存在抄写错误这一普遍现象,出于对《圣经》神圣性的憧憬和热爱而发明了活字印刷。然而,令他万万没有想到的是,印刷术直接催生了马丁·路德的旨在颠覆教会权威、强调《圣经》个性化解读的新教改革运动。印刷术促使《圣经》走入每一个普通家庭,使每一位基督徒成为自己的神学家或神父。波兹曼指出,在宗教信仰的统一和多样的斗争中,印刷机偏爱的是信仰的多样性。印刷机的出现,不仅没有如古登堡所希望的起到推进教皇伟大事业的作用,反

---

① 〔美〕林文刚:《媒介环境学》,第67页。
② 同上。
③ 同上。

而成为了播种不和的种子,最终损害了古登堡所热爱的教会的纯正,摧毁了教会的垄断。此外,印刷机更为深远的隐喻还在于,它大幅降低了印刷品的价格、提高了印刷速度和增加了印刷量,从而加速了知识的流通和生产,不仅大量减少了欧洲的文盲,而且掀起了一场信息革命,迅速推动了西方科学和社会文化的发展。美国传播学教授J.赫伯特·阿特休尔指出"正是印刷术的发明(而不是别的)使历史从中世纪发展到近代;这期间,能够阅读的大众日益增多导致了思想的广泛传播,思想的广泛传播又推动了哲学与科技的变革。这些变革最终推翻了教士和贵族的统治,从而产生了崭新的政治、经济、社会、文化和宗教制度"①。在这一点上,波兹曼持有相同观点,他坚定地认为正是印刷机而不是计算机开创了信息时代。

　　借用柏拉图的"洞穴理论",媒介是处于我们和世界之间的中介,我们通过媒介感受世界,犹如洞穴中的囚徒通过火焰这一中介感受洞穴之外的世界。媒介的隐喻在于它以自己独有的方式(无论是语言、光影还是文字、图像)替我们对这个世界进行分类、排序、构建、放大、缩小、着色等工作,并向我们证明这一切的"客观"存在。因此,我们并不是在与外在世界打交道,而是在和我们运用的媒介符号进行交往。波兹曼引用卡西尔的一段话来加强自己的观点:"随着人们象征性活动的进展,物质现实似乎在成比例地缩小。人们没有直面周遭的事物,而是在不断地和自己对话。他们把自己完全包裹在语言方式、艺术形象、神话象征或宗教仪式之中,以至于不借助人工媒介他们就无法看见或了解任何东西"②。因此,人类是通过自己创造出来的中介去认识和感受世界的,是在中介(媒介)方式的影响下产生了与之相适合的思维模式、认识方式和价值取向,进而采取相应的行动,由此创建出了一个与之相应的眼中的"世界"。此即波兹曼所说的"我们认识到的自然、智力、人类动机或思想,并不是它们

---

①〔美〕J.赫伯特·阿特休尔:《权力的媒介》,黄煜、裘志康译,华夏出版社1989年版,第4页。
② Ernst Cassirer, *An Essay on Man*, Garden City, N.Y.: Doubleday Anchor, 1956, p.43.

的本来面目,而是它们在语言中的表现方式。我们的语言即媒介,我们的媒介即隐喻,我们的隐喻创造了我们的文化的内容"①。

毫无疑问,无论是麦克卢汉还是波兹曼都坚持认为媒介方式对文化内容的改变具有重要的作用。然而,波兹曼对麦克卢汉思想的发展之处是,他认为这种改变发生的真正根源在于"人类思维方式的转变"。麦克卢汉的"媒介即讯息"说的不足在于对"方式"和"内容"的关系把握上过于简单或直接,忽略了中间环节即"思维方式"的影响。波兹曼对"思维方式"的居间地位和关键作用赋予了充分的关注。他的"媒介即隐喻"说就是要提醒人们注意到不同媒介环境对思维方式的影响。对此,波兹曼解释为"把诸如文字或钟表这样的技艺引入文化,不仅仅是人类对时间的约束力的延伸,而且是人类思维方式的转变,当然,也是文化内容的改变。这就是为什么我要把媒介称作'隐喻'的道理"②。同样,现代科学研究也得出了类似的结论。有大脑研究者对饱受电子媒介信息流轰炸的人们进行研究后指出,我们脑中的神经连接已经不明原因地有所改变。进化研究者也温和地表示,这种改变已经开始改造我们脑中的"本我"。③ 概言之,电子媒介的传播方式及其携带的海量信息已经重新建构了人类的思考和记忆方式。

1997 年,波兹曼应邀为《麦克卢汉:媒介及信使》一书作序。他在序中进一步明确地指出"我们明白,他(麦克卢汉)的所作所为是要给我们指明思考媒介的一种方法,包括双关语和俏皮话。重要的不是要他证明他所说的话。我们学到的一课,与其说是'媒介即讯息',不如说是'方法即是讯息'"④。由此可见,"媒介即隐喻"从根本上来说是对"方法"的强调,而这种"方法"实质上是和认识论紧密联系在一起的。因此,波兹曼进而将"媒介即隐喻"推进为"媒介即认识论"。

---

① 〔美〕尼尔·波兹曼:《娱乐至死》,第 18 页。
② 同上书,第 16 页。
③ 〔德〕弗兰克·施尔玛赫:《网络至死》,邱袁炜译,龙门书局 2011 年版,第 18 页。
④ 〔加〕菲利普·马尔尚:《麦克卢汉:媒介及信使》,第 2 页。

三、媒介即认识论

在伊尼斯和麦克卢汉思想的基础上,波兹曼肯定媒介方式具有一种偏向,携带有自己独特的信息。因此,一种新的媒介方式只会鼓励适合本媒介的特定的运用理解力的方法,偏重某些有关智力和智慧的定义以及创造一种讲述事实的新方式,进而,形成一种新的认识论。

一种新媒介的诞生对整个社会文化而言具有重要意义,它不仅能够创造出新的词语,培养出新的话语习惯,而且可以使某个既存词语如获新生,具有不同于以往的全新内容。例如,"智力"一词的内涵随着媒介的历史变迁而发生了重大改变。一般而言,"智力"主要是指人掌握事物真理的一种能力。从实用主义真理观出发,这种掌握真理的能力取决于具体的交流、对话的方式及性质。在不同的媒介文化中,人们以不同性质的媒介作为载体进行交流活动,"智力"的定义也因此发生变化。在口语文化中,智力常常同创造警句的能力相关,口语文化中的智慧长者都是储备着丰富的谚语和俗语的人,他们能够迅速、有效、权威地处理人际矛盾和群体纷争。在印刷文化中,智力更多指称的是认识、理解客观事物并运用知识、经验等解决问题的能力。人们认为那些能够进行严密的逻辑思考、迅速发现问题并利用相关知识或工具解决问题的人是具有高智力水平的人。相反,一个能够背诵众多的格言警句、谚语俗语却目不识丁或无法深入阅读的人,会被视为与社会格格不入的怪人。"智力"一词内涵的变化实际上反映出了在媒介变迁过程中人们思维方式和社会文化的变革。再如谚语/俗语。它们在文化中的地位及适用范围是随着媒介的变迁而变化的,人们对于它们的认识也发生了实质性的改变:在强调理性和逻辑的印刷文化中,人们不可能用谚语/俗语对严肃的事务进行判决,否则会被认为态度不严肃、做法不严谨,当然,更不会将谚语/俗语视为日常生活的内容和本质。然而,这些被印刷文化轻视的谚语/俗语却是口语文化社会传承真理、维系社会组织、处理群体纷争的重要途径。在口语社会中,这些谚语/俗语不是偶一为之的手段,它们是和口语文化以及人们的思想情感结为一体的。沃尔特·翁认为"它们在我们的生活中绵延不断,它们构成思想自身的内容。没有它们,任何引申的思想都不可能存在,因为思想就存在于这些表达方式之中"①。波兹曼从媒介的角度审视认识论的历史变迁,斩钉截铁地得出"任何认识论都是某个媒介发展阶段的认识论"②的结论。

在认识论领域中,真理问题具有不可回避性。受到实用主义学家和麦克卢汉思想的影响,波兹曼同样认为不存在抽象的、一般的和绝对的真理,所谓的真理是在特定的社会文化中产生的,具有鲜明的社会文化烙印。真理只有在特定的社会文化中才能发挥预期的作用,如果脱离了这一环境,真理就会变成无力且幼稚的话语,甚至是笑话。因此,真理实际上是一种文化偏见。这一说法并不意味着有一种正见存在,而是因为不同的媒介必然导致不同的路径,不同的路径导致不同的方向。这种偏见已经深深地融入到社会集体的无意识中,人们约定俗成地、习惯性地采用某种思考、表达和行事的方式而并不质疑其正确性、适当性和有效性。在他们眼中,现行公认的方式是发现、阐述事实(真理)的唯一有效和最具有权威性的途径。正如传统西方哲学一样,科学事实都是在一系列不言自明的前提下进行理性的、向内的、与实践行为分裂的推理过程中发现的,并以此作为表述的方式。人们认为实证是多余且无聊的,唯有推理逻辑才是一条通向真理的更可靠的道路。因此,亚里士多德坚信女人的牙齿比男人的少,却从来没有去数数两任夫人的牙齿。

真理之所以是一种文化偏见,是因为真理不是外在于人类实践活动独立存在、永恒不变的事物,真理也不可能赤裸裸地存在,它必须通过一种外在的形式、以一种经过修饰的方式呈现出来,否则就可能得不到承认。在不同的文化中,人们选择呈现和修饰真理的方式迥然不同,因此,"一种文化认为用某种象征形式表达的'真理'是最真实的,而另一种文

---

① Walter Ong, *Orality and Literacy*, New York: Methuen, 1982, p.35.
② 〔美〕尼尔·波兹曼:《娱乐至死》,第 30 页。

化却可能认为这样的象征形式是琐碎无聊的"①。任何违背当时公认的真理修饰方式的人都将以失败而告终,苏格拉底为此付出了生命的代价。

真理是同表达方式密切相连的,而每个时代普遍采用和认同的表达方式又是直接受到传播媒介(技术)的影响(例如口语文化中的话语结构和表达方式绝对不同于印刷文化和电子文化中的话语结构和表达方式),因此,不同媒介文化中的真理观也就迥然相异。例如,在认识论中,"眼见为实"这一准则从来都享有重要的地位,但随着文化从口头语言转向书面文字,再从印刷术转向电视的变迁过程,当不同的媒介先后介入认识主体和认识对象之间的时候,"话说为实""阅读为实""计算为实""推理为实"和"感觉为实"等认识论准则也纷纷出现。于是,随着媒介的变迁,真理也在不断发生改变。所谓"真理",波兹曼将之界定为"真理,和时间一样,是人通过他自己发明的交流技术同自己进行对话的产物"②。波兹曼口中的"交流技术"意指宽泛意义上的媒介,也是麦克卢汉孜孜探索的"媒介"("技术")。因此,波兹曼谨慎地指出"真理的定义至少有一部分来自传递信息的媒体的性质"③。

不同的传播媒介承载着不同类型、指向和性质的认识论。在任何一种文化阶段中,都有一种媒介占据着主导地位。因此,在人类传播媒介更迭的基础上,我们可以将人类的认识论粗略划分为口语文化认识论、印刷文化认识论和电子文化认识论。在口语文化社会中,人们认为谚语和俗语能发现和阐释真理;在印刷文化社会中,人们认为书面文字比口语更接近真理。到了电子文化社会,人们对于真理的认识又多是和数字联系在一起的。面对计算机技术对社会文化的迅猛侵袭,波兹曼从认识论角度告诫人们"电脑不是一种工具,而是一种知识哲学"④,以期帮助人们建构起对计算机技术全面而清醒的认识。

---

① 〔美〕尼尔·波兹曼:《娱乐至死》,第 28 页。
② 同上书,第 30 页。
③ 同上书,第 20 页。
④ 〔美〕尼尔·波斯曼:《通往未来的过去》,第 146 页。

在面对这三种认识论时,波兹曼的态度是不同的。波兹曼最为欣赏的是印刷文化认识论,最为不满的是电子(电视)文化认识论。现代社会是一个数字化的社会,是一个强调数据/图像权威的社会,是一个文化向技术投降的社会。在现代社会中,人们把真理和数量对等起来,认为用数字表达的真理是最贴切无误的。很多心理学家、社会学家、经济学家以及政治家们往往依靠数字来陈述事实。对他们而言,用谚语、寓言、俗语或诗歌作为表达方式都是无聊且幼稚的,唯有用数字说话才是最有说服力的。人们不仅用精确、冷漠的数字对自然界的事物进行描述和界定,而且也依靠数字对复杂多变的、丰富鲜活的人类社会事务进行程序化地、机械生硬地测算和分割。大行其道的智力测验和被广泛采用的 SPSS 统计分析软件是其典型代表。对于现代社会中"数字至上"的文化偏见,波兹曼并不认同。波兹曼指出决定用什么方式来揭示真理其实是有些武断的,因为数学并不是自然世界的本质,更不是人类社会的本质,在人类社会的发展过程中,神话和宗教仪式的语言拥有更为悠久的历史,人们在诗意的语言中与大自然和谐共处。波兹曼严肃地告诫人们"决不能随时准备炸掉地球,然后大肆赞扬自己找到了谈论自然的真正途径"[1]。波兹曼的这一观点后来在对科学主义的批判中得到了进一步的深化。

第二节 电视化就是娱乐化

一、作为元媒介的电视

按照文化史学家对文化传播历史做的分期,我们可将人类社会按照主导传播媒介的类型大致分为口语文化阶段(文字传播阶段)[2]、印刷文化阶段和电子文化阶段。在电子时代,电子媒介打破了印刷文化的固有

---

[1] 〔美〕尼尔·波兹曼:《娱乐至死》,第29页。
[2] 在口语文化和印刷文化之间的还有一个书写文化阶段。但是,在这一阶段中,由于文字(书籍)难以获得和传播,所以,口语依旧是主要传播方式,文字仅是重要的辅助传播媒介。

思维和组织模式,成为新一代的领军媒介,其中电视凭借其媒介优势一举成为这个时代的元媒介。"元媒介"是语义学出身的波兹曼自创的一个名词。在论述"媒介即认识论"的基础上,波兹曼将"元媒介"界定为"一种不仅决定我们对世界的认识,而且决定我们怎样认识世界的工具"①,意即在众多媒介中,有一种媒介是占据权威地位并对其他媒介话语具有影响作用的。这种媒介是作为一种核心存在的,并对外在世界的公众话语、思维方式、态度倾向、组织模式和文化内涵等都产生了实质性的影响。托尼·施瓦茨②就把电视比喻为"第二个上帝",指出无所不在的(电视)电波就像上帝一样,向电视观众布施感激、知识、情趣和道德观念,从而使人与人之间、人与社会之间的关系发生微妙而深远的变化。为了更好地论证波兹曼的观点,我们有必要回顾一下前两个文化阶段的主要特征及其主导媒介。

(一) 口语文化阶段

在口语文化阶段,口语(耳朵)占据社会文化的统治地位,口语传播是人类主要的传播方式,是联系社会成员的基本纽带。即使是在文字出现之后(印刷机出现之前),由于文字材料的获取和传播极为不便,人们依旧依靠口头语言进行日常的传播活动。人们的思维方式、公众话语形式、社会文化倾向乃至社会组织模式等都紧紧围绕着口语(耳朵)而存在/展开。

在口语文化中,人们注重的是群体、传承等观念,赋予了传统、习俗、权威、老者等事物/人以极高的社会地位。人们往往依靠从祖辈流传下来的格言、谚语、警句(以记忆的方式获得)等来解决社会(部落)纠纷、处理人际矛盾、协调群体活动。因此,所有宝贵的思想、行之有效的方法、处理事务的经验感悟等都是在时间的沉淀、经验的累积中以口口相传的方式保存下来的。如今逐渐被人们淡忘的"家有一老,如有一宝"这一俗语恰恰是对口语社会尊重传统/权威的一个极佳批注。必须明确的是,这些行

---

① 〔美〕尼尔·波兹曼:《娱乐至死》,第 104 页。
② 托尼·施瓦茨:美国精力管理专家,著有《全力以赴:高效能人士的精力管理手册》。

为和思想从根本上来说都是由口语的媒介性质决定的。受到口语的影响，人们的思维方式也遵循同样的模式，是传统的而不是创新的，是外在的而不是内省的，是具体的而不是抽象的。

在口语社会中，面对面的交流占据了主导地位，交流双方的在场使得交流是双向互动的，又使得传统的权威得以维持。口语文化中在场的交流方式决定了话语具有生动、形象、跳跃、机智、风趣等特质，决定了对话中充满即兴的互动性和针锋相对的火药性，当然，也不乏重复性、冗长性的话语，甚至会出现语无伦次、词不达意、前后矛盾等语言现象。在口语传播中，虽然嘴巴/耳朵占据着主导地位，然而，这种在场的对话是卷入了参与者的全部感官，人们全神贯注地参与到对话活动中去，依据交流现场的情况而及时地进行调整，作出回应，解决问题。在口语交流中，人不是被割裂肢解和隔离孤立的，人是作为一个完整的人参与到互动的社会活动中，人的感知得到了全面的发展。这便是麦克卢汉说的部落化、整合化和有机化。在这里，传播的双向性得到了充分体现。

口语的传播方式塑造了特定的文化形态和社会组织模式，如氏族/部落的集会、采诗观风制度、行吟诗人的吟唱、口口相传的古诗/民谣等。在历史文化的传承上，口语社会中承担传承责任的不是秉笔直书的史学家，而是四处漂流的行吟诗人。口语这一传播媒介决定了行吟诗人不仅仅是文学家更是传统智慧和部族历史的保存者和传播者。由于口语传播在传播空间和距离上受到了极大的限制，而且口语在时间上呈线性流逝，除了依靠人们的记忆再无迹可寻，因此，口口之间的多次传播，非常容易造成信息的走样失真和丢失。然而，口语传播的这一特性却为人们（如行吟诗人）提供了创造的空间。在行吟诗人的游走中，他们可以不断地对内容进行修改和完善，从而使作品一直保持鲜活的生命力。因此，口语传播造就了两个看似有些对立的现象：一方面，在社会习俗上，人们尊重传统和权威，赋予老人以极高的社会地位。另一方面，在诗歌等文学作品的传播上，由于没有"死"文字的约束，没有唯一"作者"的概念，人们可以依据实际情况而不断地对作品进行增减、融合和创新等加工工作，每一个传播者都可以是作者。不仅如此,口语传播的特性还决定了诗歌的形态。以中国古诗为例,古诗的篇章都是合乐的歌词。为了便于记忆、利于传唱,诗篇都采用章节复沓的形式,重章迭唱,一唱三叹,注重韵律;在社会组织模式上,国家政令的传达活动要依据口语传播的特点来实施,如公元前500多年,古代波斯帝国国王大流士一世在山头上派驻家臣,通过高声呼喊、语言接力的办法,向各地传达命令。同样,口语传播也决定了庙会和节日庆祝场所成为信息/新闻的集散地;口语传播还决定了政府舆论监控的形态。古时的采诗观风如"风听胪言于市,辨妖祥于谣,考百事于朝,问谤誉于路,有邪而正之,尽戒之术也"①等举措都是在口语传播的条件下,统治者所采取的有效的舆论监控方式。

(二)印刷文化阶段

印刷机对人类社会文化、公共事务和公众话语产生了重要的影响,它不仅仅是作为一种技术、机器和手段而存在,更是作为一种话语结构而存在,是当之无愧的第一媒介。在印刷文化阶段,从商品广告到产品介绍、从总统竞选到国会讨论、从集市辩论到教堂布道等公共话语无不鲜明地打上了印刷机的烙印。印刷机批量复制的一字排开、精准清晰的书写符号(拼音文字),直接孕育了线性、逻辑、理性、分析、专门化的西方文化。

印刷机之所以能够担此重任,离不开早在印刷机之前便已出现的文字(及纸张)。印刷机是建立在书写文字基础之上的,是对书写文字功能的放大和深化。文字是人类媒介发展史上的第二个里程碑,对人类社会文化和历史发展产生了重大而深远的影响。英国历史学家杰弗里·巴勒克拉夫在《泰晤士世界历史地图集》里写道:"公元前3000年左右的文字发明,是文明发展中的根本性的重大事件。它使人们能够把行政文献保存下来,把消息传播到遥远的地方,也就使中央政府能够把大量的人口组织起来,它还提供了记载知识并使之世代相传的手段。"②书写文字的发

---

① 徐元诰:《国语集注》,中华书局2002年版,第388页。
② 〔英〕杰弗里·巴勒克拉夫:《泰晤士世界历史地图集》,邓蜀生编,三联书店1985年版,第53页。

明和广泛使用,促使人类向科学和世俗、向掌握空间而不是掌握时间迈出了历史性的步伐。正是鉴于文字对社会发展的重大影响,麦克卢汉在《谷登堡星汉璀璨》(1962)里率先将媒介历史划分为口语、拼音文字、机器印刷和电子技术四个阶段。

尽管赞成麦克卢汉对媒介历史的划分,但是,从主导媒介这一角度出发,本书还是将书写文字阶段视为是从口语文化向印刷文化的一个过渡阶段,将文字出现之后印刷机出现之前的这一阶段划入口语文化阶段。因为,如果没有印刷机,人类社会尽管拥有了文字,但是,由于文字书写和传播的不便,大部分民众无法轻易得到宝贵的文字材料。因而,在印刷机出现之前的阶段,人类社会依旧停留在以口语传播为主的阶段,在思维方式、行为习惯、文化形态及社会组织模式等方面依旧主要遵循着口语传播设定的路线和规则并受到口语传播的限定。简言之,在书写文字阶段,口语依旧占据了社会传播活动的主导地位。

书写文字的出现是人类文明发展中的重要里程碑。它弥补了口语的局限,大力促进了文明的发展、延续了文化的传承、建构了民族和国家,它也开始建构起一种全新的认识论。然而,这一全新的认识论在数百年的历史长河中,依然臣服于占据主导地位的口语认识论。它想要占据社会文化的主导地位,有赖于主导传播媒介发生质的改变,即一种新的技术/媒介的出现。承担起这一历史重担的技术/媒介,便是印刷机。

印刷机是在书写文字的基础上,通过机械手段将书写文字转变为印刷文字,使文字信息的批量复制成为可能。这一看似"形式"和"数量"上的转变实则具有深刻的历史意义。印刷机大批量快速复制文字,使得文字作为一种媒介的特性和功能得到了放大。通过机械地生产出整齐划一的"句子的线性排列、页面上的文字的稳定性、白纸黑字系统有序的间隔"(马克·波斯特语)的印刷文字,印刷机指引了社会发展的方向,催生了现代文明的发生和发展,揭开了信息社会的序幕,它所派生出的众多的新事物对社会文化的发展具有重大的推动作用。概言之,印刷机统领了人类社会生活、文化思想的各个方面达数百年之久,成为影响深远的第一媒介。美国传播学教授 J. 赫伯特·阿特休尔高度评价了印刷术在政治、经济、社会、文化等方面的重大意义:"正是印刷术的发明(而不是别的)使历史从中世纪发展到近代;这期间,能够阅读的大众日益增多导致了思想的广泛传播,思想的广泛传播又推动了哲学与科技的变革。这些变革最终推翻了教士和贵族的统治,从而产生了崭新的政治、经济、社会、文化和宗教制度。"①

印刷机的出现直接导致了马丁·路德的宗教改革运动。在古登堡发明印刷术之前,《圣经》采用的是平民难以读懂的拉丁文,而且是通过手抄而成,不仅古奥难懂、价格昂贵,而且数量极其有限,难以获得。信教的平民要想了解上帝的旨意,只能完全仰仗和依赖于教堂神职人员的宣讲和解读。出于对教会垄断《圣经》的不满,马丁·路德率先用大众化的语言翻译《圣经》,他的译文节奏和谐,且措辞得当,使《圣经》为普通老百姓所理解和接受。不仅如此,他还将《圣经》以各种语言广为印刷,仅1522—1546 年之间出版的《圣经》版本就不下 450 个。在印刷机的帮助下,《圣经》得以出现在每一家的餐桌之上。在此基础上,宗教改革蓬勃发展,各类反对教会专横腐败、反对教会形式主义的宗教改革运动此起彼伏,如约翰·加尔文创立了清教,他们信奉"人人皆祭司,人人有召唤",认为每个个体可以直接与上帝交流,《圣经》才是唯一的最高权威,任何教会或个人都不能成为传统权威的唯一解释者。教会的权威和统治地位遭到了巨大打击。

16 世纪,随着印刷机的出现,书籍出版及其他印刷制品数量猛增:在古登堡发明印刷术之后的仅仅半个世纪之内,欧洲的书籍总量便激增了将近 1000 倍,即从 15 世纪中叶的约 1 万册达到 1500 年的 900 万册,尤其是在 16 世纪的美洲大陆,几乎任何一种知识都要通过铅字(书籍、小册子、传单等印刷制品)来表达和传播。印刷机将个体的读写能力提升到了前所未有的重要地位,为世俗文化的兴起奠定了基础。建立在印刷机基

---

① 〔美〕阿特休尔:《权力的媒介》,黄煜、裘志康译,华夏出版社 1989 年版,第 4 页。

础上的、诞生于宗教改革运动的新教高度重视读写能力,将阅读《圣经》规定为新教徒生活的重要内容。清教教义认为虽然阅读圣经并不能保证发生什么,但阅读构建了一个清教徒可以依靠自己的力量去探寻《圣经》真理的平台。可见,新教将阅读与认识能力、评判能力联系在一起,并将读写能力视为不可或缺的基本技能。宗教对阅读的重视,迅速地扩散至整个社会。以北美洲为例,1650年之后,几乎所有的新英格兰城镇都以法令的形式要求建立"读写学校",一些大的社区还被要求建立语法学校。17世纪70年代,所有北美新大陆殖民地(除罗德岛州以外)已经通过立法,规定儿童必须接受识字的启蒙教育。① 学校教育运动的全面推行,不仅源于人们认为撒旦的邪恶力量将被教育摧毁,更重要的是源于人们认识论的巨大改变。在铅字统治的社会中,阅读能力的空缺就意味着获取知识的能力、了解并遵守国家法令的能力的丧失,意味着进行正确评判的能力和智力开发途径的丧失,甚至意味着人们品格将会存在缺陷、社会将会因此而丧失秩序和稳定。不仅如此,16世纪的人们还普遍认为年轻人的学习不仅仅是一种道德上的义务,同时也是智力开发的一条途径。这实际上赋予了"智力"一种新的定义,即将"智力"与"学习"联系在一起,"学习"往往又是对铅字(印刷制品)的学习。于是,铅字成为知识的替代物,成为学习的替代物,成为个人品质和社会秩序的替代物。在印刷机的驱动下,人们逐渐在"知识""铅字""阅读""学习""智力"等事物之间画上了(约)等号,"报纸是知识的源泉""公立学校是知识的源泉,学习是人们神圣的权利"等思想成为公认的指南。对此,芒福德在《技艺与文明》中做了如下定论:"印刷书籍比任何其他方式都更有效地把人们从现时现地的统治中解放出来……铅字比实际发生的事实更有威力……存在就是存在于铅字之中:其他的一切都将渐渐地成为虚无。所谓学习就是书本的学习。"② 这种将"学习"定义为"对书本的学习"或"对铅字的学习"

---

① 庞忠甲、陈思进:《美国凭什么》,北京联合出版公司2012年版,第153页。
② Lewis Mumford, *Technics and Civilization*, New York: Harcourt, Brace and World, 1934, p.136.

的认识论极大地削弱并消解了权威和传统等事物的地位。个体可以完全凭借自己的读写能力去阅读和思考,可以依靠自己的认识能力(而不是依靠既有的权威、传统、习俗)去评判事物、采取行动、改造世界。约翰·斯图尔特·穆勒如此描绘印刷机认识论对人们思想的影响:"我父亲完全信任人自身的影响力,他认为,如果所有的人都能够读书识字,如果人们能够通过口头或书面自由地了解各种观点,如果通过投票人们可以指定一个立法机关来执行他们所接受的观点,那么世上的一切事情都是可以做到的。"[①]

  印刷机的出现极大地促进了人类理性的发展,印刷文字/书籍对意义的生产和人们的理性自律等都提出了更高的要求。我们知道,语言的功用是表情达意、传播信息。当语言被固定下来成为可以跨越时空进行传播的文字时,语言本身内嵌的"意义"就越发地突显出来。一旦落笔成文,文字就成为一种意义的表达,不管它表达的意义是真理还是谬论,是缜密翔实还是漏洞百出,这些文字都成为一种想法、意愿和情绪的表达。文字的唯一功用是作为意义的载体,因此,没有不表达任何意义的文字和句子,尤其是在印刷机的机械运作下,所有的文字不再具有书写时代中个性化的物理特征,而全部是以相同的、机械的、条块分割的形式出现在所有人的面前。书写文字个性化的丧失,进一步突显了内在"语义"对印刷文字的唯一性和重要性。

  既然印刷文字的目的是表达意义,那么文字承载的内容就要能够被理解和释义。逻辑混乱、毫无内容的短语或句子是不能进入传播渠道的,更是不能被人们理解和接受的。就传播者而言,人们有意识地运用一定的逻辑(语法)规则,采用一定的表达方式,将词语编码以承载特定的意义,满足表达的需求,实现传播目的。就受传者而言,人们在接收一段携带意义的语句时,也会用自己熟知的逻辑(语法)规则,结合个人的生活经验和知识背景等多方面因素对之进行解码工作,从而理解接收到的信息,了解传播者的意图,并视情况作出相应的反馈(在印刷文化中反馈是

[①] John Stuart Mill, *Autobiography and Other Writings*, Boston: Houghton Mifflin, 1969, p.64.

延迟的)。在口语传播中,如果一段语句不被人理解,那么传播者可及时地对此进行补充、修正或解释以帮助理解,或者,在传授双方的互动中使信息得以明朗。但在文字传播中,由于文字具有跨越时空的物理特性,导致了传/受双方呈现出一方不在场的状态,因而,由印刷文字承载的内容要想顺利传播,就必须保证该段文字是可以释义的,即人们运用当前社会文化认可的、日常生活(学术领域)通用的解释模式可以对之进行解码工作,并通过编码完成反馈活动。

一旦表达意义的语言作为印刷文字进入流通渠道,那么它必定要进行陈述和判断,它必然要表述一个想法、事实或观点,而且是一个具有稳定性的、可供人反复阅读、思考和评判的命题。由此,严肃的传播者在发出这样一个命题时必须具有足够的理性,要对命题进行深入的考察和推敲,以应对落纸成文之后的不可更改性。不仅如此,在社会交往活动中,人们的观点态度和情感意愿都会通过传播表达出来。在口语传播中,传播者可以通过辅助的表情和肢体语言,可以通过与受传者之间不断深入的对话,将复杂的含义逐次、递进地表达出来。在面对面的对话中,人们更多的是运用单一命题,通过多次的话语上的跟进甚至重复,以达到推进交流(演说例外)的目的。到了印刷文化阶段,由于受传者的缺席,传播者必须运用较为复杂的逻辑规则,用连接词将众多的单一命题结合成为一个新的命题,完整、深入地进行含义的表达活动。受传者在接收到该信息后,要依靠自己的智力,孤独地面对冷静的、线性排列的文字,积极深入地进行综合、归纳、推理、演绎和评判,要能够发现传播者的谎言和漏洞、分析传播者的逻辑思路、考察传播者的真实意图,最后得出自己的结论。以上这些活动都是阅读者在阅读过程中的常态,在这种状态中,严肃和理性得到了极大的培养,阅读者必须与文字保持一定的距离,必须克制自己的热情,对文字进行冷静地分析,并从中收获精神的愉悦。显而易见,这种精神上的愉悦与电视统治下的视听感官的愉悦具有本质的区别。

印刷机使阅读活动成为人们的日常性活动之一,甚至成为人们唯一的消遣娱乐活动,这为后来蓬勃发展的启蒙运动奠定了基础。印刷制品在低廉邮费的支持下成为唾手可得的事物,不同政党之间的论争也都是通过小册子、宣传单等印刷品进行的,印刷品的广泛传播使美国南北得以形成大范围的对话。随着印刷品的普及,人们的阅读热情高涨。在阅读过程中,有序排列、具有逻辑命题特点的铅字,能够培养阅读者"对于知识的分析管理能力"(沃尔特·翁语),阅读者的理性思维得到了锻炼。因此,印刷是和理性、启蒙紧密联系在一起的,先后出现在美国以及英国的印刷时代和理性时代的重合并不是一种巧合。在印刷机基础上发展起来的充满书卷气的演讲深入人们的日常生活,人们以发表/倾听演讲、以阅读书籍为消遣方式,且都视这种活动为自律理性个体的合法权利,"特拉华河畔最穷苦的劳工也认为自己有权像绅士或学者一样发表对宗教或政治的看法……这就是当时人们对于各类书籍所表现出来的兴趣,几乎每个人都在阅读"(雅各布·杜谢,1772)①。日常性的阅读活动逐渐培养出自律理性的主体,理性的精神、严肃的态度、广博的知识、较强的分析综合能力等成为印刷社会公民的重要文化特征。

在印刷机作为第一媒介的社会中,知识的传播和社会公众事务的开展等活动主要是通过印刷品进行组织和表达,并且这种形式日益成为社会公众话语的模式、象征和衡量标准。以印刷文化时期的美国为例,当时的公众话语是以文字(印刷文字)为主导媒介的"书面形式的公众话语",它是受书面文字限定的且反映了文字(尤其是印刷文字)的物理特征及其对阅读者提出的身体和心理上的严格要求。严肃的态度、准确的内容、严谨的结构、严密的语言等是印刷语言的主要特征,说明文是其典范。说明文是以说明为主要表达方式,进行解说事物、阐明事理的一种文章体裁。它通过揭示概念来说明事物的特征、本质及规律性,具有简洁性、准确性、科学性、严密性、条理性、逻辑性和趣味性等特点。由说明文培育出的公众话语,也往往都是事实和观点的明确而有序的组合:"他措辞简洁明确,涉猎广泛,善于从实际生活中旁征博引;他分析透彻,敢于解决难

---

① James D. Hart, *The Popular Book: A History of America's Literary Taste*, New York: Oxford University Press, 1950, p.39.

题;对于错综复杂的情况,他善于化繁为简并用绝大多数人都能理解的方式加以解决;他擅长归纳,常常利用对手的论述证明自己的观点;他理智慎重,从不因为忘形而在辩论中处于被动之地,或是为了无用的观点而浪费口舌。"①对于印刷文化时期的公众话语,托克维尔做了如下总结:"美国人不会交谈,但他会讨论,而且他说的话往往会变成论文。他像在会议上发言一样和你讲话,如果讨论激烈起来,他会称与他对话的人'先生们'。"②波兹曼对此的解释是"这种奇怪的现象与其说是美国人固执的一种反映,不如说是他们根据印刷文字的结构进行谈话的一种模式"③。这就是印刷机产生的共鸣。

由铅字锻造出来的公众话语"富有逻辑的复杂思维,高度的理性和秩序,对于自相矛盾的憎恶,超常的冷静和客观以及等待受众反应的耐心"④,波兹曼将之概括为"阐释"。"阐释"是印刷文化的典型特征,是严肃而理性的阅读活动所培育出的果实。它强调的是对事物的理解,是理解之后的综合归纳、推理演绎、说明解释,呈现的是一种线性递进、逻辑严密的铅字特点,而不是跳跃性、拼贴式的电子文化特点。在《娱乐至死》中,波兹曼将印刷机统治下的美国时代进一步冠以"阐释年代",指出"阐释是一种思想的模式,一种学习的方法,一种表达的途径"⑤。印刷机统治下的公众话语是波兹曼极为欣赏和大力推崇的,也是他批判当代美国社会公众话语电视化的重要参照物。

概言之,在印刷社会中,铅字成为人们获得信息的主要来源。不仅人们以铅字作为交流渠道、表现载体,人们的世界观、价值观和人生观等都受到铅字的影响,而且,整个社会文化活动和国家运转模式等也都是围绕铅字有条不紊地开展。印刷机产生的共鸣无处不在。

---

① Perry Miller, *The Life of the Mind in America: From the Revolution to the Civil War*, New York: Harcourt, Brace and World, 1965, p.153.
② Alexis de. Tocqueville, *Democracy in America*, New York: Vintage books, 1954, p.260.
③ 〔美〕尼尔·波兹曼:《娱乐至死》,第54页。
④ 同上书,第29页。
⑤ 同上。

（三）电子文化阶段

随着电报和摄影技术登上历史舞台,电子文化的大幕徐徐拉开。印刷机的垄断地位开始受到挑战,整个社会文化也逐步向电子文化过渡。电报与摄影技术融合的结果便是电视的诞生。电视是集电报、摄影的话语特征于一身的电子媒介,具有超低的技术/知识等准入门槛、活色生香的视听享受、平易近人的友好面貌等特点。在技术的支持下,电视具有极大的辐射能力,有效地覆盖到了每一个人的生活。电视的出现和发展是20世纪的重大发明。德国社会学家格林斯认为"电视"和"原子能""宇宙空间技术"一样,是具有划时代意义的"震撼现代社会的三大力量之一"[①]。在短短的数十年间,电视已迅速发展成为20世纪最主要的大众传媒,拥有最为广大的受众群(即使是当前日益生活化的互联网,其普及率也依旧无法赶上和超越电视的普及率),对社会文化生活产生了广泛而深刻的影响。

迅猛的技术进步和高速的经济发展将电视送进千家万户,电视成为家庭中最为普及的电子媒介。在当今社会中,没有电视的家庭是不可想象的,也是人们难以接受的。人们或许可以没有电报和邮政信件,没有收音机和摄像机,也可以没有报纸和书籍,甚至可以没有电脑和网络,但是,却绝对不能没有电视。就当今中国的家庭现状而言,一般来说,普通的三室一厅往往拥有两台及两台以上的电视。于是,电视成为人们寓所中无所不在的"神"——在客厅、主卧室、次卧室、卫生间、厨房、餐厅和书房,电视都可以毫不突兀地出现在你的面前、堂而皇之地占据着显要位置。不仅如此,家庭之外的公共空间也被电视大面积地侵占,无论是意兴阑珊还是行色匆匆的人们,都可以随时随地成为电视的观众。可以说,电视以前所未有的速度抢占了人们几乎全部的空间,无论是客厅、卧室、书房乃至厨房、卫生间等私人空间,还是会议室、餐厅、大厅走廊、电梯、公交车辆、地铁、健身房等公共空间,电视的身影无处不在。

---

① 〔德〕W. 林格斯:《电视:第五面墙壁》。转引自郭庆光:《传播学教程》,中国人民大学出版社1999年版,第118页。

电视在大范围地侵占家庭和社会空间的同时,也全面地侵占了人们的时间。自从有了电视之后,人们不仅通过电视来认识社会和了解世界,而且越来越多地用电视填充自己的闲暇时光(这一局面直到互联网的普及才开始得到改变),看电视成了大部分人们闲暇生活的全部(而在电视兴起之前,阅读是人们的主要消遣活动)。原有的家庭成员之间的语言和眼神的密切交流、原有的高品质的家庭时光等都被家庭成员各自手握遥控器所代替。同样,家庭聚会、朋友聚餐等人际活动也往往不能缺少电视的陪伴,因为,人们习惯于在无话可谈之时将目光求助式地转向电视。电视已经如此完美地融入到人们的日常生活中,以至于人们对电视不会产生任何质疑、惊喜或迷惑。它以一种神话的方式深深植入了我们的思维方式,悄无声息地影响着我们看待事物的角度,就仿佛我们戴着有色眼镜观看世界却已然忘记了眼镜的存在一样。

思考一下电视在"家庭"(社会的细胞)中占据的位置,不难发现,电视已经成为不可或缺的重要家庭成员,成为人们"顶礼膜拜"的对象,成为"客厅里的大象"。在传统社会中,每家每户一般都会在家庭生活的重要场所供奉神祇和他们的祖先牌位,而如今,这一位置早已被电视取而代之。电视陪伴着人们从客厅、餐厅到卧室的每一刻时光,陪伴着人们从起床出门到回家入睡。在现代社会中,电视成为一种象征,成为一种现代社会仪式的载体,人们围坐在电视周围,行走在电视周围,从家庭到户外,目光总是不由自主地追随着电视,于是,眼睛成为了电视的"附件"。通过这种"注视"的仪式,电视成为联结家庭成员的纽带,成为社群团体的重要黏合剂,成为想象共同体的塑造者。张闳在《作为世俗神话的电视文化》一文中犀利地指出电视就是"现代社会民众生活世界的'神龛'"①。电视这个四方体(CRT 电视维持了相当长的一段时期)制造了一个巨大的世俗神话,成为现代社会的"世俗宗教"。在中国最为重要的传统节日——春节里,中国几乎全部的家庭成员都聚集在各自的电视前观看春

---

① 张闳:《作为世俗神话的电视文化》,《南风窗》2007 年第 5 期。

节晚会,仿佛供奉某个圣物。人们用观看电视取代了传统家庭必不可少的上香祭祖的仪式。与传统仪式不同的是,这种以电视为载体的仪式充满了嬉笑打闹和随意闲适,缺乏传统仪式的深度性和严肃性。

在电视出现之前,黑格尔把人们早晨阅读报纸的普遍行为称为"现代人的早祷"。那么,在电视普及的当今社会,现代人举行仪式的载体已从报纸转向了电视。写作《童年的消逝》和《娱乐至死》时的波兹曼警惕注视着的正是这样一个电视媒体高速发展的美国社会:"几乎每一个美国家庭都至少拥有一台以上的电视机。在这些家庭,电视机平均保持着每天七个小时左右的开机时间。毫无疑问,看电视已经改变了美国人的生活方式,使他们远离过去那些消磨时间的娱乐方式。过去,教堂、会所或者附近的小酒馆一度是不少人生活的中心……如今,周日晚上的仪式是收看《60分钟》,这档节目有高达2600万的观众群,平时的观众数量也基本稳定在1200万人到1400万人之间"[1]。同样,美国科学学院主席托德·P.利维特直言不讳地指出:"在一个拥有电视的家庭中,人们每天观看电视节目的时间超过七个小时,大家都在想他们除了看电视还在干什么?他们没有其他的时间了。这是美国人一个根深蒂固的习惯,很多人都是这样。"[2]看电视是当代社会人们主要的消遣方式。

电视(在互联网普及之前)是人们了解公众信息的样板,它几乎包容了对所有事物的讲述,任何人都可以在电视上看到一切,而且人们"相信电视是社会事件的主要表述者"(迈克尔·诺瓦克语)[3]。在电视文化阶段,人们对社会和生活、对人生和世界的大部分认识都来自电视。于是,电视成为知识的知识、文化的文化。任何知识和文化只有通过电视才能得到最为轻松和广泛的传播,才能给人们留下直观生动的印象(尽管这种印象缺乏持久性和深刻性)。更重要的是,电视告诉你:只有电视里的内

---

[1] 〔美〕约翰·维维安:《大众传播媒介》,顾宜凡等译,北京大学出版社2010年版,第212页。
[2] 《世界传媒高峰论坛〈电视的影响力〉直播实录》,http://sh.sina.com.cn/20040606/185432427.shtml(2012年5月20日下载)。
[3] 〔美〕约翰·维维安:《大众传播媒介》,第213页。

容才是这个世界的真实样貌。人们对工作和生活的安排、对成功和快乐的定义、对人生的设想、对品味和幸福的追求等都是从电视中获得的。电视教你如何谈恋爱,告诉你什么叫"浪漫",指导你的衣食住行等活动;电视为你的病痛开出药方,传播疾病预防知识,介绍医院挂号的流程和注意事项;电视带着你做礼拜,牵着你走进历史课堂……电视以笃定的言说命名着事物,预言着人们的生活。它成为整个社会文化的大课堂,成为普罗大众最为亲近的朋友和老师。韩国影片《老男孩》中有一句台词是对电视的元媒介功能的形象总结:"电视既是表、又是台历、又是学校、又是房子、又是教会、又是朋友、又是爱人。"正是充分意识到电视的这一元媒介功能,政治家们尤其重视利用电视宣传以实现政治目的。如1962年,美国总统约翰·肯尼迪通过一场精心准备的电视讲话秀,赢得了美国民众对其封锁古巴政策的大力支持,为顺利解决古巴导弹危机铺平了道路。2004年,美国总统大选竞争白热化时,竞选管理人员要求志愿者减少到每一个选民家中以及与选民单独接触的次数,而应更多地为电视广告募集基金,因为他们认为不通过电视进行政治宣传活动是极愚蠢和低效的行为。电视的超强影响力还表现在如下具有讽刺意味的现象上:一些反对电视的社会群体费尽心思地组织以不看电视为主题的社会活动,指出电视给社会生活带来的种种不良影响,呼吁社会民众关掉电视甚至砸毁电视,但是他们关注的却是有多少人在电视上看到了对他们的报道,并以此作为衡量活动成败的标准。村上春树在短篇小说《电视人》中描述了处于电视统治之下的人们的存在现状:"我"无论主动被动,都生活在"电视人"构筑的信息空间之内,并以此作为参照系,从而得出自身存在及与外部世界关系的判断。①

　　电视作为一种元媒介深刻地改变了众多的社会事物,甚至整个信息环境都变成了电视的一面镜子。人们在日常生活中往往以"是否满足电视的媒介特性"作为自己社会活动的指南,将电视话语模式作为公众话语的样板,并且采用电视话语的标准对原有的社会事物形态进行改造,使之

---

① 王樊逸:《被依赖的入侵者——村上春树文本中的大众媒介》,《读书》2011年第10期。

以更适合电视表现的形式呈现出来。对于这一点,2009年的一条新闻便是最好的佐证。

蔡振华:比赛要适应电视转播 加强乒超娱乐化

在今天上午进行的2009赛季的乒超总结会上,国家体育总局副局长、中国乒协主席蔡振华从比赛办法、俱乐部建设、赛场包装等方面发表了重要讲话。

"我们目前的比赛办法使得一场比赛的时间过长,很多场次都在3个小时以上。目前电视资源如此紧俏,不可能有这么长时间来转播。"蔡振华介绍说,"一般情况下,一分球在5秒钟内结束,从捡球到再次发球要花去12秒到15秒左右的时间,也就是说,比赛的多数时间是花在了捡球上。"他认为,由于赛时过长,已经对电视转播的效果产生了明显的影响,"比赛无法完全呈现在观众的面前,久而久之,电视观众失去了观看的兴趣,而现场观众也会容易疲劳。"因此,他表示,研究出长短适宜,既能适应电视转播,又能满足观众需求的比赛办法是当务之急,而引进球童,减少运动员捡球时间则是一个不错的办法。

联赛的娱乐化也是今天蔡振华副局长着重强调的问题,在肯定了目前较之以往的进步外,他还就很多细节提出了建议。如加强现场的体育展示、赛场包装,以及比赛期间运动员与观众的互动等。作为一个以打造"乒坛NBA"为目标的联赛,其观赏性显得非常重要,蔡振华表示,联赛组委会将对女子运动员的服装款式进行改革,为优秀运动员量体裁衣,展示她们的青春美和健康美。另外,他还透露,中国乒协正在设计彩色球和黑白球,目的就是为了适应观众的观赛需求,使观众能够更清楚地看到乒乓球的旋转,增强其观赏性。①

---

① 张矣韵:《蔡振华:比赛要适应电视转播 加强乒超娱乐化》,http://sports.sohu.com/20090909/n266590903.shtml(2012年3月27日下载)。

于是,体育赛事流程的变更不是出于对体育活动的认识深化,不是出于对体育项目固有规律性的尊重,不是出于对体育活动的促进和推广……简而言之,不是出于理性而严肃的目的,而仅仅是出于娱乐的目的。在电视这个认识论指挥棒的导引下,观赏性成为重要的指导原则,而体育比赛也就成为一场竞技性的"演出"。

电视作为一种元媒介,必然会对其他媒介产生重要影响。电视具有最为广大的受众群,这就决定了不仅其他媒介要通过电视进行广告宣传、树立各自的媒介品牌效应、宣传媒介产品的相关知识,而且更重要的是,其他媒介如书籍甚至是互联网也往往借助电视而生产出自身的产品。一个电视产品成功了,能够带动一系列相关的社会文化产业的兴盛。即使是在互联网普及的今天,电视也依旧具有舆论指挥棒的作用。北京大学张颐武教授指出如今互联网上很多热门的话题其实都来源于电视,如"春晚前三个月,就开始网络讨论,春晚完了,又后续讨论三个月"[1]。在他看来,艳照门事件也是网络和电视明星的互动。再如文怀沙事件,"电视抛出这个话题,网络放大,电视再接过去。其实这件事在圈内也是人所皆知的共识。"[2]由此,张颐武教授得出结论:互联网不能独立存在,依旧将继续依赖于电视而发展,因而"电视依然是最主流的媒体"[3]。不仅如此,报纸杂志从内容到形态都发生了电视化的变形。杂志/书籍封面被设计成电视屏幕样式的案例并不少见,而印刷产品中大量图片的出现则是为了适应和满足电视观众的需求,读图时代接踵而至。于是,一部分印刷产品也开始逐步演变为另一种不插电的"电视"。如美国的全国性报纸《今日美国》就是完全按照电视的模式定型的:"它在大街上被摆在类似电视机的东西上出售,它刊登的故事出奇地短,它的版面设计大量使用照片、图表和其他图像,有的还是彩色的。它上面的天气预报图简直称得上是一

---

[1] 胡赳赳:《2009 中国电视何去何从》,《新周刊》2009 年第 6 期。
[2] 同上。
[3] 同上。

种视觉享受;它的体育版上无聊的数据多得可以让电脑发疯。"①

　　随着互联网的兴起和普及,人们逐步地将对电视的青睐和依赖不同程度地转移至互联网,人们接收/传播信息的模式和习惯也发生了改变。第35次《中国互联网络发展状况统计报告》显示,截至2014年12月,中国网民规模达6.49亿,全年共计新增网民3117万人。互联网普及率为47.9%。中国手机网民规模达5.57亿,较2013年底增加5672万人。②互联网的出现使我们快速地跨入到全球网络时代,真正实现了麦克卢汉"地球村"的预言。互联网使人们不再是被动地坐在电视机前接收信息,它赋予人们发送信息的权力和便利,无论是在家里、办公室里还是在全球的其他地方。莱文森认为互联网的出现证明了麦克卢汉的另一个观点即"信息的散播正在创立一个新的权力结构:'处处是中心,无处是边远'"③。在互联网时代,无论是邻里之间的趣闻、单位的新政策,还是国家领导的行程、异国他乡的奇闻轶事,无论是通知、公告、还是新闻、邮件,从两人(多人)之间的私密对话和工作交流,到医院挂号收费、乘车购票、超市结账、考试报名、查阅成绩等,绝大部分都是通过互联网完成的。一旦互联网瘫痪,所有的活动或工作就要停滞。一位朋友去医院看病,排队挂号的时候被告知:因互联网故障,暂时不能挂号。此刻,挂号人员端坐在挂号台,医生已到达了诊室,病人却看不了病。医务人员一脸无辜地将责任归结为互联网故障。人此刻完全成为了互联网的奴隶。互联网的强大影响同样波及传统媒体。面对互联网的日益兴盛,传统媒体为了抢夺受众,不得不进行改革以适应数量剧增的网民的阅读习惯:如2007年1月,《华尔街日报》将版面宽度缩小了76.2毫米,将新闻版面减少了10%,删掉了首页的一个专栏;《纽约时报》计划将报纸的版面宽度缩减38.1毫米;《洛杉矶时报》要求记者把报道篇幅缩短,以适应网络读者的

---

　　① 〔美〕尼尔·波兹曼:《娱乐至死》,第144页。
　　② 第35次《中国互联网络发展状况统计报告》,http://www.cnnic.net.cn/hlwfzyj/hlwxzbg/hlwtjbg/201502/P020150203548852631921.pdf。
　　③ 〔美〕保罗·莱文森:《数字麦克卢汉》,第9页。

视觉范围。① 随着互联网对社会文化生活的全面渗透,"互联网已经取代电视成为社会第一媒介"等观点不绝于耳,其中以莱文森的观点为典型代表,他早在 1999 年就高呼"因特网是一切媒介的媒介"②。莱文森大力推崇互联网在社会政治文化方面的解放功用,指出互联网对形形色色的集权状态构成了强有力的威胁,具有以往任何媒介都不具有的"解放"功能:"因特网摆出了这样一副姿态:它要把过去一切的媒介'解放'出来,当做自己的手段来使用,要把一切媒介变成内容,要把这一切变成自己的内容。"③中国社会生活的日益网络化同样使得众多的中国学者将互联网视为崛起的第一媒介,大力论述互联网对整个社会所产生的广泛且深刻的影响。当然,坚持"电视是中国社会的第一媒介"这一观点的也不乏其人,如清华大学尹鸿教授表示,到目前为止,电视仍然是中国的第一大媒介。中国电视观众的日均收视时间大约有 175 分钟,超过其他任何媒体。此外,电视的受众覆盖率超过 97%,这些都决定了电视在中国媒介产业当中的特殊地位,所以电视广告尤其是央视广告往往会受到社会的普遍关注甚至批评。尹鸿认为,中国的电视行业实际上是靠广告支撑起来的。目前全国 2000 多亿广电收入当中,广播电视的广告收入超过 50%,这是保证观众获得非常丰富的电视节目的前提。尽管放眼世界,有英国 BBC 这样的媒体不播广告。但是它的前提是每个收视用户要缴纳收视指导费。④

电视具有强大的全覆盖性、共时性和情感诉求的能力,这一能力被尹鸿评价为"超越了一切媒介"⑤。社会评论家迈克尔·诺瓦克在论述电视的影响时指出"电视是灵魂的锻造者。它不断创造内心期待的一个精神架构。在过去这些年,它同学校教育类似,潜移默化地影响着那些尚未成

---

① 〔美〕安德鲁·基恩:《网民的狂欢:关于互联网弊端的反思》,丁德良译,南海出版公司 2010 年版,第 123 页。
② 〔美〕保罗·莱文森:《数字麦克卢汉》,第 58 页。
③ 同上书,第 7 页。
④ 张轶骁:《电视仍是中国第一大媒介》,《新京报》2011 年 11 月 9 日。
⑤ 胡赳赳:《2009 中国电视何去何从?》,《新周刊》2009 年第 6 期。

型的头脑并教会它如何思考"①。电视孜孜不倦地奉上一笼笼以视听盛宴为馅料的美味"肉包",偷偷地将社会公众话语从印刷机模式转换为电视模式。由此,电视当之无愧地成为电子文化时代社会公众话语的指挥棒。

二、电视认识论

如今,电视早已成为我们生活的一部分,成为一种生活。当一种媒介的身影无处不在时,这种媒介就会潜移默化地改变人们认识事物和探寻真理的方法,改变社会的公共话语模式、行为模式和文化倾向。人们在使用一种媒介方式的同时也被该种媒介方式同化了,媒介方式的巨大影响力便在于此。电视认识论是波兹曼重点关注的对象,因此,深入地了解电视认识论及其对整个社会文化倾向的影响,是我们研究波兹曼媒介学思想的重要入口。

在摄影和电报的既有基础上,电视彻底地摧毁了由印刷机构筑的认识论,重新定义了"知识""真理""现实"等社会构成的基础性概念。

什么是"知识"?

按照许慎的解释,"知"字从"矢"从"口",繁体的"识"(識)字从"言"从"音"从"戈"。"矢"与"口"联合起来表示"说话像射箭,说对话像箭中靶心"。"识"的本义是"用语言描述图案的形状和细节"。二者均与狩猎、呼喊、交流、协调、吃饭有关,具有鲜明的口语文化色彩。到了印刷社会,"知识"的含义也随之发生微妙变化,如明代《焦氏笔乘·读孟子》(焦竑)中指出"孩提之童,则知识生,混沌凿矣"。该句中的"知识"指的是辨识事物的能力。书写文化强调理性思辨,"知识"是严肃理性活动的结果,获取"知识"的目的在于指导人类改造世界的实践活动,具有鲜明的准确性、指导性、实践性和实用性。很多国家的谚语都强调了"知识"对实践的指导作用,如"知识的用处就是夜行人的火把"(阿拉伯)、"知识

---

① 〔美〕约翰·维维安:《大众传播媒介》,第213页。

的价值不在于占有,而在于使用"(希腊)、"无论你有多少知识,假如不用便是一无所知"(阿拉伯)……在书写文化中,"知识"是理性且严肃的,因此无论是探求、传播还是获取、应用知识都不是轻而易举的,而是"复杂的劳动包含着需要耗费或多或少的辛劳、时间和金钱去获得的技巧和知识的运用"(恩格斯)。概言之,这是一项具有持续性的艰辛活动。

电子时代的来临悄无声息地颠覆了知识的概念、表现形态以及获取方式,这种颠覆不表现在字典中,不表现在课本与教程中,而是表现在人们的态度、观点、情感倾向以及行为方式等方面,表现在整个社会的认知行为模式和意识形态上。波兹曼认为,知识及其形态是由媒介的特性和形态塑造的,不同的媒介塑造不同的知识及其形态。印刷机以线形排列的文字为基本符码,生产的是线性、连贯性、逻辑性、深度性和严肃性的知识。电视是视听觉结合的媒介,它以一帧帧可独立存在的图像为基本符码,生产的是非线性、片段的、无语境的知识。由此,在电子技术和图像技术的合力塑造下,知识的获得不再是读书破万卷,不再是皓首穷经,不再是学海无涯苦作舟,而成为一件相对来说轻松的事情了。当然,这对于社会大众提升知识水平而言无疑是一件好事,然而,另一方面,我们要看到的是,人们逐渐偏离了获取知识的目的所在,将知识的针对性、指导性和准确性等实用性指征抛诸脑后,一味看重的是知识面的宽广和知识种类的丰富,而不关心其与自身生活的相关度(即波兹曼所说的"信息—行动比")。波兹曼对这一类"知识"表示了极大的不满和蔑视,批判了这类"知识"的大肆泛滥给社会文化发展带来的种种恶果。为了纠正当前电子文化中"知识"概念的偏离,波兹曼对"知识"作出了自己的界定,即知识是"有组织的资讯,也就是嵌在某个情境之中的资讯,有目的的资讯,能够引导人搜寻更进一步的资讯以了解世界"[①]。毫无疑问,波兹曼的这一界定具有鲜明的印刷文化烙印。

波兹曼将"信息—行动比"严重失调的滥觞归结于电报的发明,并引

---

① 〔美〕尼尔·波斯曼:《通往未来的过去》,第 104 页。

用梭罗的著名语句作为佐证:"我们急急乎要在大西洋底下设隧道,使旧世界能缩短几个星期,很快到达新世界,可是传入美国人的软皮搭骨的大耳朵的第一个消息,也许是阿德莱德公主害了百日咳之类的消息。"①阿德莱德公主得了百日咳与美国社会民众的日常生活有什么关系呢?这是一个令人啼笑皆非的结果,但却是认识论转向的一个标志性节点。在电报的话语中,"智力"是"了解"很多事情,而不是"理解"它们,更不用关心其相关性。然而,电报只是开了一个头,随后的技术革命加剧了"信息—行动比"的失调,电视的出现彻底地击溃了原有的印刷机话语体系,并取得了战略性的全局胜利,片段式、破碎式、无关性、跳跃性、短暂性等原本被书写文化否定的信息一跃成为电视话语体系的重要组成部分。对电视认识论而言,谁的电报式信息的数量越多、种类越丰富、来源越遥远(空间)、获得越迅捷(时间),谁就越有"知识"。不需要你对这些知识有多深入的了解,不需要你对这些知识进行阐述,更不需要你运用这些知识来指导实际生活,只要你知道这些知识,那么你就是有知识的人。于是,以电视为旗手的认识论对知识的定义重新进行了叙说,并偷梁换柱地将书写文化中的"知识"转换为电子文化中的"知道",由此而来的一个现象便是,传统意义上的"知识分子"在电子文化滚滚大潮中难觅踪影,纷繁涌现的却是"知道分子"。如今各媒体上遍地开花的益智类节目便是这一认识论的鲜明体现,如中央电视台的《开心辞典》和湖南卫视的《以一敌百》,它们将各门类知识不问语境、不问需求、不问逻辑、不问意义地拼凑在一起,给闯关者设置一道道趣味问答题。

《开心辞典》:
美化居室常用的"花插"又称为什么花瓶?
我国的集装箱长、宽、高哪个是一定的?
陆军棋有多少枚棋子?
客货人力三轮车的车船使用税的年税额是每辆多少元?

---

① 〔美〕亨利·戴维·梭罗:《瓦尔登湖》,徐迟译,上海译文出版社2004年版,第47页。

在一夫一妻制、一夫多妻制和一妻多夫制中,海狗家庭属于那一类?

……

《开心辞典》在以传递知识、开蒙民智为己任的预设下,采用知性形象的主持人和正襟危坐的问答形式,"娱乐"这个角儿躲在"知识性"这块遮羞布后面"犹抱琵琶半遮面"。而以娱乐立台的湖南卫视在《以一敌百》中从节目模式、流程设计、话题互动到考题内容等方面都高举娱乐大旗。仅就考题而言,相较于《开心辞典》,《以一敌百》呈现出对娱乐直接且狂热的追求。

《以一敌百》:

1. 当你翻开《新华字典》查字时,《新华字典》第一页的第一个字是哪个?

　　A. 阿　　　　　　B. 啊　　　　　　C. 锕

2. 周杰伦有很多不同风格的歌曲,其中有一首歌多次提到中医、中药,这首歌的名字叫什么呢?

　　A.《华佗再世》　　B.《菊花台》　　C.《本草纲目》

3. 如果你在美国的俄亥俄河里潜水,你最有可能发现什么?

　　A. 乔丹的戒指　　B. 约翰·逊的跑鞋

　　C. 拳王阿里的金牌

4. 在野外生活的兔子有独特的御寒过冬手段,那么它们一般用哪种方式取暖呢?

　　A. 来回奔跑　　B. 互相撞击肚皮

　　C. 往身上糊泥

5. "007"系列片到现在共播出了二十一部,请问下列三位演员谁饰演詹姆斯·邦德的次数最多?

　　A. 罗杰·摩尔　　B. 皮尔斯·布鲁斯南

C. 肖恩·康纳利

6. "艺术歌曲之王"舒伯特的作品《摇篮曲》,最初只为舒伯特换到了什么?

　　A. 一顿饭　　　　B. 一件大衣　　　C. 一个月的房租

……

凡是全部答对问题者,不但获得了高额奖金,而且会被视为有"知识"的人。但是,细究这些所谓的"知识",其用处除了仅供娱乐之外,还有什么更为直接且重要的严肃功用么?套用波兹曼常用的提问句式:我们就算知道谁饰演詹姆斯·邦德的次数最多,了然《新华字典》第一页的第一个字是哪个字,清楚陆军棋有多少枚棋子,可了解这些"知识"对我们的日常生活有什么指导作用,能帮助我们解决什么实际问题,能对社会文化生活产生什么有价值的东西么?

什么是"真理""真实""现实"?

电视认识论颠覆了"真理""真实"和"现实"等概念的传统定义,友好地暗示人们应该相信自己的双眼而不是严肃理性的思考。无论是在中文"看电视"还是英文"Watch TV"的短语中,电视都是用来"看"的,而不是用来"听"或"思考"的。电视的出现使图像得到了前所未有的广泛传播,使人们越来越习惯于轻松随意地"看"世界、"看"人生、"看"真实。于是,电视颠覆了传统认识论,为"真实性"提供了一种新的定义即"讲述者的可信度决定了事件的真实性"[1]。所谓"可信度"就是演员/报道者表现出来的真诚、真实或吸引力。只要你表现的真诚可信,那么你讲述的内容就是真实的。无论是电视商品广告还是候选人的电视宣传都是这种新的"真实"认识论的鲜明例证。不仅如此,电视凭借直观、真实、现场的图像记录使得人们在求证、探寻社会事件时都会打开电视。就是在互联网日益普及的今天,大多数人们依旧将新闻真实性的最终核定权交给了电视。在人们的意识中,具有现场感、实录性的电视代表了"真实"和"权威"。

---

[1] 〔美〕尼尔·波兹曼:《娱乐至死》,第132页。

同样,任何事物一旦进入电视,那么也就意味着成为一种"真实",人们在一种轻松闲适的氛围中毫无警惕地接受并相信电视呈现出的话语和内容。传统谚语"眼见为实"在电视时代得到前所未有的尊重和奉行。法国理论家鲍德里亚正是发现了电视的这种虚拟性和欺骗性,因而坚称"海湾战争"并不存在。究其根底,实际上他是不接受电视呈现出来的"海湾战争",或者说是,不接受电视对"真实"的定义。

电视不仅决定了人们怎样去认识世界,还决定了世界呈现的方式。电视的话语是一种没有开始,没有中间,也没有结束的话语。与之相应的是,当我们用这种话语对世界进行认识/描绘活动时,我们认识到并加以呈现出来的同样只是被割裂的世界,只是作为存在的现在时刻,而不是任何一个故事/历史的一部分。波兹曼将电视呈现/塑造的世界比喻为"躲躲猫"的世界。"躲躲猫"本是一种小孩的游戏,波兹曼借用躲躲猫游戏中人们一会儿出现一会儿隐藏以引发乐趣、逗小孩欢笑的场面,比喻在电视时代中,一会儿这个、一会儿那个(图像资讯)突然进入你的视线,然而又很快消失,不留下任何痕迹。这些讯息之间没有内容、语境和意义上的关联,没有必然的逻辑顺序,没有缺一不可的缜密性,它们以拼贴组合的方式出现在你的面前。世界由此被不连续地、分割地呈现出来。

电视认识论同样改变了公众话语模式,这一点在广告中得到最为鲜明且直观的体现。广告是一个社会文化中最为突出和典型的公众话语,它自诞生以来就跻身于社会文化风向标的行列。在印刷文化中,广告的主体/载体都是唯一的,那就是文字,是线性排列、条块分割、围绕一个主题进行具有逻辑性的描绘、说明和论证的文字。这种文字形成了一个封闭、依次递进、可考证的语境。人们在这种语境中可以运用理性去指导消费行为。然而,随着电子技术和图像技术的出现,理性不仅不再是广告的根基,甚至成为被驱逐/排斥的对象。由此,广告远离了理性,成为一种半是心理学、半是美学的学问。我们可以通过两则不同文化时期的广告,感受其中的天壤之别:

第一则:(报纸广告)很多人不幸因意外或其他原因失去了

他们的门牙,不仅在外观上不够美观,公共场合和私下讲话也多有不便:特此告知所有这些人,他们可以安装假牙,效果保证和真牙一样好。有意者请联系波士顿戈德史密斯的保罗·瑞威尔,靠近克拉克医生码头的尽头。①(保罗·瑞威尔,《波士顿报》1768年)

第二则:(电视广告)今年过节不收礼呀,不收礼呀不收礼,不收礼呀不收礼,收礼还收脑白金。脑白金,脑白金,年青态,健康品。

第一则广告是印刷文化的典型产物,它具有较为严密的逻辑性,用语准确,不夸大,不渲染,不疯狂,从构思、逻辑到语言,都诉诸人们的理性需求。在这则广告中,文字本身就是主角并且是唯一的主角,广告发布者或顾客都是通过文字阐述或了解产品的外形、质量、功能和效用,广告的倾向是理性的,讲述的是具有实质性的内容。在这种纯文字的语境中,顾客可以询问这是"真的"还是"假的",并通过分析判断等理性活动指导消费行为。这则广告传达的信息是,在这个时期,广告被看做是一项严肃而理性的事业,顾客被视为是一个具有较高文化程度、有辨别力的理性个体。

第二则广告,如果从印刷机认识论的角度去审视,它无疑是疯言疯语。就语法而言,这则广告存在着严重的语法错误,逻辑混乱,不知所云。就内容来看,它不进行解释,不告知产品的优点和功效,不提供消费活动的正当性理由。就布局来看,它篇幅短小重复,通篇最长的段落仅为7个字,最短段落为3个字。篇幅短小是因为它不需要被理解,需要的只是被记住,所以,它采用朗朗上口、简单易记的重复语句和短促有力的口号式语句,呈现出跳跃性、碎片性和无厘头性。更为重要的是,电视的媒介特性决定了文字仅是画面的附属,这是分析电视广告时必须牢记的准则。跳动不居的画面看似是对广告语的补充,实则是对广告语的干扰,是对理

---

① Frank Presbrey, *The History and Development of Advertising*, Garden City, N.Y.: Doubleday, Doran and Co., 1929, p.244.

性文字的一种解构。因为,在电视画面的面前,任何严肃理性的、以解释和阐述为主旨的文字都无法存在。这就决定了电视广告语是不可能以理性的姿态出现在观众面前的。退一步说,即使存在着理性的广告语,面对着跳跃闪烁的画面,试问消费者怎么还能不受干扰地对广告文字进行理性思考呢?在非理性文字和电视画面的合力作用下,该广告成功地渲染出一种情绪,一种不问来由、不问使用效果、非理性的购买欲望。在这则广告的引导下,消费者趋之若鹜,产品拥有傲人的销量。一个事实是,在"城头变幻大王旗"的广告界中,该广告语令人惊奇地拥有了长达数十年的生命力。由此,我们可以清晰地看到,该广告语是多么地契合电视认识论。在央视 2012 年黄金资源广告招标会现场,巨人集团副总裁程晨的一席话多少透露了此中玄机:"广告形式还是老样子,很对不起全国人民,要说抱歉。年年都被称为恶俗广告。但这是我的考核条件,老板说如果进不了十大恶俗广告的排名,我奖金的 60% 就被扣除了",她介绍十大恶俗广告里面基本上都是畅销品牌,非常暴利。①

和广告话语一样,政治话语也同样发生了翻天覆地的转变。随着电视的兴起和普及,政治家们不再像林肯和道格拉斯那样发表严肃理性、注重逻辑和修辞的辩论演讲,不再像他们那样可以花费一整天的时间向人们详细深入地阐释政治主张、反驳对手言论。相反,电视时代的政治家们将政治的智慧转变为"化妆术",他们不关注思想和历史,只关注"看上去"。电视使政治家们培养起了良好的镜头感,形象政治蔚然兴起,所以,尼克松才会将竞选失败归咎于化妆师的蓄意破坏,而他给参与总统竞选的肯尼迪的建议竟然是"减去 20 磅体重"②。或许,演员出身的里根总统熟稔电视认识论的精髓,他的这句"一个总统怎么能不是演员呢?"③可被视为是对电视文化时代政治活动的极佳总结。

里根深谙在电视文化社会中将政治话语娱乐化之道,成为美国历史

---

① 李蕾:《巨人集团 1.7 亿投"恶俗广告"》,《新京报》2011 年 11 月 9 日。
② 徐贲:《笑话、幽默和公共话语》,《中国新闻周刊》2011 年第 18 期。
③ 同上。

上深受欢迎的总统之一。在《笔记：罗纳德·里根私人收集的故事和智慧》(*Notes: Ronald Reagan's Private Collection of Stories and Wisdom*)一书中，作者布林克莱指出里根总是随身携带一叠记录笑话、幽默和谚语的小卡片，以供在交谈、演说中随时使用。徐贲高度评价了政治话语中笑话和幽默具有的功效，"政治人物在发表公共言论时，有的喜欢引述一些智慧格言、箴言警句，或者背诵诗句名言，看上去很深刻，但却难免有故作深沉、装腔作势之嫌。相反，说一个笑话或者幽默故事，甚至拿自己开涮，便显得平易近人、谦和亲切多了。背诵名言往往显得是有备而来，而说笑话则更像是即席表演。里根是一个非常受欢迎的演讲者，也是一个很有人缘的政治人物，这与他善于把握如何在公共话语中运用笑话、幽默的机会相当有关。"①徐贲将里根的这一做法追溯至文艺复兴时期公共话语中盛行的幽默传统，认为里根是继承这一传统的西方政治家中的代表人物。然而，相比于卡斯蒂格朗(Baldassare Castiglione, 1478—1529,《廷臣论》)所处时代的"优雅而不粗俗，得体而不放肆、轻松而不做作的幽默和机智"②的公共话语，里根的笑话和幽默与之存在着不可逾越的质的差别。值得注意的是，徐贲指出"里根的那些幽默小卡片，不仅是他的个人嗜好，而且也反映了他那个社会的公共话语形态，因此也才特别受到历史学家和普通公众的重视。"③这一论点无疑从另一个侧面佐证了波兹曼的媒介学观点。

在印刷时代的政治话语中，论证和反论证、要求和反要求、相关文本的批评和对论战对手措辞的百般挑剔等印刷机话语特点随处可见。此即印刷机在政治话语中产生的共鸣。与这种话语相对应的是当时社会公众所具有的高超的理解力和持久的注意力。波兹曼指出印刷时代的社会公众具备非凡的、理解复杂长句的能力，能够长时间地聆听/阅读并积极参与到复杂的理解/对话活动中去，他一针见血地诘问今天有哪一个美国听

---

① 徐贲：《笑话、幽默和公共话语》，《中国新闻周刊》2011年第18期。
② 同上。
③ 同上。

众能够容忍7个小时甚至3个小时的演讲,尤其是在没有任何图片的情况下? 相反,电视时代的政治话语却成为图像的附庸,成为一场表演的备注,观众已经没有耐心去理解复杂严谨的语句,与此相应的则是整个社会理解能力的下降。当前,网络微博(文本长度不超过140个字符)的盛行便是极佳的例证。鉴于两个时代政治话语的天壤之别,波兹曼不由地嘲讽如今的白宫主人难以组织如此复杂严谨、修辞细腻周密、逻辑性强的语句,就算可以,也根本不可能付诸实践,因为电视文化中的人们需要的是一种对视觉和听觉都没有过高要求的"平白语言",著名的林肯葛底斯堡演讲对于今天的听众来说恐怕近乎于天书。在电视认识论的熏染下,人们不仅习惯于接收杂乱无章的表述和浅显无聊的内容,而且习惯以直观简单、一目了然、漫不经心的方式去观看事物。人们对电视的观看不再是像阅读印刷书籍那样的凝神注视,而是轻松随意地瞄视。出现于20世纪末并迅速蹿红的"读图时代"一词便鲜明地呈现出电子文化时代人们观看方式的转变。人们在观察外界事物的时候,不再是聚精会神,而是迅速扫视;不再寻求连续性、逻辑性和深度性,只求即时性、愉悦性和浅显性。在电视里,一帧图像与另一帧图像之间的切换是刹那的,电子时代信息的传递也是即时的。电视将高效瞬时传播信息的理念植入了当代社会的每一块时空。原本书写时代具有的那种"采菊东篱下,悠然见南山"的社会场景被电子时代神色紧张、步履匆匆的众生绘所替换。于是,快餐文化得到了最为长足的发展。人们越来越不愿意坐下来静静地等待和思考,而是迫不及待地用各类快捷现成的事物来填充自己的生活。无疑,这些现象都是电视所产生的共鸣。

  电视从本质上迥异于印刷机,它拥有完全不同的话语结构。印刷机生产的是铅字,是印刷在纸张上稳定而单纯的对象,是可以反复阅读、思考和咀嚼的对象,是静静地等待读者随时翻阅的对象。电视话语则完全不同。电视生产的话语是图像,是跳跃不居、色彩斑斓的对象,是转瞬即逝、不可捕捉的对象,是由无数片段话语组合而成的对象,是聒噪地、不甘寂寞地以吸引观众注意力为主要任务的对象。一般而言,电视每个镜头的持续时间不超过 4 秒,全部的电视话语就是靠无数的 4 秒衔接而成。因此,电视话语本质上是一种图像话语。图像话语的特性就是可以部分或完全的舍弃语境而独立存在,这是强调语境的印刷机话语所不能容忍的。伴随电视图像话语泛滥而来的是无语境、拼贴式的讲述,是可以随时插入的毫无语境关联、毫无情感关联的各种广告,是八竿子打不着的各类节目大拼盘,是覆盖各领域、适合全体观众的新闻大杂烩和各种娱乐节目……所有毫无联系的东西,只要进入电视的魔盒,都能理直气壮地以通俗易懂、平直浅显的方式蜂拥而至,喧闹地在你面前一闪而过却不需要作任何的逻辑关联和语境解释,作为观众的你只需要睁大双眼,不做思考、不经咀嚼地将它们一并收入眼底,然后瞬间将它们抛诸脑后,以愉快的心情接受下一秒的声影幻觉,并沉醉其中,乐此不疲。

电视彻底颠覆了印刷机的传统,它不仅瓦解了印刷文化培育出来的思维模式,而且改变了社会的公众话语模式、行为范式和文化倾向。波兹曼指出,电视已经成为我们的社会文化,构造出电视化的社会信息环境。在这个环境中,社会民众不自觉地将"是否适合电视"作为思考和行动的参照系,人们的社会行为、公众话语乃至整个社会文化都呈现出鲜明的电视化倾向。波兹曼担心社会生活文化的全盘电视化将使人类成为娱乐至死的物种,因为,电视的媒介特性就是娱乐,电视化就是娱乐化!

三、电视与娱乐

娱乐是电视认识论的一个重要内容,这是由电视的话语结构决定的。波兹曼指出,由于电视采用的是视觉形象的表达方式,所以,它势必放弃以文字为主、强调理性思辨的阐述模式,而使用形象可感的叙事模式。与阐述模式不同,叙事模式具有一种无所不包的魔力,它不需要论点,也不需要进行严密的逻辑论证就可以将一切都转换为故事的形式;同时,叙事模式的准入门槛很低,受传者不需要接受过多的语言和思维方面的训练,只要他具备日常基本的语言交流和理解能力就可。所以,运用叙事模式的电视可以轻松地将政治、新闻、商业、宗教甚至是科学(如 *Discovery*)都统统变成故事,变成不需要进行理性判断、不需耗费太多精力和时间,就可被迅速消化掉的对象。看似落英缤纷、庞杂繁复的电视内容,其实质都只是一个又一个的故事而已。娱乐原本只是故事众多功能中的一种。但是,电视却将故事的娱乐功能放大,并使之成为电视的唯一主题。

(一)电视与"娱乐"功能的被发现

电视促使"娱乐"成为大众媒介的重要功能。前文已叙,虽然电报、摄影术、电影、广播等电子媒介早于电视进入人们的生活,并对社会发展产生了重要的影响。然而,这一切并没有彻底颠覆长期以来印刷文化构建的模式。"深度性""思想性""连续性"依旧是整个社会文化的主要气质。在传播学研究领域,学者们主要从严肃性的角度对大众传播的社会功能进行考察。1948年,美国传播学者拉斯韦尔在《传播在社会中的结构与功能》一书中,首次系统地提出了大众传播的"三功能说",即大众传播具有危机瞭望、社会协调和文化传承的三大功能。在拉斯韦尔发表此说时,电视虽然已经出现,但是还处于起步和探索阶段,家庭普及率十分低下。在这个时期,人们依旧生活在一个由印刷媒介主导的社会之中,依循的是印刷媒介缔造的思维习惯和话语模式。因而,这个著名的功能说实质上是对印刷、广播等传统媒介的重大社会功能的概括。然而,在短短十年的时间里,电视的发展速度惊人。电视使大众获得了闲适和愉快,它重新界定了休闲时光的定义,使人们在辛苦劳作一天之后可以慵懒地坐拥电视,不出家门就可以享受视听愉悦。电视的蓬勃发展使大众媒介的娱乐功能进入了研究者的视野。1959年,美国传播学者查尔斯·赖特对拉斯韦尔的大众传播"三功能说"作了重要的补充和阐述。他在《大众传播功能探讨》中指出大众传播具有第四种功能——娱乐功能,即提供娱乐、消遣以及放松的途径,消除社会紧张感。赖特的补充不是突如其来的,结合电视的发展历程,我们可以说,正是基于五六十年代电视在美国社会中崛起的现实,传播学者才发现了大众媒介尤其是电视所具有的娱乐功能。娱乐功能的提出,"这是顺应时代潮流所作出的积极贡献,可能也是最为广大受众赏识的功能"①。70年代,英国传播学者麦奎尔在"使用与满足"理论框架下做的实证研究表明,收看电视可以取得四种效果,即心绪转换效用、人际关系效用、自我确认效用和环境监视效用。这里列在第一位的心绪转换效用,是指电视节目特别是电视剧可以提供消遣和娱乐,帮助人们逃避日常生活的压力和负担,带来情绪上的解放感,简言之,即娱乐功能。而电视承担的环境监视效用,在受众对电视传媒的期待中,却排在最后一位。麦奎尔的研究说明,人们收看电视的主要目的是寻求娱乐,而对知识和思想等严肃事物的吸收并不是人们接触电视媒介的首要动机和需求。麦奎尔的研究从受众"使用和满足"理论的角度再一次印证了电视承载的是娱乐,而不是思想。电视不仅使娱乐成为人们的生活常态,而且使娱乐成为一种重要且最受大众欢迎的媒介功能。据国家广播电影电视总局(现更名为"国家新闻出版广电总局")收听收看中心的统计分析数据,2011年10月,全国34个电视上星综合频道在晚上黄金时间段(19:30—22:00)内播出的娱乐性较强的节目每周总计有126档,主要包括婚恋交友类、才艺竞秀类、情感故事类、游戏竞技类、综艺娱乐类、访谈脱口秀等。平均每个电视上星综合频道每周播出这些类型的节目3.7档,平均每天晚上黄金时间全国电视上星综合频道共有18档这些类节目同时播出。②电视对娱乐的强调以及它所取得的成绩(如1990年电视剧《渴望》的热播导致了万人空巷等)是以往任何一个媒介都难以企及的。

　　当然,电视具有娱乐功能,或者说具有比其他媒介更为显著的娱乐功能,这一点是显而易见的,并不值得波兹曼大书特书地进行论述和批判。而且,波兹曼对于娱乐并不抱有天生的敌意,也没有戴着有色眼镜去苛刻地考察电视带给人们的快乐时光。波兹曼本人也曾多次表示他对娱乐的喜爱并不亚于任何人。在这里,波兹曼并不是指责电视本身的娱乐性,而是揭示出这样一个事实:电视将一切事物都以娱乐的方式呈现,而且这是

---

① 吴文虎:《传播学概论》,武汉大学出版社2005年版,第105页。
② 白瀛:《让电视荧屏更加丰富多彩健康向上》,《人民日报》2011年10月27日。

由电视的媒介特性决定的。对电视而言,任何事物都能以娱乐的面貌出现,任何人都是演员,任何观众都可以不用过于认真和严肃。波兹曼强调指出,人们如果能够清楚地认识到电视的娱乐本性,就可以避免将严肃的事物强加到电视之上,从而帮助自己选择正确的媒介工具来实现具体目标。然而,当今的现状却是,人们往往认识不到这一点,总是一厢情愿地将电视作为表现严肃事物的载体。波兹曼讽刺地指出,这样危险的事正是知识分子和批评家一直不断鼓励电视去做的。

在《娱乐至死》中,波兹曼从新闻、宗教、政治和教育四个方面描绘了电视是如何改变了这四者的社会话语模式,使它们完全舍弃了严肃性、崇高性、历史性和思想性等维度,转变为片段性、无深度性、当下性和短暂性的娱乐话语模式。波兹曼认为,任何事物只要进入到电视的领域,它就会丧失原本的话语模式而成为电视话语的奴仆。媒介的形态决定了知识的形态和事物呈现的方式。电视是由图像、音响(音乐和声响)、文字(语音文字和书写文字)三个要素以非线性结构进行组合以完成信息传播的媒介。下面,我们就来考察电视的这三个要素以及电视节目的编排模式是如何使娱乐成为电视话语唯一的声音,成为所有电视话语的超意识形态。

(二)图像:从膜拜的对象变为消费的对象,从神圣沦为娱乐

图像是电视的主导要素。"电视"一词的英文"television"来源于希腊语词根(tele:远)和拉丁语词根(vision:景象),因此,"television"的原意是"来自远处的景象"或"从远处看"。同样,无论是中文用语中的"看电视",还是英文"Watch TV"或"Watch television"这一习惯搭配,它们都表明了这么一个显而易见的事实:电视是用来看的(当然,也有将电视作为其他用途的特例),而且是用来看远处的景象。通过摄像机的聚焦、放大功能,通过电子媒介跨越时空的传递功能,观众坐在家里就可以观看到外面的世界,进入到别人的社会场景之中,窥视到那些原本是遥远而封闭的景象……毋庸置疑,在看电视的过程中,"看"是人们的主要活动,图像是名副其实的主角。在观看这些闪烁变化、直观鲜活的景象的过程中,思考悄无声息地隐退,娱乐粉墨登场。

图像的历史源远流长。在人类诞生的原初社会,图像(绘画)的出现源于人们对超自然神秘力量的敬畏。人们把绘制图像作为记录宗教性仪式活动的一种重要手段,怀着严肃敬畏之情,庄重地刻画出社会生活中对自身而言具有重大意义的事物、活动和想象之物,表达出一种祈求、渴望、命令等具有巫术性质的寄托,如旧石器时代的狩猎居民通过在洞窟的岩壁上绘制野兽图案以祈祷猎物丰收。在原始社会的巫术活动中,图像一直都占据着显著地位。

由巫术发展而来的宗教在对图像的取舍上出现了两种不同的态度。

一方面,图像是宗教的重要组成部分。宗教绘画在传播宗教教义、营造神圣氛围等方面发挥了不可取代的作用。宗教绘画为人们提供了顶礼膜拜的对象,提供了反复凝思的对象。绘画在这里是严肃而庄严的,是唯一而神圣的。教堂中以圣经为内容的各种彩绘玻璃,在阳光的照耀下,幻化出空灵、庄严的神圣氛围,人们便在这幻化的景象中,应和着唱诗班悠扬庄严的吟唱,凝视着主的形象,身心洁净地进入到另一个世界。在这里,不可复制、独一无二的图像具有一圈被本雅明称之为"灵韵"的光环。然而,到了机械复制时代,图像不再是独一无二、具有神圣含义的事物,而是随处可见、重复静态的机械复制品。于是,图像极大地丧失了原有的灵韵和神圣性。

另一方面,和文字不同,图像属于确定性的描绘,是一种极具写实性的艺术(抽象画例外)。它通过构图、色彩、光线等把事物直观形象地描绘出来,这种描绘是不能给观赏主体留下太多想象空间的。"巧笑倩兮,美目盼兮"以写意的笔法为阅读主体预留了极大的想象空间。面对这样的文字,阅读主体的思维被积极地调动起来,任何人都可以在脑海里绘制出自己的林妹妹。而图像具有一锤定音的效果,将事物限定在现有的图像上,在一定程度上剥夺了观赏主体的想象空间和自我构建活动。不仅如此,图像通过直观的视觉影像直接诉诸人的感性活动,它能够更为轻易地挑动起主体的快感,让主体沉浸在一种轻松的审美享受之中,文字则需要阅读主体在持续的阅读活动中以苦为舟,通过凝神苦思才能理解真谛,进而获得审美享受。这就是为什么一些宗教对图像抱有警惕。图像的直观是与思考的抽象相对立的,图像的感官愉悦也是与思考的严肃深刻相对的。而无形的"神性"或"神"却一直是抽象的,是思考的对象,而不是观赏的对象,因此就不能也无法将之以图像的方式表现出来。所以,犹太人和伊斯兰教徒禁止画神像来供感官观照;早期佛教曾禁止人们描绘佛陀,即使在应该表现佛陀时,也仅仅只描绘其椅子等物品作为象征;早期基督教也严格禁止通过技术来使基督图像化……这些禁令的目的就是为了防止人们沉耽于形象的图像而忘却了抽象的思考,以至于丧失了对抽象的神的膜拜。这不仅对"神性"适用,而且对世间一切事物都适用。摩西在"十诫"中告诫以色列人"不可为自己雕刻偶像,也不可做什么形象,仿佛上天,下地,和地底下水中的百物。"对此,波兹曼的理解是,一旦用具体的图像去表现"神"或是其他事物之后,不仅这个事物被限定住了,而且人们养成了借用具体形象思考的习惯,人们在习惯于用具体图像表达思想之后,便无法再进行精妙的抽象思考。由此,波兹曼进一步论证了媒介形态对文化精神重心和物质重心的形成有着决定性的影响。

然而,无论是哪一种方式,宗教都一直对图像抱以一种敬畏、审慎的态度。图像依旧是人们认真对待、留心注视和精神寄托的对象,是只可远观而不可亵玩的、只可膜拜而不可涂鸦的事物。然而,随着机械复制时代的到来,随着摄影术的出现,这一传统被打破了,图像开始走上了去灵韵、贬值、俗化的不归路。电视的出现,彻底改变了图像的性质,使它成为瞬间闪烁、支离破碎、泛滥不止的影像流。

图像主要诉诸人的视觉,引发观众的直觉感受。在传统的图像观赏中,人们可以在同一图像面前长时间地徘徊驻足、凝神苦思,人们获得的是反复回味咀嚼、沉淀升华之后的审美感受。而电视呈现的图像是瞬息万变的,人们无法使同一幅图像在自己的面前停留超过一秒钟(除非利用录像机等技术设备)。因此,人们的感知必须随着电视图像不间断地播出顺序而同步展开,在这个过程中,不允许有停顿。电视使图像丧失了其原有的促发深度思考的能力。于是,人们无法再对图像进行凝神注视、无法反复观赏和细细回味,人们所能做的只有以一个空空的头脑去接受电视图像洪水的奔流不止,除非你关上电视。因此,人们是无法用严肃的态度去对待图像的,唯一能做的便是消费。美国学者查尔斯·伽罗安、伊冯·高德留对市场经济中直觉的文化对象所作出的"它的令人着迷的视觉刺激控制和主宰着我们身体的注意力,并由此把它与商品文化自我有效的意识形态联系在一起,形成一种'快感'形式"①这一论断同样也适用于电视图像文化。人们在这种视觉快感中,步履轻松地迈进了娱乐业时代。

电视接过了摄影术的接力棒,通过多渠道的传播方式,进一步将图像的娱乐化发挥到极致。与通过视觉传播信息的报纸、通过听觉传播信息的广播等其他大众传播媒介不同,只有电视可以图文并茂、声光电影地向观众展示信息。这种多渠道的传播方式最大限度地削减了观众思考的空间,降低了接受信息的门槛。观众不再需要思考就可以轻松地看懂电视传播的信息,就像儿童进行的过家家游戏,无论是谁,只要你愿意都可以加入其中。图像的魅力就在于此,它以一种普罗大众都能够看懂的直观和形象,邀请大家加入到电视瞬息万变的图像万花筒中。观众无需付诸任何严肃的思考,需要的只是睁大双眼。

电视以图像说话的特性,改变了人们对事物的认识方式,波兹曼指出语言是经验的抽象表述,而图像是经验的具体再现。他借雷金纳德·戴姆拉尔(Reginald Damerall)的话指出图像是"认识上的一个倒退",至少跟印刷文字对比是如此。② 电视全天候不间断播出的、大批量生产的图像改变了信息的形式:从散漫的到集中的,从提议式到呈现式的,从理性的到感性的。和文字相反,图画要求我们诉诸感情,而不是理智,它们要求我们去感觉,而不是去思考。于是,在观看电视的过程中,人们对事物的认识越来越多地由眼睛决定,人们逐渐开始用"看上去"的方式来决定自己的认识结果和态度。人们不再追寻事物的本质真实,而将是否"看

---

① 〔美〕查尔斯·伽罗安、伊冯·高德留:《视觉文化的奇观》,见〔法〕拉康、让·鲍德里亚:《视觉文化的奇观》,吴琼译,人民文学出版社2005年版,第208页。
② 〔美〕尼尔·波兹曼:《童年的消逝》,第106页。

上去真实"与事物的真实性紧密联系在一起,将是否"看上去有趣、有吸引力"与对事物的接受程度紧密联系在一起。这一点在电视宗教、电视政治、电视新闻和电视商业广告等节目上得到了最为鲜明的体现。传教士的个人形象取代了上帝的抽象概念,一个候选人的形象变得比他的政治主张更重要,新闻的真实取决于播音员的形象,一个产品的外形变得比它的实际用途更重要……于是,在这种"看上去"理论的指导下,电视成为一个五彩缤纷的大舞台。为了呈现最好、最恰当的一面,取得最好的收视效果,电视上的人们成为名副其实的演员。

苛刻而严肃的宗教一向是娱乐的反对者,可是,电视却使宗教成为娱乐的对象。宗教图像以施展魔力为目的,具有浓重而深厚的意蕴,而电视图像是为了吸引人们观看。波兹曼指出,宗教仪式中各种华美的饰物是宗教本身历史和教义的组成部分,是令教徒们充满敬畏的事物。在宗教仪式中,教徒们不会为了好看而改变既定的程式和布置,更不会为了取悦观众而采取额外的吸引眼球的举措、说些俏皮的话语、选取一个风景迷人的地方拍摄外景等。而这些电视能做到,只要摄像机一出现,于是一切都不同了,人们关注更多的是"看上去"的形象,是电视所呈现出来的形象。原本严肃苛刻的宗教仪式变成一场电视上的宗教秀,它以宗教为借口,目的是吸引观众,娱乐大众。这也是为什么波兹曼感叹,18、19世纪美国宗教话语呈现出的质朴博学这一特质在20世纪的宗教生活中踪迹难觅。与此对应的是:在印刷文化时期,理解宗教话语不仅需要人们虔诚的情感和饱满的热情,更需要人们开启智力,需要人们具备一定的知识底蕴和分析判断的能力;在电视文化时期,人们更多的是依靠感性的冲动和视觉上的满足去理解宗教话语,那些已经习惯用具体形象表达思想的人无法像原来一样去膜拜一个抽象的神。宗教先哲的担心变成了现实。

与宗教仪式的庄重和严肃同时被消解的,还有宗教对心灵的净化和升华作用。这一点不仅对宗教适用,对其他一切试图通过电视传递严肃信息的事物/做法都完全适用。电视是一个包罗万象、瞬间变化的世界,它本身并不是一个神圣严肃的地方。不同频道的节目各行其是,它们处于同一个时间维度之中,而各类令人眼花缭乱的电视广告和娱乐节目更是深深地扎根其中,它们或者静静地等待着你随时光顾,或者像广告那样随意地插入和分割既定节目,闯入你的视线,干扰你的情绪,打断你的注意力。某一方面的图像在电视这里,不具有比其他任何图像更优先级的待遇。图像之间任意、轻易的转换使得任何虔诚的教徒都无法自始至终地保持着一颗专注的心。因为,每一个人都清楚,在观看电视的时候,只要我们轻轻地按下按钮,轻松愉快的事物就立刻笑靥如花般地在面前绽放,一切都会大为不同。所以,波兹曼指出,任何反省、思考、精神超脱都是不适合电视屏幕的,因为屏幕本身就传递了娱乐不断的信息。

强调感官体验的图像使得电视呈现出来的一切内容都具有了娱乐的特质,即使是火与血交融、生与死交界的战场也成为娱乐的对象。2003年春天,美国攻打伊拉克,捕捉萨达姆的电视现场直播,就给人一种观看美国大片的错觉(直观形象的影像配合现场的音响声效、镜头转换等让人们恍如身处其中)。难怪,波兹曼会如此强烈地指出,娱乐成为所有电视话语的超意识形态。

"来自远方的风景"因其非常态性、偶发性、异域性和他人性等特点吸引着人们好奇的目光,而视觉感官的刺激往往直接作用于人的非理性,因此,图像本身就是与理性思考相对立的。在电视上,任何话语(无论是宗教、政治、教育,还是商业、战争、道德等话语)都是以一连串非线性的图像流呈现的。电视使图像无所不在,无时不在。电视改变了原有事物的话语模式,改变了人们的思考方式。鲁道夫·阿恩海姆在反思图像革命时曾就图像的催眠作用提出警告:"我们绝不能忘记,在过去,人类不能把直接经验传递给别人,这使得使用语言成为必须,同时也迫使人类的头脑开发概念。因为为了描述各种各样的东西,人类必须从具体中衍生出一般、笼统的概念;人类必须选择、比较、思考。然而,当传播可以通过用手指比划即可实现时,我们的嘴巴沉默了,写作的手也停下来了,因此头脑便开始萎缩了。"①在电视话语的围绕下,人们习惯于"看上去"的思维方式,舍弃了真实可信和历史深度,沉浸在图像的声影世界里,并将之作为一种催眠式的疗法来安抚自己紧张疲惫的心灵。于是,闪烁的电视荧屏成为当之无愧的"解忧丸",成为人们消费的对象,成为娱乐本身。

(三)语言:从主角到附属之物,从线性连贯的逻辑言说到脱离语境的只言片语

为了论述的需要,这里的"语言"包括以字幕形式出现和以语音形式出现的语言。

原初社会的人们将语言视为神奇之物,认为语言具有沟通神灵的神奇力量。因此,人们常常在巫术活动中以语言作为人与神之间的交流桥梁。在《礼记·郊特牲》中记载的伊耆氏《蜡辞》:"土,反其宅!水,归其壑!昆虫,勿作!草木,归其泽!"②就是原初人类在巫术活动中吟念的咒语,他们试图通过神奇的语言向神灵发出命令,祈求来年草木丰茂。在口语文化阶段,人们以口语作为维系社会、传承文化、递送信息的主要媒介。口语拥有着至高无上的地位,是人类传播活动的主角。印刷术出现之后,语言以印刷文字的方式在空间的传播上开疆辟土,文字的地位得到了前所未有的巩固和突显。整个社会的政治经济文化无一不渗透着文字的身影,人们的思维方式、话语模式和行为习惯等无一不显露出文字的影响力。即使是具有魔力的图像,也丝毫不损文字的地位。文字的影响是深远的,当前电子文化时代盛行的"读图时代"一词使用的依旧是"阅读"的"读",而不是"看电视"的"看"。印刷文化思维的印迹鲜明可见。

然而,电视出现之后,一切就悄然发生了改变。在摄影术的基础上,电视将图像推至传播活动的主角位置,使语言文字成为图像的侍婢。面对电视,吸引人们注意力的是奔流不息的影像洪流,而不再是文字。电视上的语言文字不仅失去了往日风光无限的主宰地位,而且也失去了印刷文化推崇的或精致华美或简约大方、绕梁三日的卓越风姿。电视上的语

---

① Arnheim Rudolf, *Film as Art*, Berkeley:University of California Press,1957, p.195.
② 《礼记》,陈莉选注,高等教育出版社2008年版,第108页。

言是平易、简短、通俗、晓畅的,它要实现的是毫无障碍的理解和一目了然的聆听,它的功用是配合流动不息的图像,对图像进行补充和说明。任何严肃、复杂、深刻的语言对电视而言是不合时宜的。因为,这样的语言会分散人们对电视图像的注意力,消解节目的娱乐性质。

不仅如此,语言对图像的附属地位还决定了它无法保持原先完整、严肃、理性和有语境的语言形态,这一点在电视文化时代的广告语言中表现得尤为明显。印刷文化时代的广告到电视文化时代的广告的嬗变过程,就是图像对广告语言的征服过程。在印刷文化时代,广告被视为一项严肃理性的事业,它借助文字传播信息、发表主张。因此,印刷文化时代的广告语言是信息完整的、有语境的和严肃理性的,是信息传播活动中的主角。然而,随着摄影术的出现,插图和照片大量侵入人们的生活,广告这一纯文字领域也迅速被图像所占领。语言逐渐沦落为配角,成为对图像的解释和说明,语言形态也从理性的语言转变为非理性、口号式和缺头少尾的语言。尽管如此,这种形式和内容都残缺不全的语言仅仅停留在较为狭窄的范围内。然而,电视的出现,使得这种无语境的残缺语言广为传播,并彻底使文字沦为影像的附庸。因为,在看电视的过程中,人们对图像的兴趣远远地超过了对语言的关注。语言文字要想吸引人们的注意力,就必须在配合图像的基础上,以简短明快的口号式语句、新奇有趣的排列组合,活色生香的语言或出人意表的奇特语义来抓住人们的眼球。电视广告的语言在句式上多以短语和短句为主,在逻辑上有较大的跳跃性和不连贯性,在表达上缺乏具体的描述,多以情绪上的渲染为主。例如,耐克公司电视广告语"Just do it",就不是一个完整的句子,它在意思表达上是含糊不清的,缺乏明显的指向性。如果脱离电视图像,那么这种残缺的、令人莫名其妙的语言是无法进入到传播活动当中去的。与此类似还有雪碧的"亮晶晶,透心凉"和金龙鱼调和油的"1∶1∶1"等广为流传的广告词。电视对印刷文化的攻击是巨大的,广告语言的嬗变便是理性思维逐渐隐去的鲜明写照。波兹曼由此指出那些试图通过电视来提高文化素养的想法和举动都是可笑的。

在图像颠覆了文字的霸权,并使之沦为附庸之后,人与现实的联系纽带也从文字转向了图像。在这一过程中,文字也开始以呈现直观、表层、形象的内容为第一要务。电视中的语言更多地接近口语文化中的语言形态,而与印刷文化中的语言形态大相径庭。电视图像的跳跃性和感染力,使得附属其上的文字也是跳跃的、片段的和诉诸情感的。和图像一样,情绪上的感染力是电视文字的首要诉求,而理性的语义逻辑被阻挡在电视文字之外。《麦克尼尔-莱勒新闻时间》的执行编辑兼联合主持人罗伯特·麦克尼尔将制作新闻节目的奥义总结为"越短越好;避免复杂;无需精妙含义;以视觉刺激代替思想;准确的文字已经过时落伍。"①

电视出现之后,文字从诉诸理性迅速过渡到对情绪的渲染上。无论是新闻、体育、教育还是政治竞选宣传、商业广告等,电视无一例外地以感性形式对所有的话语类型进行改造。于是,它们在电视上呈现出来的不再是严肃深刻的话语陈述和分析,而是昙花一现式的娱乐和激情。黄健翔的激情解说正是体育解说电视化的典型代表,他本人也凭借着这一点而成为家喻户晓的电视娱乐明星。那些指责黄健翔的严肃批评家们所犯的错误在于,他们没有认清电视娱乐化的本质,而总是试图将各种严肃的事物强加在电视之上。

(四) 音乐:从聆听的主体变为视觉的附庸,从精神的净化变为寂静的填补

电视在颠覆文字霸权的同时,也将音乐的传统功用消解于无形。音乐是人类文明的璀璨结晶,是人们丰富情感的自然流露,承担着净化心灵、陶冶性情、维系社会礼仪、传承历史文化等功用。无论是尊贵庄严的庙堂音乐,还是轻松俏皮的市井小调,无论是韶舞还是郑声,无论是雅颂还是国风,音乐都是人们情感倾注的对象。中国传统文化一直强调音乐对于人格的圆满、完成和完善所具有的重要作用。在《论语·泰伯》中,孔子高度强调了乐的重要性,指出"兴于诗,立于礼,成于乐",认为欣赏

---

① Robert MacNeil, "Is Television Shortening Our Attention Span?" *New York University Education Quarterly*, Vol. 14, No. 2, Winter, 1983, p. 4.

乐的过程同时也是对乐的内在精神的发掘以及将欣赏者自身人格向乐中渗透的过程。因此,孔子认为只有懂得音乐,才标志着人格修养的最终完成。同样,黑格尔也认为不爱音乐不配做人,虽然爱音乐,也只能称半个人,只有对音乐倾倒的人,才可完全称作人。贝多芬则将音乐推至为一种神秘而神圣的启示,认为音乐是比一切智慧、一切哲学更高的启示。在中西方文化发展历程中,音乐的神圣性和重要性可见一斑。

音乐一直以来都是听的艺术。在音乐播放过程中,音乐是唯一的主体,是人们全部或大部分注意力投射的对象。雨果曾说音乐是思维着的声音,由此可见,音乐是理性与感性的交融,是在理性对感性的节制下奔涌而出的旋律。因此,聆听音乐时,人们要心无旁骛、沉入其中、细细咀嚼才能感受到感情强流背后深邃的理性,体会到深层次的审美享受。然而,电子时代到来之后,音乐成为一种附庸。随身听使音乐成为一种伴随乐,收音机使音乐成为一种背景音,人们可以在做其他事情的时候,让音乐填充自己的耳朵,消磨时光。尽管如此,音乐作为这种伴随乐或背景音的同时,依旧保持着自身的独立性和完整性,不受干扰、一如既往地进行表情达意的功能。然而,电视却彻底打破了音乐的独立性,使之成为娱乐解忧丸的重要成分。音乐形式的完整和音乐内容的意蕴都遭到了电视的肆意破坏,成为电视节目空隙那寂静时间的填补物,成为分割不同内容的装饰物。在这里,音乐的功用与报纸杂志常用的花边、波浪线等分割符的功用十分地类似。

不仅如此,电视中的音乐,更多的是用来看,而不是用来听。电视里的音乐是配合电视内容而出现的,作用是渲染情绪,暗示故事情节走向。即使是电视直播的专场音乐会,人们也是在"看"音乐会,而不是"听"音乐会。因为,电视呈现出的近景、全景、特写等影像优先地占据了人们的视野,人们更多的是将注意力放在了演奏者面对镜头作出的一招一式的表演以及音乐会现场布置等事物上。音乐会的主角——音乐,在电视上反而成为了影像的配角,因此,如果一个人想通过电视提高音乐素养,那无异于缘木求鱼,除非,他闭上双眼,而如果这样的话,那么,电视也就不成其为电视了。

　　在电视上，无论多么严肃的内容，都少不了音乐这一调料。尽管戏剧、电影等艺术类型同样运用了音乐，但是音乐在一定程度上依旧保持了其完整性和独立性，构建了一个属于音乐本身的意义空间。而在电视上，无论是娱乐节目还是"严肃"节目，其中的音乐彻底丧失了以上特性，成为一个不可或缺但毫无意义的附庸。以最"严肃"的新闻节目为例，我们可以发现，所有的新闻节目都配有音乐，这些音乐是以固定的模式、程序、内容、节奏和音量在固定的时间出现在固定的位置上，而且新闻节目中插播的商业电视广告也必定配有音乐。电视新闻节目播放的音乐常年如一日地始终不变，无论放在头条的重要新闻是奥运会夺冠、国家领导人出访，是地震矿难火车出轨，还是太平洋底发现太阳系最大火山，等等，电视新闻总是在同一时段使用同样的音乐，仿佛为一系列互不相干的事件进行伴奏。波兹曼指出，通过这些一成不变的音乐，"电视新闻节目是在提出他们的主导主题，即不管是今天还是明天，这中间并没什么重要差别，昨天需要的情绪今天同样需要。总之，这一天的事件是没有意义的。"①

　　音乐是电视节目不可或缺的要素，音乐不仅出现在新闻节目中，同样普遍出现在其他所有的节目中，更遑论电视广告了。对于音乐与电视的普遍而紧密的结合，波兹曼认为其缘由是为了制造一种情绪，为娱乐提供一个主题。因为，如果没有音乐，气氛便不免沉闷严肃，令观众无法坚持到最后；如果没有音乐，那么观众会猜想一定是什么真正可怕的事情发生了。但只要有音乐在，观众就知道没什么了不得。如《实话实说》（崔永元主持时期）一向力图以尖锐深刻的讨论为主要内容，但是在节目过程中，总会有与内容毫不相干的、随性弹奏的音乐片段插入严肃的谈话中。于是原本紧绷的神经和略显严肃的气氛都得到了缓解，所有人们的脸上都露出轻松愉快的笑容。音乐告诉大家，这只是娱乐而已，不必当真。

　　因此，音乐在电视兼收并蓄中由听觉世界的国王沦落为视觉世界的

---

① 〔美〕尼尔·波兹曼：《童年的消逝》，第146—147页。

侍婢,由净化精神的生命之音变成寂静时间的填补物,音乐成为电视将一切话语改造成为娱乐话语的重要助手。尼采有一句名言"没有音乐,生命是没有价值的",其实如果改动两个字,尼采就会成为电子时代的先知,那就是"没有娱乐,生命是没有价值的"。

(五) 电视的话语模式

和印刷媒介线性排列的静态模式不同,电视采用的是非线性编排、持续播出的模式。这种模式从微观上说体现在节目个体的图像、语言文字和音乐等要素的组合拼贴关系上,从宏观上说体现在电视节目的编排和播出方式(结构模式和话语模式)上。

在电视上,几乎每半个小时就是一档独立的节目,每档节目在内容、背景和情绪上都同前后的节目毫无关系。例如,云南电视台 2010 年 3 月 10 日的电视节目单(节选):

16:36　传奇剧场:《黄飞鸿之龙行天下》(电影)

17:23　小品:《明星乐翻天》(10 分钟版)

17:35　《财富天下》

18:06　《自然密码:肉身不腐之谜》

18:52　 MV:《世外桃源》

19:00　转播《新闻联播》

对此现象,波兹曼提出了三个理由:第一,电视节目的价码是根据分秒计算的;第二,电视使用的是图形而不是文字;第三,为了让观众可以随时开始或结束观看,电视上的节目几乎每 8 分钟就可以成为一个独立完整的单元。这种编排模式下,世界被电视以 8 分钟或 30 分钟为时长分割成独立的、缺乏联系的版块,因此,在看电视的时候,观众很少需要把上一时间段的思想或情绪带到下一个时间段。因为完全没有这个必要,而且也无法实现。电视这种时间上连贯播出的模式严格地控制了受众思维的进程。在观看过程中,任何残酷和严肃的事件都迅速地被接下来的其他娱乐节目替换,任何严肃理性的情绪都被接踵而至的欢笑冲淡了,人们根本没有时间进行思考。对电视而言,不需要观众对同一个内容反复回味,更不需要观众深入思考,因为一旦如此,观众就会脱离电视,脱离电视正在播放的活色生香的内容。电视上的一切内容都是如流水般源源不断地播出的,因此,电视要做的就是通过不停闪烁的画面紧紧地抓住你的视线,理性、严肃、深刻和意义等问题都不是电视考虑的内容。即使是号称严肃理性,以传播重大信息为主旨的电视新闻节目也是如此。对此,麦克尼尔的话很具有代表性:好的电视新闻要"一切以简短为宜,不要让观众有精神紧张之感,反之,要以富于变化和新奇的动作不断刺激观众的感官。你不必注意概念和角色,不要在同一个问题上多停留几秒"[1]。

"好……现在"是波兹曼对电视话语模式的一个形象总结,这句话背后隐藏的就是当今电视文化的精髓。从语法的角度来看,"好……现在"属于连词的范畴,但它却是一个具有神奇功能的连词。波兹曼指出它是"一种无法连接任何东西的连词,相反,它把一切都分割开来。它已经成为当今美国公众话语支离破碎的一种象征"[2]。虽然这个连词是电报和摄影术媾和的产物,但却是受到电视的滋养而逐渐成熟的,因此我们可以将它视为电视世界观的代言人之一(其他代言人还有"躲躲猫的世界""娱乐"等词语)。"好……现在"彰显了电视的娱乐本性,一切都不必当真,一切都可以转瞬即逝,与这种结构模式相应的是语言的片段化、内容的去历史性和无深度性。任何更深入的阐述、更专业的解答都是多余的,而且是被电视极力排除的。因为,它们对娱乐而言不仅毫无价值,而且是致命的障碍。

"好……现在"话语模式的表现方式多种多样,但它永远以平易近人的面孔迎接所有的观众。它在营造轻松氛围的同时,将严肃理性、线性深度、历史连续性都消解于无形。它创造出来的一种认识倾向是:这个世界是杂乱的、无序的和无意义的,我们不必把它当回事。在新闻节目中,再残忍的谋杀、再具破坏力的地震、再严重的政治错误、再混乱的社会场景、

---

[1] Robert MacNeil, "Is Television Shortening Our Attention Span?" *New York University Education Quarterly*, Vol.14, No.2, Winter, 1983, p.4.

[2] 〔美〕尼尔·波兹曼,《娱乐至死》,第129页。

再感动人心的英雄壮举,只要主持人说一声"好……现在",这一切都可以马上消失。"好……现在"控制着我们注意力的投放,一旦出现这个词汇,那么就意味着我们对于前一个内容的关注时间已经够长了(大约45秒甚至更短),我们不必一直念念不忘(比如说30分钟),而应该把注意力转向其他的新闻或广告。于是,在电视新闻中,"好……现在"是以它最大胆也最让人尴尬的方式出现。它成功地将原本具有历史性、连续性的新闻变成支离破碎的新闻。于是,通过电视片段化地呈现,原本严肃的新闻成了纯粹的娱乐。

"好……现在"话语模式在娱乐民生类节目中同样得到了鲜明的体现。仅以江苏卫视黄金时间播出的两档节目《职来职往》和《老公看你的》为例,说明该话语模式的深层导向性。作为求职类真人秀的《职来职往》宣称以社会民生为关注点。对于节目诞生的缘由,制片人马浚益表示:"有数据统计,2011年应届毕业生将达历史新高650万,就业压力也将达到史无前例的地步,求职成为全社会集中关注的话题。而《职来职往》就在此基础上应运而生,将给予参与者一个新的寻求就业的平台,同时节目中职场老师和评审官们给出的建议也将对社会上各层次人的就业产生指导作用,在社会上将产生积极的影响,这样的节目将具有很强的社会话题,能够引发观众讨论。"①尽管师出有名且肩负着"就业"这一意义重大的社会主题,然而该节目的每一个细胞都向外散发出浓烈的娱乐味道。该节目号称真实还原了面试过程,但是,在镜头下的面试,还是真实状况下的面试过程么?此其一。其二,该节目以降低报名门槛为特色,做到全民参与。可是,"全民参与"的潜台词不就是"全民娱乐"么?其三,该节目采用娱乐相亲类节目《非诚勿扰》的元素,使用了流行的亮灯灭灯形式,在荧屏上更具视觉冲击力,而三轮面试的规则也让节奏显得更加紧凑。这一切手法的采用,目的不是为了促进人们的思考和训练人们的理性思维,不是为了更好地解决就业问题,甚至不是为了缓解求职者的心理

---

① 《〈职来职往〉掀下一收视热潮 职场类节目回归?》,http://ent.163.com/10/1207/17/6NAM4QQE00032DGD.html(2011年11月4日下载)。

压力,相反,是根据电视媒介的特性所采取的电视化手段,使节目过程更具冲突化、戏剧化和紧张化,增强节目效果,调动观众的情绪,最终目的只有一个,那就是收视率,是"在中国教育电视台一套播出时节目不断刷新平台的收视纪录"①。毋庸赘言,收视率的代名词是娱乐和广告。

以 2011 年 10 月 18 日晚江苏卫视播出的《职来职往》节目为例,呈现电视话语"好……现在"模式在娱乐节目中是如何用直接和毫不遮掩的方式实现信息内容的自由转换,以保证娱乐得以顺畅进行下去。

这期节目来了一位特殊的求职者,他是一个 <u>26 岁的身体里住着一个 62 岁老男人的人</u>(画线部分是节目宣传片中打出来的广告语),曲折特殊的生活经历使求职者拥有了超越年龄的沧桑。担负着巨大的心理压力,求职者面对着众多面试者审视的眼光和犀利的拷问,在众目睽睽下接受着不留情面地心理解剖。面对这位心理上存在明显缺陷的求职者,多位专家纷纷以短小精悍的话语大刀阔斧地给出了"治疗"意见。最终,在短短的几分钟内,求职者表现出:艰难地扭转了自己的初衷和态度,抛弃不切实际的想法,面对现实,重新定位自己,接受现场提供的残存但却是唯一的工作。主持人李响高喊着"让这身皮见鬼去吧,卸下压力",一把扯掉求职者的西装外套,让求职者放松地面对人生。而求职者也如释重负般地,扯下领带,迈着大步走下台去,鞠躬致谢!求职者的特殊经历和求职现场所发生的一切,不禁让人心绪复杂而沉重,甚至不禁唏嘘。观众需要回味和咀嚼其带来的情感激荡和思想反省,需要时间甚至只需要一点点时间来平复一下自己的心情。但是,电视不允许这样,前一秒是求职者成功后面对镜头的坦诚自剖:"也许我真的应该重新考虑一下自己的未来定位。我觉得自己还没有准备好,但我会好好准备",下一秒镜头就立即转向主持人,响彻在观众耳畔的是主持人响亮愉快的声音:"忘掉刚才发生的一切,因为新的求职者,在等着我们。欢迎她!"

同样,2011 年 10 月 21 日晚江苏卫视播出《老公,看你的》节目也采

---

① 《〈职来职往〉掀下一收视热潮 职场类节目回归?》,http://ent.163.com/10/1207/17/6NAM4QQE00032DGD.html(2011 年 11 月 4 日下载)。

用类似的话语模式。在节目进行过程中,被淘汰的夫妻选手在下场之前固定地要和主持人进行互动,并大秀恩爱,表达出无与伦比的爱恋。有时候那些温馨的话语和夫妻之间相濡以沫的情感,确实打动了不少观众。于是,在颇具伤感地送走一对哭哭啼啼的夫妻之后,我们的心情还依旧沉浸在他们不平凡的爱情故事中,然而,电视并不允许你沉浸在过去中,因为下面的娱乐节目迫不及待地要拉开帷幕。画面一转,主持人面带笑容地告诉所有观众:"下面的时间,我们必须收拾心情,因为马上要进入到的是,接下来更加激烈的比拼。"于是,节目继续进行下去,雁过无痕。

电视是一个多频道同时播出各种内容的神奇黑匣子,也是最为典型的客户友好型媒介。只要打开这个黑匣子,整个世界都以形象直观的方式呈现在你的面前,直接刺激你的感官。面对电视,观众的选择是多样且不受任何限制的,也是几乎没有收看门槛的(除非是具有生理上的特定缺陷)。因此,观众可以随意地选择观看、中断、插入任何的电视节目,而且在这种随意闯入、离去的活动中,不会给观众观看电视内容带来任何理解上的障碍。因此,观众每一次转换频道(或是在观看同一频道的不同节目),实际上都是在对自己的潜意识说"好,刚才的内容就到这里,现在来看看……内容"。于是,只要轻松地按下按钮,甚至都不需要你做什么,这些或严肃或娱乐的事物便转瞬即逝,毫无踪影。如果前一秒你还在为天灾人祸的社会新闻而唏嘘不已,那么下一秒,欢乐愉快的氛围立刻包围着你、温暖着你,让你重新沉浸在幸福美好、世界大同的感觉中。这个具有强大功能的按钮就像变魔术一般,能够在瞬间向你呈现完全不相关的事物。电视在向你宣告,只要打开它,它能够给你整个世界!然而,如此轻易获取到的知识又有多大的价值和分量呢?

在这种不停的转换中,所有的事物都成为娱乐的内容。电视的这种按钮("好……现在")模式成为电子媒介时代人们的认识论。人们逐渐习惯了这种变幻无常,习惯了生活在一个到处都是按钮的世界,并且使自身呈现出典型的按钮特质。在《时尚先生》的专访文章《这个世界需要按钮》中有一段对小 S 的传神描写:"只要一声 ACTION,表演开始了,孩子就被她忘到九霄云外,另一个她就会跳出来,搔首弄姿,插科打诨,无所不用其极,好像身上有一个按钮,咔哒一声按下,她就进入到另一个模式——这真是一个让人羡慕的按钮:一个喜欢揩油的喜欢撒娇的妈妈。一个攻击性十足的柔弱的15岁女孩,一个和姐姐形同情人的通灵者,一个无聊到见了金城武就激动得尿出来的面部抽搐者。你有什么感觉?对了,她就是益智玩具,根据不同原件,你可以造出各种各样的小S。"①而小S带给人们的是什么?除了娱乐,别无其他!或许,换句话说,小S本身就是娱乐。

如果说,此岸是"娱乐"的话,那么彼岸便是"思考"。在前电视时代,此岸与彼岸在一定程度上是可以相互融合和依托的,人们没有刻意地要在思考和娱乐之间划定泾渭分明的界限。人们不仅可以通过思考获得乐趣,更重要的是,人们自发地把思考本身当成乐趣。在印刷机时代,人们把大部分的闲暇时间交给了阅读和思考,并以之为娱乐消遣。然而,到了电视时代,两者渐行渐远,距离越拉越大,成为势同水火的两个对立面。电视以友好温柔的姿态不容分说地否定思考,消解逻辑和历史,拒斥意义。如果你试图思考,那你会发现在电视里几乎找不到一个前后矛盾的节目,因为所有的一切都没有逻辑关系。于是,你作出的思考努力瞬间被电视消解得无影无踪。

同样,充满魔力的电视可以轻而易举地将原本严肃的事情娱乐化,使之成为一场可以极大地满足观众猎奇心理的热闹"围观"。仅以2009年11月16日的山东卫视《说事拉理》(2011年更名为《围观》)之"黑老大的覆灭"为例,笔者从节目宣传语、主持人话语、节目编排方式等角度,逐一解析其隐藏背后却又昭然若揭的娱乐性。

从整体上看,2009年该节目定位为"最有看头的故事,最有滋味的点评,原生态的现场,有情有义的出手相助,<u>让您看个明白看个过瘾</u>",此段话将这台社会节目的说书性质刻画得淋漓尽致。笔者随机选取的

---

① 卢悦:《小S:这个世界需要按钮》,《时尚先生》2010年第2期。

《黑老大的覆灭》一集,就名称来看,采取的是通俗小说的取名手法,突出内容的隐秘性、惊险性以满足观众的好奇心理。再来看一下主持人的串词。无论之前讲述的事件是什么,一旦到了规定的时间,主持人总是以类似如下的话语作为串词:"这个女黑老大到底有着怎样的黑色人生呢?我们将在明天的节目中继续为您揭秘。"在每期节目的最后,主持人的固定话语为:"那今天的故事就先说到这儿,接下来咱开始抽奖,谁将获得由天旭太阳能提供的1000元现金大奖呢?《说事拉理》稍后为您解密。"

就节目画面本身而言,电视也总是在分散着观众的注意力。为了充分利用画面资源,抢占广告位,电视总是明目张胆地随时插入与播出内容不相关的各类广告图标。该节目也同样不放过可以利用的角落,如与节目同步滚动播出的是最下方的"收视指南":"山东卫视今日精彩节目22:54 白金剧场《隋唐英雄传》第38、39集(大结局),精彩无限,不容错过,敬请关注山东卫视!"随之而来的是冠名为"三元"的"三元说事拉理",用来滚动播出观众通过手机发送过来的节目观看感言。不仅在节目进行中,4秒一过的画面无法给观众留下思考的时间,就是在节目尾声,也没有任何留白以供思考,接踵而至的是"近期播出"的预告画面,同时,下方的字幕栏中出现"稍后播出:观众朋友,山东卫视接下来为您播出《隋唐英雄传》第38集,欢迎收看!"字样。这无疑在暗示,观众不需要再停留在之前的故事里了,因为,马上就有更为精彩的内容呈现。而任何想要停留的努力都会被这些纷至沓来的新信息所消解。于是,电视将本应具有独立思想和自主性的观众转换为商品,贩卖给了广告商们。

该节目内容一波三折,情感丰富饱满,其中不乏惊心动魄之情节和温馨煽情之举,各种影视拍摄剪接手法的运用,吊足了观众的胃口,使之不按动手中的遥控器,兴致盎然地"围观"社会百态。节目结束,观众纷纷换台或离席,如围观者作鸟兽散。2009年,《说事拉理》获得令人羡慕的收视率,节目组在《〈说事拉理〉全国第一啦》一文中自豪地写道"山东卫视自办名牌栏目《说事拉理》爆出喜讯,10月21日晚播出的《男扮女装李玉刚》(上)收视率在全国同时段位列第一!"①,欣喜之情溢于言表。有趣的是,2011年《说事拉理》改名为《围观》,并对此次改名进行阐释:"在继续发挥以往栏目关注社会热点、关注争议性事件的基础上,增强与观众的互动,让观众在看到事件的同时发表自己的观点。此'围观',并非如字典解释的看热闹、袖手旁观,而是借鉴了它新兴的引申寓意,围观是一种对热点新闻的关注、对公平正义的声援、对事件真相的探究、对公共权力的监督,对弱势群体的关爱,也是一种对真善美的呼唤、对假恶丑的警戒。围观体现的是一种有情有义的关注"②。巧合的是,新名字的提法与笔者对该节目的定位不谋而合。不过,就笔者看来,尽管初衷美好,大有铁肩担道义之势,但是,一旦以电视为载体,就必须按照电视媒介本身的准则办事。于是,没有任何过渡,没有任何悬疑,该节目令人毫不意外地随波逐流,成为追逐收视率并战绩颇佳的虎将之一。这鲜明地反映出目前社会普遍存在的一个误区,即人们无视电视媒介的固有特性,总是一厢情愿地将种种严肃内容赋予电视,希望电视能够承担起以往印刷媒介所肩负的社会责任。然而,电视不同于印刷机,两者是具有完全不同取向的媒介。按照伊尼斯的观点,媒介本身固有的偏向决定了注定有一些事物受到青睐,而另一些事物被忽视,甚至被否定。文字承载的是思想,而电视怀抱的只是娱乐。因为,电视的媒介特性决定了电视根本无法承担严肃理性的活动,无力承担对儿童进行理性教育的责任。但是,波兹曼指出,电视本身的娱乐性并不成为一个问题,问题在于人们往往无视电视的媒介特性而赋予它崇高的任务。当人们的努力方向发生了根本性错误,所有的努力无异于缘木求鱼。具有讽刺意味的是,无论《围观》节目的初衷多么严肃理性,然而,它实质上是没有根基的飘絮,它所自诩的严肃理性

---

① 《〈说事拉理〉全国第一啦》,http://blog.sina.com.cn/s/blog_5df040f10100fvm9.html(2011年11月7日下载)。

② 《山东卫视〈围观〉求真相促公正 脱胎于〈说事拉理〉》,http://www.iqilu.com/html/weishi/ssll/news/2011/0913/551999.html(2011年11月8日下载)。

早已不攻自破。因为就在解释更名缘由的同一文章中,作者开篇写道"首期围观的是湖北公安县纪委干部身中11刀惨死办公室,警方认定自杀,家属无法接受。死亡原因扑朔迷离,自杀他杀迷雾重重,他到底是压力过大而厌世轻生,还是查案过程发现黑幕,遭遇灭口？求真相,促公正,看《围观》！"套用鲁迅的话语模式,在这字里行间,看来看去只看到两个字——娱乐！

印刷世界和电子世界是截然不同的两个世界。在印刷世界中,书面文字勾勒的是一个线性、稳定、有序的世界,表达的是严肃、理性的内容,承载的是意义和思考,使用的是具有语义逻辑的话语形式。强调"秩序"、追问"意义"是印刷世界的显著特征,然而,由电子媒介勾画出来的世界却不存在"秩序"和"意义",一切都是杂乱无章、跳跃发散、转瞬即逝的。"深刻"和"理性"在这个世界里是不占据有多大分量的,浅显和感性是这个世界的主体,无聊和琐碎是这个世界的常态,娱乐则是最终极的旨归。当然,这个世界并不是由电视一手开创的,其始作俑者是电报和摄影。电视的历史性贡献是将这个世界培育成熟,并使人们毫无警惕地生活在这个世界中。电视成功地使娱乐成为一切话语的表现方式,无论是政治、新闻还是宗教、教育等任何严肃深刻的内容,都不能抵挡电视话语的消解。电视轻易地一一将它们娱乐化。在《娱乐至死》中,波兹曼在详细考察了电视时代的认识论之后,指出问题的本质不是电视具有娱乐性,而是电视声画结合的符号系统、电视非线性的连贯播出方式以及对形象前所未有的突出,使娱乐成为一切信息的存在和表现方式,成为一切话语的超意识形态。于是,当一切事物都以电视的形态展现出来,娱乐业时代就被锻造出来了。或许,用"锻造"一词显得过于严肃,透露出一股印刷文化的印记,不符合娱乐业的本性,那么,就改用"倾情演出""华丽出场"应该更为合适。因为,在这个娱乐业时代的大舞台上,人人都是演员,人人都是观众。不存在是否是演员/观众,只存在是否是好的演员/观众。因此,波兹曼指出,是赫胥黎笔下的"美丽新世界"而不是奥威尔笔下的"1984"更贴近当今电子文化的社会状况,人们热切地渴望娱乐和欢愉,而媒介管理者(媒介从业人员)也竭力地迎合人们的这种需求。然而,当娱乐成为一种超意识形态之后,人类也就成为一个莺歌燕舞、醉生梦死走向消亡的物种。

第三节 电视与信息控制

一、信息等级制度的建立与童年的发明

信息是媒介传达的唯一内容。不论是媒介承载的内容,还是媒介形态本身的隐喻,它们都是"信息"这一概念的重要内涵。媒介不仅决定了信息的形式和内容,而且也决定了信息的流动方式,因为不同的媒介形态本身就设置了独有的信息流动的控制模式,进而设置了不同的信息等级制度。就本书论述的主题而言,信息控制主要指对信息流动方式的控制和对获取信息的途径及难易程度的控制。与媒介形态以及由媒介形态决定的信息形态一样,信息控制同样对社会文化生活具有重大的决定作用。主导媒介不同,必然导致信息流动路径的不同和信息等级制度的不同,进而引发社会文化及相关概念/观念的不同。印刷媒介和以电视为代表的电子媒介就是这场信息控制变迁史中先后出现的主导力量,是引发整个信息环境发生质的改变的重要因素。"童年"概念的命运与这两种媒介的出现和发展息息相关。

在麦克卢汉和福柯思想的基础上,波兹曼认为任何概念都是被建构出来的一种社会结构,是由特定时期的信息环境发明的,"童年"也不例外。"童年"不属于生物学的范畴,它并不具有生理学上的必要性和必需性。相反,"童年"是一种社会产物,更加贴切地说,应该是信息环境的产物。它并不是从来就有的,也不会一直存在下去。"童年的消逝"指的是"童年"概念的消逝。在波兹曼看来,从某种意义上来说,童年是指从7岁至17岁的阶段。这一概念实际上是印刷文化的产物,是印刷文化所设定的信息等级制度的产物。印刷文化特有的信息传送/接收等方面的限

制将儿童构造为一个缺乏理解力和判断力,因而需要进行特殊形式的培育和保护的弱势群体,是与成人在本质上存在不同的群体。但是,以电视为代表的电子媒介冲垮了印刷机建构起来的信息等级制度,改变了原有的信息环境,从而使儿童暴露在原本无法接触也不应该接触的信息环境中,模糊了儿童与成人之间的界限。由此,童年面临消亡的危险。

在对童年历程进行详细考察之后,波兹曼指出,儿童存在的历史还不到400年。在印刷机出现之前的中世纪,童年是不存在的。人的一生仅仅分为两个阶段即婴孩期和成年,其分割线为7岁。一般而言,儿童在7岁时便已经能够驾驭语言。在口语文化中,所有的传播活动都是通过面对面的口头语言的交流而实现的。因此,对7岁的儿童来说,这些传播内容都是他们会说而且明白的。这也是为什么天主教会指定7岁为理性的年龄。在口语文化中,儿童生活在一个跟成人一样的社会范围内,所有的传播信息都局限在此时此地,人人都共享着同样的信息环境,因此儿童有机会接触该文化中几乎一切的行为方式。在这个时代,在儿童和成人之间几乎不存在什么秘密,所以儿童和成人之间也就没有区分的必要。

口语决定了信息的流动方式是此时此地的,信息是同时发送给所有的在场之人,这种传播方式决定了无法也不需要对接收信息的对象进行分离,而成为信息接收者的唯一要求是能够驾驭和理解语言。因此,在口语文化中,儿童只要掌握了较为健全的语言表达和理解能力,便可以和成人一样同时性地接触到一切呈现在面前的信息,可以不通过训练就能够了解几乎所有的社会文化。在这里,就人的一生应了解的普遍性的知识内容而言,信息等级制度是几乎不存在的,即根本不存在知识学习的先后次序,也不存在需要分阶段揭示的知识/秘密。因此,这里根本没有儿童与成人之间的区分,因为接收信息的渠道和方式都是一样的,甚至可以说,他们所知道的也相差无几。所以,在口语文化阶段的中世纪,童年的概念是不存在的(童年并不是在印刷术的催生下突然发展成熟的,早在古希腊罗马时代,就出现了近似童年的概念,但随后被野蛮的入侵所摧毁)。

直到印刷术以及识字文化的出现,童年才成为被世人普遍接受的成熟健全而且受到社会文化机构保障的概念。16世纪出现的印刷术改变了原有的信息传播模式,建立了一种新的传播环境,识字文化随之出现。在这种文化中,大多数人都能够读书,并且他们的确在读书。印刷术直接导致了对作者(署名)的重视,从而强化了人们的自我意识和个性观念,人们不仅将个人主义视为正常的和可以接受的,而且开始意识到每一个个体都是重要的,不能因为年幼而漠视它。另外,印刷品的普及促使了"知识差距"的出现。当印刷品唾手可得时,人们普遍开始阅读并将阅读作为了解世界的主要方式,作为对社会事务表达观点的重要依据。阅读使人得以进入一个观察不到的、抽象的知识世界,因此它从根本上削弱了口语文化的心理基础和社会基础,进而在不能阅读和能够阅读的人之间产生了分化。在印刷文化社会中,几乎所有的知识都是通过阅读/书籍而获得和传播的,几乎所有的话题也都是经由阅读/书籍而引发的。因此,这就决定了不具有健全读写能力、不具有成熟的阅读态度的儿童是无法获得和发出与成人相同的信息的。对于成人而言是稀松平常的社会文化知识,但儿童由于缺乏获取这类生活常识的渠道和能力,因而这些知识就成为不能说的秘密,被成人有意识地加以隐藏并分阶段地向儿童逐步展示,直到"性启蒙"教育。于是,印刷术创造了一个新型的成年,创造了一个新的"成年"定义即拥有阅读能力。这一定义把不能阅读的儿童排除出成年概念的范畴,将儿童视为从本质上不同于成人的个体即未发展成形的成人,并认为儿童需要认真对待、悉心培育。在这种新型观念的指导下,社会开始将儿童从成人的世界中分离出来,并开办学校培育儿童成为有文化的成人。

　　和口语不同,印刷术传播的信息不是此时此地的,而是彼时彼地的。它以抽象复杂的文字为传播符码,因此,人们必须花费大量的精力去学习掌握这种符码。对于这种传播符码的学习需要遵循从易到难、从简到繁、从浅到深的阶段,这在无形中建立起了一个由文字组成的信息等级制度。印刷术创造的信息等级制度控制了信息的流动和接收,它在打破知识垄断,使得神学、政治和学术方面的秘密可以被广大公众获取的同时,又创造了一种新的知识差距和获取信息的新途径,分化了儿童和成年,并制造出针对儿童的新的社会秘密(如性、金钱、暴力、疾病、死亡、生病、社会关系)以及由此而来的语言秘密(即不能在儿童面前说的话)。于是,儿童走向成人的这一过程就是学习掌握文字的过程,就是不断地在印刷术的信息等级制度上攀爬以获得更多、更全面的信息的过程,也是获取以上社会文化秘密的过程。而当这些秘密不再是秘密之后,儿童也就锻造为成人了。

印刷术的这种信息等级制度通过各类社会机构(以学校为典型)得以实现和巩固。学校教育认同儿童自身的特殊天性,针对不同年龄的儿童进行有计划的教学活动,从简单的读写训练再到逐步添加的复杂文字话语以及学科知识的传授。儿童在严苛的学习过程中,不光要逐步学习被设置和安排的知识,而且要通过这种学习活动培养出适当(成熟)的阅读态度和理性思维。然而,这两者的完成并不是轻而易举的事情。因此,在不同的学习阶段(这种阶段往往是以年龄作为划分标准,体现在年级的设置和学校课程的安排上),不同年龄儿童的读写水平和理性思维的成熟程度是不同的,他们掌握的知识深度和广度也是不同的。于是,印刷术不仅在儿童和成人之间,而且在年幼的儿童和青少年之间也设置了信息屏障。

通过印刷术和服务于印刷术的事物(如书本和学校),成人对未成年人的符号环境具有前所未有的控制力。成人通过设定先熟练掌握文字、继而精通所有要求掌握的知识和技能这一等级制度,构造了儿童发展的结构。在印刷文化中,儿童的学习主要是通过由成人设定的书本分阶段有步骤地进行学习。由于这种学习远离了对日常生活中成人世界的学习,与成人世界常识性的文化秘密相隔绝,因此,儿童呈现出异于成人的"幼稚"特点。从一定程度来说,成人的成熟是建立在信息等级制度这一基础之上的。一个人使用媒介能力的等级越高,他拥有的信息量也就越大,由此而达至"成熟"。相反,在缺乏这类信息等级制度的中世纪,成人与儿童之间的界限模糊,他们拥有相差无几的语言和行为能力。这是因为,在口语文化中人的交际能力是由人的生物结构决定的,口语构成的信息等级制度较低,人们获取信息的限制较少。由于掌握几乎相同的信息,所以,成人与儿童在交际能力、知识掌握等方面并不存在明显的差距。所以,巴巴拉·塔奇曼会认为中世纪的成人非常孩子气。① 在印刷文化中,印刷文字对人的逻辑推理、演绎概括等抽象思维活动能力具有较高的要求,因此,印刷文字设定的信息等级要远远高于口语。相应地,人的交际能力便不再是由生理功能而是由识字能力决定的。于是,具有识字能力的成人由于占据了较高的信息等级,所以比不具有识字能力的儿童能够获得更多的信息,也就显得更加"成熟"。因此,当书本和学校创造了儿童时,它们也创造了现代的"成人"概念。然而,在新媒介环境中,这种现代的"成人"概念也和"儿童"概念一样面临消逝的危险。成人的儿童化,成为电子媒介时代成人的一个显著特征。

正如波兹曼反复指出的,童年概念的历史并不漫长。作为信息环境的产物,童年得到了印刷文化充分的滋养和培育,成为一个成熟的、为世人所接受的文化常态和概念。然而,当电子媒介出现之后,尤其是电视兴起之后,印刷文化建立起来的信息等级制度受到了强烈的冲击,而在此基础上建立起来的童年也面临着消逝的危险。对波兹曼而言,童年是一个宝贵的历史阶段,"是我们发送给一个我们所看不见的时代的活生生的信息"②,这种信息不仅仅会形成未来人对我们生活时代的认识,更重要的是它还会影响到儿童未来的生活,影响到我们所看不见的时代的社会和文化建构。这也是为什么波兹曼对电子媒介环境中童年消逝这一现象忧心忡忡的原因。

二、信息等级制度的崩溃与童年的消逝

麦克卢汉将人类社会的发展划分为部落化、非部落化和重新部落化三个阶段,与之相对应的是口语文化时代、印刷文化时代和电子文化时

---

① 〔美〕尼尔·波兹曼:《童年的消逝》,第74页。
② 同上书,第1页。

代。如果从信息等级的角度来看,这种划分也是对信息的等级状况、获取方式及获取难易程度等方面的描述,它形象地指出了口语文化时代和电子文化时代在信息等级制度上的相似性。在部落中,信息主要是以口耳相传的方式进行传递,无论成人还是小孩,只要具备了成熟的生理结构就可以对传递的信息一览无余。印刷文字打破了这种部落化,使得信息获取不再仅仅依赖于生理结构,而更加依赖于读写能力。由此,人们从部落化状态中脱离出来,对信息的接收从直接转向间接,从直观转向抽象,读写能力成为进入信息传播活动的重要因素。在没有拥有读写能力之前,儿童无法也不可能介入到成人通过阅读所获得的丰富多样的信息世界,更无法进入到信息等级制度的上层,而且,儿童学什么和怎么学都是由占据信息等级制度上层的成人设定的。因此,这种信息交流完全脱离了部落化的状态,不再是部落化阶段的亲密状态而呈现出一种疏离状态,麦克卢汉将之概括为"非部落化"阶段。电子媒介出现之后,整个社会文化的信息等级状态发生了巨大变化。电子技术突破了时空限制,消融了时空语境。于是,无论是远隔万里的人们或事件的影像,还是多年以前的声音,只要一"机"(媒介)在手,我们都能轻而易举地接触到。电子媒介打破了印刷文化的许多界限,使过去或者未来、遥远的或者眼前的全都混为一团。鲍德里亚将这种信息状态描述为"内爆"。在这种内爆中,人们仿佛又回到了部落时代中与他人密切接触的状态。对此,麦克卢汉的"重新部落化"一词便简洁形象地表述出了电子文化阶段的信息等级状态。本书借此划分,意在指出两个文化阶段中信息传递方面的相似性,以帮助理解电子文化对印刷文化构建的信息等级制度所造成的冲击。

当然,"重新部落化"阶段和"部落化"阶段还是有着本质上的区别。就信息等级制度而言,在部落时代,信息等级制度虽然不像印刷文化所设定的那么严苛和步骤分明,但是,信息接收的限制依旧是存在的,即受到信息传播活动此时此地的限制。因此,人们可以通过控制受众的"在场"来实现信息的等级划分,并且可以通过对信息来源的考察进而确认信息的真实性与有用性。这个阶段的信息就本质而言,是个人性的和地区性的。但是,在"重新部落化"阶段,电子媒介传播的跨时空性突破了此时此地的限制,使人们可以轻易地接收到彼时彼地的信息。于是,原有的"在场"限制被消解了,而信息的本质也一变成为非个人性的和全球性的。电子媒介不仅使信息的来源变得无法考察,更重要的是使信息变得完全无法控制。于是,整个信息等级制度轰然坍塌。

波兹曼将信息等级制度瓦解的渊薮追溯到电报,指出正是从电报开始,原来属于家庭和学校的信息控制权被逐步夺走。在电报出现之前,一些被成人控制的特定信息是通过用儿童心理能够接受的方式分阶段提供给儿童的。然而,电报不仅改变了信息的本质,而且还"改变了儿童所能享用的信息的种类、信息的质量和数量、信息的先后顺序以及体验信息的环境"[1]。正是鉴于电报的开创性影响,波兹曼指出电报的发明者塞缪尔·莫尔斯要为当下的这个新兴的、没有儿童的年代负责。紧随而来的图像革命进一步加剧了对信息控制权的争夺。罗伯特·海尔布龙纳(Robert Heilbroner)曾断言,图像广告始终是削弱文字世界各种前提条件的最具摧毁性的力量[2]。童年正是建基于印刷文字的一个社会结构,因此,波兹曼含蓄地借他人之口感叹:"图像革命对童年的地位起了多么巨大的作用。"[3]于是,电子信息革命和图像革命结合起来创造出了一个迅速变幻的影像世界,这个世界是和以往的印刷文字世界截然对立的。电子媒介和图像媒介的勾结极大地削弱了童年概念存在所需要的社会和知识的等级制度。而集它们之大成的电视则成为童年概念的最大威胁者和最强有力的瓦解者。电视使瞬间传递、不断变化、包罗万象的图像遍布社会文化生活的每一个角落,成为人们日常生活里不可分割的重要组成部分。波兹曼将美国童年概念开始变得腐朽不堪的时间定为1950年。因为正是在那一年,电视在美国家庭中遍地开花,根基深种。童年和成年之

---

[1] 〔美〕尼尔·波兹曼:《童年的消逝》,第104页。
[2] Heilbroner Robert, "The Demand for the Supply Side," *The New Review of Books*, Vol. 28, No. 10, June 11, 1981. p. 40.
[3] 〔美〕尼尔·波兹曼:《童年的消逝》,第107页。

间界限的历史根基由此被破坏殆尽了。

电视是一个视觉媒介,而不是语言媒介,它是以快速变化、闪烁不停的影像(图像)为主要符号形式的,因此电视不具有排他性。文字是对经验的抽象表述,需要的是理智和思考,而图像是经验的具体再现,需要的是感情和感觉。理智和思考需要通过学习和漫长的历练才能获得,而对图像的观看和感受则更多地依赖与生俱来的感性能力,这种能力虽然有高下之分,但是并不影响人们对图像获得基本的理解。因此,人们并不需要像掌握文字那样进行严苛而有序的学习,也不需要进行训练,更不需要任何技能,就可以理解图像。任何人都可以或多或少地看懂图像的意思、感受到图像表达的情绪,而这也就是电视的巨大优势所在(当然,波兹曼也不无遗憾地指出,观看电视虽然不需要任何技能,但是也无法训练任何技能)。因此,亲切随和的电视从来不会拒绝人,它不会因为你不识字而拒你于千里之外,相反,它以生动形象的图像热情地邀请你成为它的观众,不管你是否适合观看其内容。

和口语类似,电视不具备分割观众的能力。电视传播的信息是以一种无须分别使用权的方式出现的,它以一种开放的姿态拥抱所有的观众。人们面对电视的时候,仿佛面对一个目中无人的"人",这个"人"不分对象地讲述着无所不包的远处事件,展示着各种远处的风景。你所需要的,就是用你的双眼和耳朵,或专心或分神地成为电视观众而已。而且,电视创造的信息场是当时当地的,只要身处这一"场"内,所有观众获取到的信息都是一样的(当然这里指的是电视传达的基本信息,不同的人由于学识、经历、社会身份等背景因素不同,他们所获得的都是具有个人特色的延展信息。在传播活动中,没有两个人获得的信息是绝对相同的)。在这个"场"内,没有任何信息是可以被隐瞒的。而口语却可以通过轻声细语/交头接耳来回避一些听者。于是,波兹曼将电视称为"完美无缺的平等主义的传播媒介,胜过口语传播"①。

---

① 〔美〕尼尔·波兹曼:《童年的消逝》,第121页。

电视彻底粉碎了由印刷文化设定的信息管理原则和有序的学习过程,而这一原则和过程本是维护童年概念存在的重要因素。面对电视展现的内容,成人无法像在印刷文化社会中那样对儿童所接触的信息进行有效的管理和干预,由此,成人丧失了对知识流动过程的控制能力,进而丧失了成人的权威。这个丧失的过程实质上是信息等级制度崩溃的过程。对此,波兹曼感到不安和担忧,他认为儿童应该在成人的引导下逐渐成长成熟起来,应该通过有序持续的学习活动获得"自律能力,对延迟的满足感的容忍度,具备抽象、有序思维这样高一级的能力,关注历史的延续性和未来的能力,高度评价说理和等级秩序的能力"①。今天的儿童就是明天的成人,如果今天的儿童缺失这一过程,那么明天的成人必定在某些能力上存在不可弥补的先天不足。这对社会的维系和长远发展来说无疑是十分危险的事情。现在的问题不仅仅是这一过程的缺失,而且更严峻的问题在于,电视取代成人担负起教导儿童的职能,成为名副其实的朋友、老师和家人,深受儿童和家长的喜爱和欢迎。然而,电视这位老师能传授什么样的内容呢?

信息等级的一个重要特征是,高一等级中的信息对低一等级的群体而言是一个秘密。印刷文化凭借复杂的符码使得任何低一等级的群体想要获得高出其等级的信息必须付出相当多而持续的努力。波兹曼认为,社会的文化禁忌、儿童的羞耻心和好奇心等应该受到保护,这种保护是通过成人有意识地控制信息来实现的。然而,电子媒介"从根本上是与隐私观念相对的"②,根本没有保守和掩盖秘密的能力,尤其是电视,它不仅完全不可能保留任何秘密,而且它还以展示秘密、发掘文化禁忌作为自己吸引观众的重要手段。波兹曼指出童年是和高度发展的羞耻心紧密联系在一起的,而羞耻的概念部分在于相信有秘密存在。然而,电视却将这些秘密不分对象、毫无顾忌地以不同的形式展现在每一位大、小观众的面前,并将这些秘密和禁忌作为消费对象,以换取收视率和广告费。正如梅罗

---

① 〔美〕尼尔·波兹曼:《童年的消逝》,第141页。
② Neil Postman, *Teaching as a Conserving Activity*, p. 82.

维茨在《消失的地域》中描绘的那样,电视打开了通往成人生活后台的视窗。电视将成人世界的所有事物包括成人的无能、恐惧、愤怒、烦恼以及性等原本处于后台的事物、将那些原本是成人对儿童隐瞒和掩藏的事物全部暴露在儿童的眼前。电子媒介快速、平等地展示成人世界的全部内容和社会文化的禁忌秘密,极大地冲淡了植根在秘密基础之上的羞耻和礼仪概念,消除了公共知识和隐秘知识之间的界限,消解了成年的权威和儿童的好奇。就最后一点来说,因为成人概念的存在及成人的权威来自于成人是信息的主要提供者,所以,当电视取代成人成为信息提供者时,不仅成人的权威面临消解,而且成人概念本身也面临存在的危机,更不消说"童年"概念了。今天的电子媒介肆无忌惮地破坏着儿童的羞耻心和好奇心,消费着各种社会秘密和禁忌。这正是波兹曼深感忧虑的地方。表面上看,波兹曼关心的是童年的消逝与否,但实质上他关心的是人类社会文化的发展和延续,因为波兹曼认为一个没有羞耻的社会是无法长期存在的。

三、儿童化的成人和社会智力的弱化

在热烈的欢呼声中,电视没有受到过多的强硬抵抗便轻松迅速地占据了人们的社会生活,成为名副其实的元媒介。从福柯的反本质主义视角出发,电视产生的一个历史性影响是它对众多事物的概念进行了重新界定,其中备受波兹曼关注的是"儿童—成人"这一对概念。在电视媒介的影响下,这一对看似天然而稳固的概念发生了重大却又鲜为人知的转变。

对比印刷机和书写文字,波兹曼将电视媒介及电视文化概括为"一个完全以现在为中心的、不能揭示时间的持续性的媒介""一个郑重放弃概念的复杂性而只强调人物个性的媒介""一个只注重眼下的情绪反应的媒介"和"一个被图画和故事主宰的文化"[①]。在电视媒介的引领下,娱乐

---

① 〔美〕尼尔·波兹曼:《童年的消逝》,第166页。

时代全面到来:电视不仅把生活的每个方面都转变为娱乐,人们对此毫无警惕并沉醉其中,而且,电视事业本身就是娱乐,就是表演,它抛弃了抽象、思考和历史,把一切都变得具体、扁平和易逝。于是,在电视的侵蚀下,自律理性的成人逐渐滑向"儿童化的成人",拥有接近儿童的思维方式,成为厌烦理性思考和严肃事物、单纯依靠感性对复杂事物进行判断并以此作为行动导向的群体。波兹曼认为这是造成"儿童—成人"概念变化的深层原因,"正是在这个意义上,我们能够理解成年的概念为什么会萎缩。"①

电视全面瓦解了印刷机构筑的信息等级制度,不仅导致了建基于印刷文化之上的现代"儿童"概念面临消亡,而且改变了与之对应的现代"成人"概念,造就了一个新的"成人"定义。在对待政治、新闻和商业广告上的态度、反应及相应的行为模式上,电视时代的新成人与印刷文化时代的旧成人之间的迥异之处鲜明且具有代表性。在政治方面,由于电视重新定义了正确的政治判断,直接导致了新成人的政治意识在质量上大幅降低。这种降低表现为电视影响下的成人不再通过理性思考去进行政治判断,仅仅依靠感觉,将原本理性、严肃的知识评判活动降格为对形象的直观而情绪化的反映,如儿童般行事,甚至在某些方面还不如儿童;在新闻方面,电视侵害了成人的理性、线性思维、语境、自律意识等,它播出的所有事件不需要知识、背景和语境,采用的是支离破碎和鱼贯而出的播出方式,不需要互动和思考,不需要解决问题,更不需要任何结果,这些新闻"像缺乏明显特征的溪流从我们的头脑中洗刷过去。这是电视的催眠作用,它使人们的理智和情感变得迟钝了"②,后果便是"政治人"概念逐渐淡化,成人式理解和儿童式理解之间区别被磨灭;在广告方面,印刷文化塑造的是理性、自律的主体,印刷广告同样具有鲜明的印刷文化特性。在面对广告的反应上,旧成人与尚处于理性培育期中的儿童完全不同,旧成人在一个理性的氛围中以理性态度对待广告,进行理性消费。在电视

---

① 〔美〕尼尔·波兹曼:《童年的消逝》,第64页。
② 同上书,第153页。

时代,电视广告演变为一种宗教神学,它拒绝理性和思考,蔑视线性、枯燥、无趣的说理性文字,倚重图像、符号和宗教语言。所以,波兹曼认为"断定电视商业广告是一种宗教宣传品,是完全不过分的"①。与此相应,新成人不再作为一个理性主体而存在,而蜕变为一个商业人和宗教人相融合的感性个体,成为一个受热情和笃信驱使、与儿童区别不大的感性人。可见,在对电视广告的理解及行为反应上,成年与童年之间的界限进一步模糊,成人的精神定位向后倒退了一大步。

在电视时代,我们不必再对儿童和成人进行区分,因为电视的本性是使智力趋向单一化,成人与儿童在智力上已经不再具有实质性的巨大差距。波兹曼讽刺地指出,电视是为12岁儿童的心智设计的,而且,电视也不可能设计出其他智力层次的节目。因此,电视导致的一个重要后果是整个社会智力呈现出明显的弱化趋势,有人甚至将电视主导下的社会称为"低智商社会"。就电视对人的理解力和理性自律的影响而言,德国媒介理论家史特姆在长期的观察研究后的结论是:"当收看电视的人面对着快速变化的图像和速度被加快的姿势与动作时,他简直是被逼着从一幅图像换到另一幅图像。这不断地需要新的、意外的适应可察觉到的刺激。结果,看电视的人不再能够保持良好的状态,在内心里也停止标识。当这种情况出现时,我们发现个人是用更兴奋的、被唤起的生理状态来行动并作出反应的,这反应又会导致理解力的下降。所以说,看电视的人成为一种外部力量的牺牲品,成为快速的视听节目编排的受害者。"②同样,阿多诺也提出了退化假说,认为电子媒介让观/听众心神涣散,并退化到了婴幼儿状态。他指出这一现象是由电子媒介本身的性质决定的,受众只能以生理的接受状态对之作出应对,而建立在阅读基础上的、以感悟力、理解力、判断力、沉思默想力等为标志的旧成人则逐步隐退。村上春树则从"电视剥夺了人作为主体的存在感"这一视角出发,指出电视对观众个体

---

① 〔美〕尼尔·波兹曼:《童年的消逝》,第166页。
② 〔加〕德里克·德克霍夫:《文化肌肤——真实社会的电子克隆》,汪冰译,河北大学出版社1998年版,第13页。

的无视和对人们生活角角落落的侵入,导致"我"最终以慵懒和无以为继的状态"萎缩干瘪,化为石头,一如其他人"①。后继的互联网更是以海量的信息和不断跳跃的超链接进一步加剧了人们心神涣散的程度,一位美国教授抱怨自己的博士生已经没法好好地读懂福克纳的小说了,因为他已经习惯于接受各种密集型信息的轰炸,却无法安安静静地把小说读下去。② 电子媒介及其导致的信息过载使得我们对复杂文本的理解力慢慢荒废和退化,印刷文化所致力培育的理性自律的成人被瓦解。

成人群体是社会文化的执行者、社会文化进步的推动者。成人群体的理性、自律等要素直接决定了社会文化的发展进程。然而,在电视认识论的指导下,印刷文化建构的成人群体渐行渐远,旧"成人"概念土崩瓦解,电视化的新"成人"不断涌现。在电视的带领下,整个社会成为制造娱乐的大工厂,娱乐之声不绝于耳,娱乐意识大行其道,娱乐之旗迎风高扬,娱乐成为无所不包的话语方式,任何事物都能以娱乐的方式呈现在大众面前。然而,我们必须清醒地认识到,娱乐,从来就不是社会发展的推动力,唯有理性、自律、批判等要素才能推动社会不断地向前发展。全民娱乐化的社会,是一个缺乏发展后劲的社会,是一个前景堪忧的社会。

对电视娱乐化的批评声不绝于耳,不少学者和批评家们表达了对当前电视节目过度娱乐化的忧虑,并积极献计献策,提出各种整改建议,如审查电视节目内容、创新节目形式、更新节目制作风气等。国家也充分认识到电视节目过度娱乐化的不良影响,主动地从宏观上进行调控,如2011年国家广播电影电视总局(现更名为"国家新闻出版广电总局")正式发出《关于进一步加强广播电视广告播出管理的通知》(坊间称之为"限娱令"),明令要求"各卫视频道在晚上7:30—10:00 的黄金时间,每周娱乐节目不能超过两档,此外各台必须设一档道德建设类节目,选秀节目数量也将严格受限……凡是涉案、记录社会阴暗矛盾面的节目都要受到限制,同时鼓励制作和谐、健康、主旋律的节目,如文化艺术鉴赏类或历

---

① 〔日〕村上春树:《电视人》,林少华译,上海译文出版社2002年版,第2页。
② 〔德〕弗兰克·施尔玛赫:《网络至死》,邱袁炜译,龙门书局2011年版,第7页。

史地理天文类节目"①。《关于进一步加强电视上星综合频道节目管理的意见》针对部分上星频道电视节目过度娱乐化、格调低俗、形态雷同等倾向,制定了明确电视上星综合频道定位、增强新闻类节目播出量、改善节目类型结构、建立科学综合评价体系、实施节目播出备案管理制度、强化播出和管理部门职责、加强行业自律和社会监督等多个系列措施,目的是实现电视荧屏更加健康向上、丰富多彩,更好地满足广大观众多样化多层次高品位的收视需求。② 同样,在 2011 年 10 月 24 日的《人民日报》第四版醒目位置上刊登的《抵制过度娱乐化是电视媒体的责任》一文也是上述想法的具体体现。无疑,这些愿望是美好的,调控手段也是适当的。不过效果如何,有待考证。凡此种种,波兹曼毫不掩饰对之的否定态度,因为波兹曼认为,无论是成人化的儿童、儿童化的成人,还是电视娱乐化、社会娱乐化等社会现实,追根溯源,不是由媒介使用者决定的,而是由媒介决定的。人们最常犯的一个错误就是忽视了这一点,总是一厢情愿地以为改变了媒介承载的内容就可以改变媒介的社会影响。殊不知,媒介对社会文化的影响早在媒介诞生之初就被设定了,媒介的偏向性是与生俱来的,是不可更改的本性。就电视节目改革而言,波兹曼认为这是一个需要弄明白的重要问题。波兹曼的这个告诫,不仅值得媒介学研究者严肃对待,值得那些希望电视承担起严肃任务的人们深思,更值得普罗大众沉心静听,细细考量。

第四节 电视与教育

一、媒介变迁与教育危机

波兹曼从媒介变迁的角度审视西方教育的发展历程,发现西方教育危机的发生时间(即公元前 5 世纪、16 世纪和 20 世纪前后)都与当时社会文化中第一媒介的变迁期具有高度的吻合性。对此,波兹曼归结为第

---

① 齐帅:《"限娱令"来了!"狠条规"曝光!》,《南方都市报》2011 年 10 月 25 日。
② 白瀛:《让电视荧屏更加丰富多彩健康向上》,《人民日报》2011 年 10 月 27 日。

一媒介的每一次变迁都引起了教育危机,教育的目的、任务和方法都发生了重大变革。因为,不同的媒介方式构造的是不同的认识论,不同的认识论对"学习""知识""怎样获得知识"等事物的界定必然是不同的,正如同印刷机和电视这两个媒介对于学习的定义是不同的,由此决定了教育(学校教育)的性质和样貌的不同。对于美国当前问题不断、争论颇多的教育,波兹曼认为这正是西方教育第三次危机的典型例证。危机出现的原因不是别的,正是电子革命。

(一) 第一次教育危机

西方教育史上的第一次危机出现在公元前5世纪。这期间,雅典人经历了从口头文化到字母书写文化的过渡。第一媒介的变更直接导致了人们认识论的转变,改变了整个社会对教育、知识等事物的看法,进而对原有的教育模式和理念产生了巨大冲击。危机由此而来。

在书写字母出现之前,古希腊处于口语文化时期。这个时期的教育是口语文化的产物,以培养感官全面和谐发展的人为目标,强调发音的准确、口才的雄辩和体魄的强健,采用的是与弹唱等活动紧密相连的教育方式。希腊时期的学校是私立的,教师的地位低微。学校类型以体育学校、音乐学校和文法学校为主,年满七岁的儿童(男孩)同时进入音乐学校和文法学校进行学习。文法学校没有明文规定的固定课程,一般只教授一些读写算的初步知识。发音是识字的重要环节,它要求发音纯正清晰、重音准确。在学校中,教师给儿童朗诵《荷马史诗》等一些伟大诗人的著名诗篇。学生熟记教师朗诵的诗歌段落,并将之作为他们朗读的教材。学生读熟之后,就要边背诵诗文边表演诗中所叙述的故事,以加深对诗歌的理解和记忆。[①] 在音乐教育方面,雅典人认为音乐教育的目的在于陶冶学生的性格和道德品质,而不是为了培养一个卑贱的演唱者,因此他们对音乐技巧的学习抱着适可而止的中庸态度,仅要求学生们能演奏乐器、参加大合唱即可。在此时期,学习演奏乐器和唱歌成了每一个雅典公民都

---

① 神彦飞:《古典时期雅典的学校教育》,山东大学2008年博士学位论文。

必须掌握的基本技巧,就如同现今人人都具有基本的识字能力一样。12至13岁的少年,一方面继续在音乐学校或者文法学校学习,同时又进入体操学校进行体操训练,各项体操练习常常伴以琴弦器乐的吹奏。体操学校、文法学校和弦琴学校三者相互配合以完成学生学习文化知识和音乐艺术(包括文学)的课业。15至16岁,少数显贵者子弟进入体育馆继续学习,除主修体育外还学习以文法、修辞学和哲学("三艺")为主的文化知识。这三门学科的目的之一就是训练学生雄辩的演说术。①

当书写字母兴起之后,学校教育的目标发生了明显转向,对理性的强调、对视觉/阅读的重视等逐步代替了和谐发展的理念,并占据了社会文化的主导地位。于是,建基于口语文化之上的学校教育理念及教育方式被颠覆,由书写字母主导的认识论、价值观和教育观取而代之。刘新科在《简论雅典教育兴衰的历史原因及现代启示》一文中对雅典教育危机做了较为详细的描述:以往龙腾虎跃的体育馆变得冷冷清清,门可罗雀;昔日弦琴之声不绝于耳的音乐学校杳然无声,无人问津。在小学教育方面,文法学校的文法教师取代音乐教师与体育教师占据着统治地位。教学的主要内容是文法与修辞,虽然有时也教一些算术和几何。在高等教育方面,原来以军事训练为主、盛极一时的士官学校迅速衰弱,由强迫入学改为志愿入学,学员越来越少,年限由原来的两年缩短为一年,教学内容也转向修辞与哲学,有些则索性停办了。勉强维持的修辞学校及修辞课程等也受到削弱,教学内容日益流于空洞无物与形式主义化,因为随着字母书写的兴起,人们已不再那么倚重口头表达,演说在希腊人的生活中逐渐丧失重要地位。当然,媒介变迁是导致教育危机的重要因素而不是唯一因素。雅典当时的社会政治经济的巨大变动也是不可忽视的原因,即内战迭起,社会动乱,社会生产力遭到极大的破坏;社会迅速分化,民主政体瓦解,城邦沦为军事独裁者的附庸。作为雅典城邦制度重要组成部分的教育制度,也就失去了它赖以存在的经济基础和政治基础。②

---

① 刘新科:《国外教育发展史纲》,中国社会科学出版社2002年版,第31页。
② 刘新科:《简论雅典教育兴衰的历史原因及现代启示》,《教育史研究》1991年第3期。

波兹曼认为,柏拉图的著作反映并解答了雅典教育危机的状况及原因,他的哲学和教育思想清楚地揭示出古希腊从口语文化过渡到字母书写文化后社会文化全然一新的发展方向。在字母书写文化的基础上,柏拉图强调理性思维,提出理念论和回忆说,并将它作为教学理论的哲学基础。柏拉图认为认识不是对物质世界的感受,而是对理念世界的回忆,认识真理就是接近最高真理的理念,因此学习的过程就是恢复固有知识的过程,"学习只不过是回忆"[①]。柏拉图重视普遍性和一般性的认识,认为概念和真理是纯思维的产物。理性的训练是柏拉图教学思想的主要特色。在教学过程中,柏拉图认为要始终以发展学生的思维能力为最终目标。在《理想国》中,他多次使用了"反思"和"沉思"两词,认为关于理性的知识唯有凭借反思和沉思才能真正地融会贯通,达到举一反三。感觉的作用只限于对现象的理解,并不能成为获得理念的工具。因此,教师必须引导学生心思凝聚、学思结合,"通过推理而不管感官的知觉,从一个理念到另一个理念,最后达到'善'理念的方法"[②]。教师要善于点悟、启发、诱导学生进入这种境界,使他们在苦思冥想后顿开茅塞,喜获理性之乐。对于柏拉图的启发式教育及其在西方教育史上的影响,陈康先生总结为"其所主张之教育是非灌注的,乃是诱导的、启发的。教育之任务不在注入,乃在引导学子使其自求知识,西洋启发式教育之始祖非他,乃柏拉图之教育思想也"[③]。

处于雅典社会文化变动之中的柏拉图,他的教育思想也呈现出典型的双重性,同时具有明显的书写文化倾向和口语文化倾向。一方面,柏拉图强调理性教育,认为掌握理性知识是启发智慧、培养理性的基础,重视算术、几何、天文等学科,坚信辩证法是理性教育及其完善的顶峰,他不容置疑地指出"辩证法像墙头石一样,被放在我们的教育体制的最上头,再

[①] 北京大学哲学系外国哲学史教研室:《西方哲学原著选读》(上册),商务印书馆1983年版,第82页。
[②] 〔古希腊〕柏拉图:《理想国》,郭斌和、张竹明译,商务印书馆1986年版,第298页。
[③] 岩芳、黄小晏:《柏拉图〈理想国〉中的教育哲学探析》,《理论学习》2007年第3期。

不能有任何别的科目放在它的上面"①。这无疑是文字媒介的共鸣。另一方面,柏拉图延续了雅典的教育理念,提出了对世界教育发展产生了巨大影响的"和谐教育"思想,认为体育和音乐教育是两项最基本的教育,两者结合可以塑造心灵、培养善德、锻炼身体、增进健康,实现"爱智和激情这两部分张弛得宜配合适当,达到和谐"②,培养高尚完美的人。这无疑是口语的共鸣。从欧洲文艺复兴运动开始,和谐教育一直被世界各国看做学校教育的基本目标,成为培养德智体全面发展的新人的基本理论原则。

雅典时期的教育危机,是西方教育发展史上的第一次危机,对后世的学校教育产生了重大而深远的影响。在这次危机中,整个社会的教育理念和方法都发生了转向。在探究这一转向发生的根源时,波兹曼将视线聚焦于书写文字的出现和普及。至于学校教育所面临的第二次重大危机,有待于再一次的第一媒介变革的发生,完成这一历史任务的是出现于15世纪的印刷机。

(二) 第二次教育危机

16世纪,西方教育领域内发生了一场重要而深远的变革,各国的教育改革运动风起云涌,波兹曼称之为西方教育史上的第二次教育危机,而危机的根源在于印刷机的出现。

不断普及的印刷机及其产品使整个欧洲的社会文化心理等各方面都发生了巨变,催生了从宗教、文化到教育等多个领域的改革运动。被媒介环境学者视为典型例证的便是建立在印刷机基础上的路德宗教改革运动。宗教改革运动的发展反过来又促进了学校教育的改革。宗教派别之间为了争夺教育权和出于培养本教派后续力量的目的,都将学校教育摆放在了一个重要的位置上。他们大力推行面向民众的文化教育,实现了教育的世俗化,进而打破了罗马教会的教育垄断权,教育权力逐步转移到世俗国家手中。这场运动直接促使学校教育开始采用本地化语言进行教学,改变了以往古典拉丁文一统天下的局面,正如阿什克罗夫特评述的

---

① 〔古希腊〕柏拉图:《理想国》,郭斌和、张竹明译,商务印书馆1986年版,第302页。
② 〔古希腊〕柏拉图:《论教育》,郑晓沧译,人民教育出版社1958年版,第123页。

"印刷术的发明促进了学校教育在欧洲的普及。在没有印刷术的文化里,让人人学会读书写字没有必要,因为从来就没有任何副本数量足够的教材。唯有精英才让自己的孩子上学,而这群人学习的重点是古典拉丁文和希腊文,因为大多数的书是用这两种文字写成的。有了印刷术之后,凡是重要书籍人人都能拥有的可能性就比较容易实现了,这就是普及文化的理性依据。"[1]以英国为例,印刷术传入以前,英国书籍的唯一来源是修道院,而且是手抄本,内容只限于教会允许的范围。印刷术的传入和推广大大促进了书籍的出版和读者的增加,及至1500年,英国至少已印了360种书[2],较大规模的私人图书馆也逐步涌现。这些都加速了人文主义新教育理念的传播。人文主义的教学诉求逐步突显,人文主义者们不仅热衷于寻找被中世纪的人们忽略或遗忘的古典作品(或者找到比之更好的文本),而且还沉迷于编辑制作拉丁语和希腊语文本以及将希腊语著作翻译成拉丁语,旨在复兴古代的知识与修辞、古代用语的纯洁以及古代论辩的技巧[3]。教育方式也从基于辨证和亚里士多德的方式转向更加强调修辞和伊拉斯谟的方式、从基于聆听转变为基于阅读。于是,在该时期的学校教育中,学生不再仅仅是聆听,而且还要读和写。无疑,这一教育现状的转变是建立在印刷机生产出的相对便宜的大量文本这一基础之上的。

然而,当各类改革运动进入到16世纪,教育出现了更为严重的问题。一方面,宗教改革的不彻底性使得"宗教改革对学校几乎没产生影响,新教会仍执行着旧教会的职责"[4],新教会依旧负责学校的管理工作。学校仍以宗教训诲和古典学科作为教学的中心内容,把崇奉教义信条的教士和沉浸于古代世界的学者作为教育培养的最高目标[5]。另一方面,人文

---

[1] 〔美〕约瑟夫·阿什克罗夫特:《印刷术及其对文化与传播的影响:媒介环境学的诠释》,《媒介环境学》,第283页。

[2] 〔美〕孔多塞:《人类精神进步史稿纲要》,何冰译,三联书店1988年版,第304页。

[3] H. Lotte, J. B. Trapp, *The Cambridge History of the Book in Britain*, VIII 1400—1557, Cambridge: Cambridge University Press, 1999, p.285.

[4] 〔英〕博伊德、金:《西方教育史》,任室祥、吴元训译,人民教育出版社1985年版,第229页。

[5] 平丽:《英国绅士教育研究》,华东师范大学2007年博士学位论文。

主义的教育思想和改革实践只是在少数学校（由杰出的教育家兴办）中得到体现,大部分学校依旧让学生死记硬背枯燥的古典拉丁文,而且体罚学生的现象也普遍存在。同时,人文主义教育也有自身的缺点。人文主义教育是建筑在对古希腊罗马文化的照搬和模拟的基础上,教育家们既想从古希腊罗马的自由思想中获取解放的力量,又因珍视古希腊罗马文化,以致言必称希腊,事必以罗马为师。发展到后来,崇古倾向占据了上风,出现了舍本逐末的现象,人们一味贪求博学和摹仿文体,鄙视现实实用的学问,结果导致了古典主义的泛滥,在教法上又回到了繁琐主义的老路上去,重新把大批青年人引入故纸堆①。

至16世纪末期,人文主义呈现出"一个非常显著的特点,是对于普通生活权利的坚决要求,以及由此而来的对世俗青年进行教育的需要。这种教育要培养的青年人既不是以后教会执事,也不是将来的学者,而是经验丰富的实干家和优秀公民"②。然而,滞步不前的教育越来越脱离社会发展的需求,致使广大社会阶层尤其是新兴的资产阶级和贵族产生了极大的不满,纷纷转向对新教育的探索。人们开始对教育进行重新思考和定位,逐步将教育的目标从学术培养转移到绅士风度的培养上。绅士教育思想的产生标志着从封建教会教育向资产阶级世俗教育的转变,在近代西方教育理论的形成与发展中占有重要地位。印刷术在教育领域内的另一个重大影响是,人们越来越重视儿童的受教育状况,现代的"童年"概念逐步成型,人们普遍接受这样的观点即童年必须经过一定长度的、系统的、有严格等级的书写文化教育才能成为"成人"。

在这场教育变革的风潮中,新教育的提倡者约翰·洛克备受瞩目。洛克指出教育要为社会服务,强调教育的世俗性和功利性,反对经院主义教育的古典主义倾向,他所撰写的《教育漫话》是绅士教育思想的代表作。洛克尤其重视教育对儿童成长的作用,并因此创建了新的教育方式。他一方面珍视童年,另一方面高度重视儿童的智能发展与自律能力。尽管

---

① 刘新科:《国外教育发展史纲》,第77页。
② 〔英〕傅伊德、金:《西方教育史》,第207页。

洛克沿袭了古希腊教育强调体格发育的传统,但是他的着眼点在于培育儿童的推理能力,因为洛克认为儿童必须有强健的身体才能保证遵从或执行头脑的命令。在知识和观念的起源问题上,洛克反对柏拉图的"回忆说"和笛卡儿的"天赋论",提出了"白板说",即人之初生,心灵犹如"一张白纸,上面没有任何记号,没有任何观念"①,一切观念和记号都来自后天的经验。洛克通过这一比喻说明了后天学习的重要性,指出教育对个人和社会的发展具有重要作用,人们之所以有好有坏,有用或无用,十分之九都是由他们接受的教育所决定的。人类之所以千差万别的缘故在于教育。

在强调教育的同时,洛克从三个方面对当时英国的学校教育提出了猛烈的批评,认为到学校接受教育是弊多利少:第一,当时上层子弟就读的文法学校只教授一些希腊文和拉丁文方面的知识,而不注重对治事处世的胆识和方法的训练,不注重对道德、礼仪和谦顺行为的培养,因而这种教育是不实用的;第二,学校学生良莠不齐,其家庭习惯和父母的人品也非常复杂,小绅士不仅不能养成良好的思想品德,而且会使性格变得粗鲁和乖戾;第三,学校学生人数众多,教师难以对个体进行细致考察,不利于对学生因材施教。不仅如此,洛克还强烈反对当前学校普遍采用的教育方法。针对当时学校古典主义教育脱离社会生活且居于学校教育统治地位的现状,洛克认为"现在欧洲大部分学校时兴的学问和教育上的惯例文章,对一个绅士来说,大部分都是不必要的,不要它,对于他自己固然没有任何重大的贬损,对于他的事业也没有妨碍"②。他批评这种学习不是为了生活而是为了辩论,并提出绅士应该学习"在世上最需用、最常用的事物",因为绅士需要的是事业家的知识(对此,傅伊德指出"洛克事实上完全否认学校的学习是一种教育"③,洛克是站立在当时英国绝大多数文法学校实践(实质上是针对任何类型的学校)的对立面)。在此基础上,

---

① 北京大学哲学系外国哲学史教研室:《十六—十八世纪西欧各国哲学》,商务印书馆1975年版,第240页。
② 〔英〕约翰·洛克:《教育漫话》,第78页。
③ 〔英〕傅伊德、金:《西方教育史》,第274页。

洛克坚决主张绅士的培养绝不能依靠学校教育,而只能依靠良好的家庭教育,他倡议凡是有经济能力请得起家庭教师的家庭,应不惜重金聘请具有良好品格、丰富的社会经验和良好的文化素养的人作为家庭教师,以取得良好的教育效果。因为洛克坚信"导师较之学校里的任何人必定更能使他的儿子举止优雅,思想刚毅,同时又能知道什么是有价值的,什么是合适的,而且学习也更容易,成熟也更迅速"[①]。波兹曼认为,洛克对学校教育的强烈批判是此次西方教育危机的鲜明体现。

在印刷机的催化下,西方教育实现了从宗教教育向世俗化现代教育的转变。在此之后,以批量生产的、廉价的、统一的印刷物为课堂教学载体、建立在由铅字文化构造的知识等级制/准入制基础上的班级授课制、学年制等教育模式逐步成熟并延续至今,成为现代教育体系的重要组成部分。

(三)第三次教育危机

20世纪50年代,当电视在美国家庭中普及并成为人们与外界沟通的主要桥梁后,美国社会发生了由印刷文化向电子文化的转向,第一媒介也从印刷机迅速地过渡为以电视为代表的电子媒介。被誉为"电子时代的先知"的麦克卢汉敏锐地捕捉到时代文化倾向的改变,他从媒介学角度对当前的学校教育提出了激烈且富有诱惑力的批判。

麦克卢汉认为,媒介对教育模式的影响是决定性的,因为媒介不仅是我们获取文化和技术的手段,而且它本身就是我们的文化和技术,这种文化和技术必然对建基其上的教育产生影响,选择/创造了适合第一媒介特性的教育模式并结束上一个文化时代的教育模式。从历史上看,每一次社会文化中第一媒介的更迭都造成了教育模式的改变:在口头文化中,希腊的教育模式是百科全书式的,以和谐发展为教育理念,目的是培养操作性智慧和审时度势的智慧。拼音文字打破了人们感官统一的部落化状态,视觉、理性思维和专门化得到前所未有的强调,由此,教育也呈现出不同于以往的新面貌:不再提倡部落式百科全书,而是提倡分类数据;不再

---

① 〔英〕约翰·洛克:《教育漫话》,第23页。

传授集体智慧,而是传授分析方法;不再主张共鸣式的部落智慧和精力,而主张把思想的视觉秩序用于学习和组织①(这正是柏拉图提出的教育战略)。印刷术结束了流传了2500年的口耳相传的教育模式。在印刷术成为第一媒介500多年后的今天,电子媒介具有同印刷术一样的力量,新时期的教育也势必要对旧时代的教育展开大刀阔斧的改革。因为,在印刷时代,印刷术锻造的教育模式是线性排列和分析的,是静态片段和机械的,而电子媒介需要的教育模式是同步的,是开放的和多维的。然而,教育工作者并没有认识到这一转变,没有认识到在电子环境中,他们所维护的教育制度及相关价值已不合时宜且备受新媒介的威胁。麦克卢汉指出,无视外界媒介环境的变化而固守旧媒介文化的传统教育对第一代电视儿童造成了严重的困扰。原因有两点:第一,电视儿童成长于19世纪50年代电视普及的家庭环境中,他们和由印刷术哺育的上一代具有鲜明的神经性的差距,麦克卢汉称他们是新的部落式后代。然而,他们面对的学校教师是受到印刷术钳制的旧时代的人,这些教师的思维和经验习惯是与新一代儿童格格不入的。第二,因为每一秒电视声像提供的数据都远远超过了几十页文章提供的数据,习惯于电子信息接收方式的20世纪的儿童却被塞进了19世纪不仅数据流量小而且呈现出分割模式的课题和教学计划中。因此,新一代儿童在教室里必然会不知所措且感到厌烦,他们的学习兴趣必被扼杀。概言之,传统的学校教育自身存在的合法性受到了质疑。

不仅如此,传统的教师身份及教育方法也同样面临生存性危机。电子媒介使"我们今天生活在许多没有围墙的课堂里"②,这一社会现状必然对教师的使命提出了全新的要求。在题为《电子革命:新媒介的革命影响》(1959)的演讲中,麦克卢汉以教育工作者的身份对同行发出了警示:"今天,我们大家就像失去家园的难民,我们生活的世界与我们成长时期的世界几乎没有任何共同之处了。电子革命赋予教师的使命不再是提供

---

① 〔加〕马歇尔·麦克卢汉、斯蒂芬妮·麦克卢汉、戴维·斯坦斯:《麦克卢汉如是说》,第35页。

② 同上书,第5页。

信息,而是提供洞见;它赋予学生的身份不再是消费者的身份,而是教学伙伴的身份,因为学生早已在课堂之外积累了大量信息。"①电子时代的学生希望的是,参与生产的创造性过程而不是消费并慢慢吸收一揽子的数据,因此,教师需要接受深度的教育培训,重新定位,转变身份,采用开放式、探索式和互动式的教学方法以适应新时代的需求。

和洛克一样,麦克卢汉激进地否定传统的学校教育。他把学校称为思想惩罚的工具,认为最好的教育就是最少的教育,因为传统学校教育所传授的线性的分析方法,不仅无法帮助人们应对电子信息时代中扑面而来的海量信息,而且扼杀了新一代电视儿童的开放式、多维式和部落性的思维特性。与洛克放弃学校教育而转向家庭教育不同,麦克卢汉寄希望于学校教育的改革,指出现存的教育制度必然要脱胎换骨以适应全新的媒介环境。在这个信息超载的时代中,要使学校不成为没有铁窗的监狱,唯一的办法就是用新技术和新价值另起炉灶。电子时代的教育应该是一种自助式的、深入探索式的教育,这个时代的教育问题是动机问题,而不是消费被提前处理和编辑好的信息包的问题,后者正是印刷文化的典型模式。因此,新时代的教育任务是通过师生互动来发现新东西,同时帮助人们知道如何利用这些新力量来丰富自己而不是被它们消解。麦克卢汉对新媒介的教育模式充满信心,认为正是电视和录像的出现使教育得到了延伸,宣称"教育闭路电视"②一定会取代传统的书本教育,正如汽车一定会取代马一样。

随着电子技术的高速发展,人们改变教育现状的意愿日渐强烈,对学校教育的批判声也不绝于耳。波兹曼在《怎样认识一所优秀学校》(1973)③中指出1959年马萨诸塞州教育会议之后,自然科学领域的学者们大力批判美国当前的学校教育,提出要对学校课程进行改革以培养学生的创造力。在技术迅猛发展的影响下,人们相信教育技术的进步可以

---

① 〔加〕马歇尔·麦克卢汉、斯蒂芬妮·麦克卢汉、戴维·斯坦斯:《麦克卢汉如是说》,第1页。
② 同上书,第6页。
③ Neil Postman, Charles Weingartner, *How to Recognize a Good School*, Phi Delta Kappa Educational Foundation, 1973, p.23.

为我们提供新的课程模式,从而解决学生学业失败的问题。在 1965—1970 年间,学校问题引发了更为广泛的争论,批评家们将火力对准学校的官僚主义,强烈要求变革学校的管理程序以改进学校。《非学校化社会》(*Deschooling Society*)(1970)的作者伊万·伊里奇①将理想学校畅想为"一个人可以同时既是老师又是学生的……任何人都可以在公告牌上发布通知,说明他想讲授的课程……授课的人也可以听取其他人的课程"②,他甚至提出要废除学校,以"学习网络"取而代之③(当然,伊里奇的"学习网络"并不是麦克卢汉所说的网络媒介,而是指为了充分利用社会中各种有意义的教育资源,每个人在任何时间任何地方都可以平等地进行交互学习的网状的教育组织形式)。伊里奇认为,在非学校化社会中,学习是人类的一种基本活动,不需要其他人的控制和掌握,学习就是参与到社会的意义背景之中的结果④。进入 80 年代,随着互联网技术的兴起,网上教育纷至沓来,学校教育危机进一步凸显。持技术乐观论的莱文森指出网络促进了教育的非集中化,实现了教育的无处不在,"网上教育处处皆中心,无处不中心。只要有电脑、调制解调器和电话线就行。因此,它使自古以来的高等教育趋势为之逆转"⑤。对于网络时代的新型教育,莱文森抱以高度期望,"也许我们正在进入这样一个时代:学校正规教育的许多目的和范围将要过时,除了官方认可的学位之外,它的许多东西恐怕都要过时。"⑥纵观这些质疑学校必要性的观点,我们可以发现它们

---

① 伊万·伊里奇:当代思想家、社会批评家,公认的"非学校化社会"理论的创始人和"非学校化运动"的领袖,激进主义教育改革思潮代表人物之一。1971 年,在"教育中的抉择"专题讨论会上,伊里奇提出了著名的"非学校化社会"思想,猛烈地抨击现代学校制度的种种流弊,号召人们废除学校,代之以"学习网络",建立一种人人平等、自由、自律、自助、愉快交往的"非学校化社会"。该思想一经问世,随即就席卷西方世界,形成一股"非学校化"浪潮,强烈地震撼了 70 年代的国际教育界。

② 〔美〕乔尔·斯普林格:《脑中之轮——教育哲学导论》,贾晨阳译,北京大学出版社 2005 年版,第 115 页。

③ 谌启标:《尼尔·波兹曼学校批判与学校重构理论》,《比较教育研究》2005 年第 4 期。

④ 周荣芳:《伊里奇非学校化教育思想及其对我国构建学习型社会的启示》,福建师范大学 2008 硕士学位论文,第 23 页。

⑤ 〔美〕保罗·莱文森:《数字麦克卢汉》,第 122 页。

⑥ 同上书,第 281 页。

无一不建基于这样一个社会事实之上,即在电子媒介的帮助下,各类信息唾手可得(然而事实上,这些轻易获得的信息却是真伪难辨、鱼龙混杂,需要我们耗费更多的时间和精力进行甄别和筛选,以过滤出对我们真正有指导意义的信息),人们不需要复杂的文字处理能力就可以理解信息(以电视为代表),儿童和成人之间的界限越来越模糊,于是,作为知识的传授机构和信息控制机制的学校便失去了它存在的意义。

60年代是美国学校教育改革风起云涌的时期,波兹曼是这场教育改革运动的领导者之一,追随者众多。他赞同麦克卢汉关于环境和神经两者关系的观点,认为"神经系统最深刻的印象来自于环境的性质和结构,神经系统是在环境中运行的;环境控制着参与其中的人的感知和态度,所以环境本身就传达着关键而主导的讯息"[①],教育必须考虑到整个社会媒介环境的变化并积极采取措施跟上社会文化的发展步伐。他的著作《电视和英语教学》(1961)、《作为颠覆活动的教学》(1969)便是这一改革思潮的典型反映,后者还成为教育改革运动中的经典读本,影响广泛而深入。在这场运动中,波兹曼不仅是理论上的领导者,更是实践中的佼佼者,他创办的新型学校也是当时教育改革实践的典范。

以上是笔者对西方教育第三次危机的简单勾勒,就实际情况而言,此次危机的波及范围广阔,学校教育在很多方面都受到了严重冲击。[②] 不过值得注意的是,随着教育改革运动的发展,对这场教育危机的本质及应

---

① 〔美〕林文刚:《媒介环境学》,第162页。

② 在美国历史上,教育一直是公众关注的中心。在20世纪50年代尤其是在苏联人造地球卫星上天之后,人们对教育的期望几乎达到了狂热的地步:政府希望并且相信教育能够促进经济的发展,因此进行了大量的教育投入,甚至将教育列入国防;穷人和中产阶级希望通过改善教育条件,使他们的子女能够跻身上流社会;教育工作者也满怀信心地认为,只要付出努力就能够满足人们对教育的要求。然而,到60年代末,美国经济缓慢发展,贫困和不平等仍然存在。于是,社会民众普遍都对教育产生了强烈的不满:贫困者谴责学校没有保证他们孩子的成功;中产阶级埋怨教育过分强调组织化、理智化而忽视学生选择教育的自由;纳税人和家长对学校开支表示异议,要求学校对每一笔开支作出解释;60年代学院的学生运动撼动了金字塔的尊严,等等。总之,人们对学校的态度开始改变,学校不再是一个有价值的机构,学校无能的观点盛行。这就是贬抑学校运动。摘自季苹:《"隐蔽课程"与"废除学校"》,《教育科学研究》1997年第6期。

对方法,波兹曼的看法和态度在十年间发生了一个由激进到保存的改变。早期的波兹曼跟随麦克卢汉,强调教育要紧跟时代变化,应积极地把录像、电视等新兴媒介融入到英语教育中去。他认为如果教育体制脱离实际就必须进行改革,并把《理解媒介》作为"休克疗法"的典范。在《作为颠覆活动的教学》中,波兹曼指出"学校只关注印刷文化,环境却要求把学校的关怀延伸到一切新形式的媒介,新媒介[①]和环境的变化是不可分割的;换句话说,虽然新媒介的重大影响还在评估中,如今的趋势却要求,凡是给教育增加现实意义的努力都必须充分考虑新媒介的作用"[②]。然而,1979年《作为保存活动的教学》一书的出版,标志着波兹曼的自我否定。波兹曼不仅批评原先盟友霍尔特的观点,而且指出所谓的"儿童权利运动"实质上是使儿童消逝的文化合理化。波兹曼批评伊里奇等人的学校消亡论,讽刺地指出在电子媒介环境中,学校一定会消逝,无需劳烦他们专门写书进行论证。早期的波兹曼认为学校教育的危机在于没有跟上媒介的变化,思想转变之后的波兹曼同样认为当前的学校教育面临危机,但是这一危机的出现不是因为学校固守印刷文化,而是因为学校放弃了自身在印刷文化中的原有定位,转而热烈地迎合电子媒介并积极地将电子媒介引入学校教育,进而造成了教育的目的和方法都出现了严重偏差。学校教育的生存危机由此而来。波兹曼指出,学校(建基于印刷文字之上的学校教育)是印刷机的衍生之物,它的兴衰有赖于印刷词语享有地位的高低,四百年来,教师一直是印刷术创造的知识垄断的组成部分。然而,电子媒介直接瓦解了学校赖以存在的根基,蓬勃发展的电视可能会终结教师的职业生涯。波兹曼从媒介环境的角度批判已经被电视、录像等新媒介侵蚀的学校教育。他指出,迅猛发展的电视已经成为第一课堂,它不仅成功地战胜了学校里的课程,而且几乎消灭了学校里的课程,最终电视取代学校成为美国最大的教育产业。然而,受到媒介特性的制约,电视不

---

① 托马斯·金卡雷利认为这里的"新媒介"是指电视和广播、密纹唱片、磁带录音机、漫画书、小报、电脑、平装本图书等,而不是因特网时代创造的新词。参见《媒介环境学》第161页。
② 〔美〕林文刚:《媒介环境学》,第161页。

仅无法承载复杂的思想/内容,而且电视也无法像书籍等传统媒介那样对事物进行深入的探讨,所以,波兹曼认定"以电视为文化背景的现代学校制约了儿童的思维"①。不仅如此,电视以友好的面孔直接更改了学习、智慧、真实等事物的定义,使"娱乐"深入人心并成为整个社会文化的认识论。这不利于整个社会文化的长远发展。然而,更为严重的问题在于,原本依赖印刷机创造的知识垄断得以存在的教师,不仅麻木地目击这一知识垄断的解体,而且,他们热烈地拥抱新媒介,积极将电视等电子媒介引入课堂教学。波兹曼指出,此情况就如当初铁匠欢迎并赞美汽车一样,错误地相信这一新兴的技术可以促进他们的营生。历史证明,这完全是他们的一厢情愿。因此,转向之后的波兹曼孜孜不倦地将电子媒介对社会文化尤其是教育的潜在危害揭示出来,严肃地告诫人们尤其是教育工作者要竭力保存传统教育的本质,警惕并抵制学校教育的电视化倾向。因为,电视化就是娱乐化,而这是与推动历史不断进步的伟大教育的本质对峙而立的。

二、电视与教育

对现行教育失望的人们将目光转向技术,视技术为救命稻草,认为将新技术引入课堂教学,不仅可以大幅度提高教育的成效而且可以实现人们长久以来的美好愿望。就此,波兹曼以《芝麻街》(*Sesame Street*)为例,深刻剖析了电视是如何改变了人们的教育观念,变更了教育的方式和宗旨。他告诫人们,将新媒介/技术引入教育,要慎之又慎,因为媒介本身的潜藏倾向会对教育产生意想不到的影响。

在电视元媒介的影响下,教育也从一种严肃活动转变为一种娱乐活动。在这种转变中,《芝麻街》的推动和示范作用不可忽视。诞生于1969年的《芝麻街》是美国电视史上最"长寿"的儿童电视节目,是获得艾美奖奖项最多的一个儿童节目。《芝麻街》综合运用了木偶、动画和真人表演

---

① Neil Postman, "Making a Living, Making a Life: Technology Reconsidered," *College Board Review*, No. 77, 1995, pp. 8—13.

等各种表现手法,向儿童教授基础阅读、算术、颜色、字母、数字以及生活常识(如怎样安全过马路、讲卫生的重要性)等基本知识,它的滑稽短剧和小栏目都已成为其他电视节目竞相模仿的典范。① 美国有近800万的成年观众是看着《芝麻街》成长起来的,他们能充满感情地回忆起是怎么认识"Y"这个字母的、是怎么分辨出长方形和正方形的,他们认为是《芝麻街》开启了他们人生美德教育的第一课。《芝麻街》从美国走向世界,曾先后被120多个国家引进。除了英语版本之外,它还有20种语言的姐妹作在40个国家播出②,是全球最具影响力的儿童电视节目,受到全球数千万儿童及家长的喜爱与肯定。无数的观众和众多的教育家都认为,数以万计的儿童从《芝麻街》中汲取了不计其数的重要知识,这为日后的学校教育奠定了良好的知识/能力/习惯等方面的基础。③ 在《快乐的芝麻街》一文中,作者斩钉截铁地作出了如下结论:"《芝麻街》的贡献不仅在于它影响的观众数量的庞大,更在于它对儿童电视节目的创新和革命。《芝麻街》证明了那句广为流行的格言'电视腐蚀大脑',并不总是正确的。"④《芝麻街》的巨大成功成为了电视拥护者的有力论据,他们认为《芝麻街》很好地展示了电视的教育功能,而电视教育是对学校教育的提前准备和有益补充,是激发儿童热爱学校、热心学习的有效催化酶。对此,波兹曼认为荒谬无比。1988年,他在接受《时代》采访时说:"我们现在知道,只有当学校看起来像《芝麻街》的时候,《芝麻街》才鼓励儿童热爱学校。"⑤所以,《芝麻街》并没有鼓励孩子热爱学校和学习,相反,它鼓励孩子热爱的是电视,热爱的是《芝麻街》所展示的学习方式。波兹曼批判《芝麻街》,这让人们尤其是美国人有些出乎意料,因为《芝麻街》不仅对美国人影响巨大,是美国人心目中的好朋友和老师,而且它还被视为寓教

---

① 梁盛:《快乐的芝麻街》,《视听界》2006年第1期。
② 刘琼:《曾获131次艾美奖〈芝麻街〉巡到深圳》,《深圳商报》2011年6月2日。
③ 梁盛:《快乐的芝麻街》,《视听界》2006年第1期。
④ 同上。
⑤ Elaine Woo, "Neil Postman, 72; Author Warned of Technology Threats," *Los Angeles Times*, October 12, 2003.

于乐式儿童电视节目的开山鼻祖,是世界范围内儿童教育类节目的典范和不可逾越的高峰。2012 年,美国民众扮演大鸟等《芝麻街》人物走上华盛顿街头以抗议威拉德·米特·罗姆尼计划"削减"公共广播公司补贴的政策,因为这一政策或将"葬送"《芝麻街》。《芝麻街》的影响可见一斑。波兹曼却敢于拿它开刀,足以体现波兹曼在学术道路上坚持真理的勇气。

波兹曼十分重视"方式"对一个人的影响,认为"方式"即"内容"。这无疑具有鲜明的麦克卢汉色彩。同时,我们从中还可以看到杜威的身影。波兹曼认为一个人学到的最重要的东西是学习方法,这一观点无疑与杜威的"做中学"观点不谋而合。波兹曼还直接引用了杜威的话语以强化自己的观点:"也许人们对于教育最大的错误认识是,一个人学会的只有他当时正在学习的东西。其实,伴随学习的过程形成持久的态度……也许比拼写课或地理历史课更为重要……因为这些态度才是在未来发挥重要作用的东西。"[①]波兹曼借此指出学习方法十分重要,课程的内容反而是学习过程中最不重要的东西。因此,《芝麻街》教什么不重要,重要的是《芝麻街》传播了一种什么样的学习方式。通过《芝麻街》,人们知道了原来学习可以如此轻松快乐,原来我们可以不必"头悬梁锥刺股"地汲取知识,原来我们可以将"学海无涯苦作舟"这一古训扔进历史故纸堆,这是因为,学习也可以是一种娱乐,而且任何值得学习的东西都可以而且必须采用娱乐的方式出现。于是,在《芝麻街》的引领下,许许多多的儿童、家长、教育家们认为学校教育过于死板严肃和僵化陈旧,学校教育与新时代严重脱节。他们提出学校课堂的改革势在必行,而且应该朝着《芝麻街》的模式进行改革,因为《芝麻街》是电子时代中实效教育的典范。然而,波兹曼指出,这种教育典范是电视认识论的产物,是教育的电视化,它违背了教育应有的严肃性和理性,其实质是不折不扣的娱乐。

学校与电视具有水火不容的本质上的对立。早在《作为保存活动的

---

① John Dewey, *Experience and Education*, London: Collier books, 1963. 转引自《娱乐至死》,第 188 页。

教学》一书中,波兹曼就对两者进行了详细比较,指出课堂教育在诸多方面都迥异于电视,而且是与电视分属两个不同领域的事物。在《娱乐至死》中,波兹曼再次重申电视已经成为了第一课堂,并成为全美国最大的教育产业。由于电视前述的独特而强大的媒介特性,它成功地从印刷媒介手中抢夺受众,将读者转变为观众,通过控制人们的时间、注意力和认知习惯获得了控制教育的权力。

教育的基本要素是课程,波兹曼认为课程实质上是一种信息系统,目的是"影响、教育、训练或培育年轻人的思想和性格"①。因此,从信息角度来看,电视课程与学校课程是两个完全不同的信息系统。为了更好地展现两者的本质区别,我们从信息传播机制的角度入手,围绕九个关键要素对教室和电视进行比较分析:

地点:教室是一个社交场所(小型的公共空间);电视机前的空间是私人领地。

时间:学校的课堂教学的时间是固定的;电视的时间是全面开放的,可随时介入,随到随听/看。

传播者:学校聘请的是以教书育人为职业的专业教师,设有严格的准入、考核和晋升机制,以思想学术水准、教学科研能力等为衡量指标,以培育人才为导向;电视邀请的是教师/学者"明星"、动画片/卡通人物、电视节目制作人等,以收视率为节目的考核指标,以市场为导向,具有较大的随意性。

受传者:学校的受传者是按年纪/学识分级的适龄儿童/青少年,具有严格的划分等级和升级步骤;电视的受传者是不加区分的所有人,即只要是具有正常/基本的视听理解能力的人(甚至视力或听力有问题的人都可以观看或聆听电视)。电视观众不会受到太多的阶层、学识、文化、年龄、性别等因素的限制(电视对观众不做区分的这一特性,在日本小说家村上春树的眼中是对个体的"彻底无视"的态度,这种态度直接危及了人的自

---

① 〔美〕尼尔·波兹曼:《娱乐至死》,第190页。

我存在意识:"不是自我辩解,任何人假如被近在眼前的他人如此彻头彻尾的不放在眼里,想必连自己都对自身是否存在产生疑念。"①)。

内容:学校的课程是按照一定体系、围绕明确的目标和教育理念、经过严格的论证审核而制定出来,它具有一定的长期性和循环性,课程内容具有强制性,授课效果被纳入教师(学校)考核体系。学校教育依赖的传播手段是语言文字,关注事实和观点,强调对事实的理性认知和对观点的分析批判,以促进学生语言和思维等抽象能力的发展为目的。这些能力的培养都是线性的、环环相扣的、逐级上升/深入的,学习者必须花费一定的精力和时间才能掌握,并通过严格考试而获得升入下一阶段学习的资格;电视的内容具有极大的随意性和跟风性,它没有固定而明确的教育目标(有的只是收视率、广告收入等经济目标,这是所有电视节目唯一和永恒不变的目标),内容可以随时因收视率低或其他非教育类因素而中断或停止,也根本不存在观看内容上的准入和升级制度。电视依赖的传播手段是图像(语言为辅),关注的是对现象的展示/叙述和对具体事物的感性认知。对图像的认知和理解,具有正常生理机能的人(包括三岁孩童在内)都可以轻松地、不同程度地完成这一活动。当然,经常观看电视的人相比那些从来没有或极少接触电视的人而言,具有较强的图像感知能力,如对蒙太奇等具有敏锐而迅速的理解力。

反馈:在一个完整的信息传播的过程中,反馈是必不可少的重要环节。这一环节对教育尤为重要,因为没有反馈就无法知道是否达到了预期的教育效果,没有反馈就无法顺利推进教育活动。在课堂教学中,老师通过回答学生的提问来帮助学生理解课程内容,答疑解惑。课堂教学是一个互动的过程,也是一个教学相长的过程;电视机这位友善的老师只能自顾自地口若悬河却不能观察学生的反应、不能获知效果,更不能回答学生的任何问题。电视是单向的传播过程,它们只能通过收视率来判断自己的"教学"(表演)是否受到大家(而不是个人)的欢迎,是否具有市场,

---

① 〔日〕村上春树:《电视人》,林少华译,上海译文出版社2002年版,第2页。

并以此作为决定节目命运存亡的唯一依据。

实现传播活动的条件：(1) 上学是一种法律规定的行为,是国家强制执行的一项社会活动,所有适龄儿童都必须接受学校教育。看电视是一种自由选择和个人行为,没有任何法律制度要求儿童必须接受电视教育,儿童可以自主地顺利完成看电视的活动。(2) 在学校里学生必须遵守一些行为规范,而看电视的时候却不必顾忌任何规章制度或行为规范。在学校里不听老师讲课可能会受到惩罚,而不看电视却不会受到任何惩罚。李晓云在博士学位论文《尼尔·波兹曼的媒介生态学研究》里一针见血地指出,不看电视受到惩罚的是（电视里的）老师。(3) 课堂教学是不可随时介入的,学生必须准时到场,不可早退。电视是敞开的,对观众没有任何的约束性,观众可随时介入或离开,不需要对电视负责,也不会受到任何处罚,一切都是在轻松愉快的氛围中进行的。

传播活动环境：学校课堂的环境通常是严肃认真的,传授双方的思维是高速运转和紧张的,学生在课堂上只能干一件事情,就是学习;电视的环境是轻松愉悦的,观众可以边看、边玩、边说、边做其他事情,可以随意换台、走动、嬉闹,甚至直接关掉电视。

传播效果：以印刷文字为媒介的学校培养的是线性的、理性的、严谨的思维模式,擅长逻辑思维,善于对事实和观点进行认知/论述/探寻等活动,语言风格是说明性的,个人风格是理性冷静的,发展的是倾向于逻辑思维的左脑;以图像为媒介的电视培养的是跳跃性、感性的思维模式,擅长形象思维,善于对事物进行感性认识,语言风格是描述性的,个人风格是感性热情的,发展的是倾向于艺术思维的右脑。

由此可见,学校（铅字）和电视塑造的是完全不同类型、难以融合的两种环境。必须承认,电视在培养儿童的图像认知、扩大儿童的视野、促进儿童综合感官融合等方面具有不可忽视的功效,在某种程度上确实有助于实现麦克卢汉所推崇的"感官的再融合",使我们从印刷机下"分裂"的人重新走向了"完整"的人。但是在获得这些能力的同时,儿童却丧失了波兹曼所珍视的理解/运用文字的能力和进行理性/批判思维的能力。

不仅如此,对于课堂教育而言,教育目的是严肃的,教育过程是严谨的,尽管"寓教于乐"这一观念被广泛认同并被运用于教学实践中,但是究其根本而言,娱乐不过是达到教育目的的一种手段,然而在电视上"娱乐本身就是一种目的"①。大众正在按照电视的标准对学习态度进行重新定位。《芝麻街》在全世界范围内受到热情追捧显示了这样一个事实:电视正在/已经改变了传统教育。以快乐轻松、可爱生动、视听完美结合的《芝麻街》为榜样,学校积极进行所谓的适应时代的"改革"。于是,不仅教室的传统功能日益衰退,而且教室还日益被改造成一个教和学都以"娱乐"为目的的地方。对于以"娱乐"为目的的电视课堂而言,教育内容不能有前提条件、不能令人困惑、要像躲避瘟神一样避开阐述。毫无疑问,立足这三条戒律的电视教育哲学与印刷教育哲学是水火不容的。电视颠覆了印刷文化对"什么是知识""怎样获得知识""教育"等概念的定义,颠覆了印刷文化致力构建的逻辑与理性,直接瓦解了学校教育的理论基础,动摇了学校教育的根基,使传统的学校教育陷入了前所未有的危机之中。波兹曼将之称为西方教育史上的第三次教育危机。

直至今日,由电视开启的教育危机依旧在延续,而且大有愈演愈烈之势。2011年秋季开学之际,美国康涅狄格州伯灵顿高中的学生一到校就领到一部全新的载入了电子教科书和相关辅导教材的iPad。伯灵顿高中校长拉金表示,传统纸质教科书相当过时,"iPad将使我们的孩子有机会使用更贴切的教材"②。肯塔基州教育局官员透露伍德福德县高中将给1250名学生每人配备一部iPad,成为该州第一所采用iPad电子教学的公立高中。纽约、芝加哥等大城市一些学校也购买了大量iPad以取代传统教科书。韩国、日本、马来西亚、新加坡、泰国等至少50个国家和地区已经或正在计划推广电子课本。这一股热潮同样蔓延至国内。2012年9月,南京市在21所义务教育阶段的公办中小学计划进行"电子书包"试点。北京、上海、深圳等地已开设"苹果班",学生们用iPad上课。武汉3

---

① 〔美〕尼尔·波兹曼:《娱乐至死》,第187页。
② 黄敏:《iPad取代课本走进美国高中》,《北京青年报》2011年9月5日。

所中小学免费试点电子书包,而香港早在2003年就进行了试点……

此举受到众多教育工作者、学生及家长们的欢迎。赞誉者表示,电子书包充分整合了现代多媒体技术,让学习变得形象直观,大大提高了教学效果和效率;电子书包以互动的方式进行教学,提高了学生学习的自主性;电子书包建立起一对一的移动学习平台,改变了传统的教学模式;电子书包大大减轻了学生的书包重量,减少了纸质教材,有助于环保;此外,还有教师认为电子书包可以更有效地促进老师与家长的沟通,因为"上面有专门的家长联络区,老师可以把课表、教学计划、上学提醒、家庭作业等资料全部放在里面,方便家长了解和督促孩子学习"[1]……在"信息技术引领教学变革 把学习自主权还给学生""iPad使传统课堂焕发新魅力""iPad进入课堂或将引发教学新革命"等话语的鼓动下,人们将现有教育问题的解决寄希望于教师能够"主动适应信息化社会的发展趋势,变革课程内容的呈现方式、教师的教学方式、学生的学习方式和师生的交互方式,以教育信息化促进教育现代化"[2]。对此,不少一线教师都深表认同,并纷纷发表iPad课堂教学实践感言,表示新技术的使用极大地激发了学生上课的积极性和活跃度,提升了授课效率和效果。

不过,令人欣慰的是,越来越多的人认识到iPad进入课堂所带来的问题:iPad快速变化的图像和相对较小的屏幕会让孩子的眼睛长期聚焦在某个点上,极易引发近视和弱视。长时间玩iPad不仅会影响孩子的视力,而且可能会影响孩子对其他事物的兴趣,进而影响孩子的社会交往能力;教学设备不是教学质量的主宰,课堂教学的主体依旧是教师,提高教学质量还得依靠教师丰富的经验、先进的教育理念、精深的专业知识和认真负责的敬业态度以及科学的课程编制。教师声情并茂的讲课,会比简单的电子教学更具有感染力。如果教师的教学理念依然陈旧,如果教师不能与学生互动起来,用iPad教学也无济于事。专门研究技术与教育相

---

[1] 金丹丹:《杭州多所中小学试点iPad教学:上课下发 课堂结束回收》,《今日早报》2012年10月10日。

[2] 郑祖伟:《iPad进课堂 或将引发课堂新"革命"》,《现代教育报》2011年10月19日。

互关系的加利福尼亚大学欧文分校教育与信息学教授瓦绍尔认为"俗话说,音乐不在钢琴;同理,学习不在设备"①;课堂教学中信息技术运用过多可能会抹杀学生的想象力,因此,应当有所选择地采用信息技术;价格昂贵的电子设备将会导致或加重孩子的攀比风气和教育机会的不公平,给原本并不富裕的家庭增加额外压力……在《中山日报》官方微博发起的关于"支持还是反对学生自带平板电脑进学校"的投票中,九成受访网友投了反对票。放眼国外,尽管美国是最先将 iPad 引入课堂的国家,但是美国目前并不支持小学采用 iPad 教学,iPad 教学仅在高校或少数中学进行试点。与此同时,美国社会也一直在呼吁:教学的中心始终是教师和学生,最有效的沟通是教师与学生之间的人与人的对话,任何教学工具的采用都不能让教师躲在工具的背后,都不能使课堂教学异化为人与机器的对话。②

早在 1995 年,波兹曼在接受《麦克尼尔—莱勒新闻时间》节目的采访中表示反对在学校教育中使用个人电脑。他认为学校不是一个进行个性化学习的地方,相反,学校是一个集体学习的地方,在这里人们形成一个有凝聚力的团体。波兹曼担心个人电脑将使个体丧失作为公民和人类成员的社交活动。③

当然,我们也应该依据实际情况进行评判。对那些罹患自闭症和学习障碍的孩子而言,iPad 进课堂未尝不是一件好事。iPad 通过视觉形象而非言语传授知识,这一新型授课方式在一定程度上有助于他们的康复和学习。在一次讲演活动中,当波兹曼宣讲完对电子声控门的批评后,一位妇人径直走到他面前表达了不同意见,因为电子声控门给她身患残疾的儿子带来了莫大的便利。

随着电子信息技术的高速发展,整个社会的电子化程度越来越高,电子媒介已经成为人们日常生活中不可缺少的重要组成部分。新一代年轻

---

① 黄敏:《iPad 取代课本走进美国高中》,《北京青年报》2011 年 9 月 5 日。
② 徐曼曼:《iPad 进课堂引发争议》,《教育》2013 年第 10 期。
③ Interview from PBS on Mac Neil/Lehrer Hour (1995).

人是在电子媒介的包围中成长起来的,他们的思维与印刷文化中成长起来的人们具有明显的不同。由此,有教育工作者认为 iPad 电子教学以互动为特色,更适合今时今日的学生。美国高二学生伍兹的一段话代表了电子文化中人们(尤其是学生)的普遍看法:"我觉得大家会喜欢。我真不知道哪个高中生不想要一部 iPad,我们在家常用电子产品,上课时则用(纸质)教科书,能够统一起来真好。"①这一观点正是波兹曼所大力反对的。波兹曼认为学校教育的重要功能之一是保持整个社会文化的平衡,面对当前社会文化严重偏向电子媒介这一社会现状,学校必须肩负起传承印刷文化以对抗电子文化的重要使命。波兹曼针对教育危机提出了多项改革建议,如学校教育应立足印刷文化,讲述宏大的教育叙事,着力培育学生的批判意识和历史意识等。他认为唯有如此,教育才能有效地引导我们对抗技术垄断,抵制信息泛滥,帮助我们走向美好的未来。

如前所述,电子媒介具有与印刷媒介全然不同的文化倾向。电子媒介因自身的媒介特性,决定了娱乐性是电子媒介的应有之义,电视是其典型代表。电视课堂背后强烈的娱乐性颠覆了印刷文化所构建的教育理念,瓦解了教育的严肃性和宏大性,诱导课堂教育走向电视化和娱乐化,引发了学校教育的第三次危机。由此开端,学校在教学电子化这条路上越走越远。多媒体设备迅速地挤占了印刷书籍和手写文字在学校教育中的地位,后继的 iPad 课堂变本加厉,它直接将印刷书籍和手写文字驱除出课堂,并声称新时代教育革命的到来。对于手持 iPad 的师生而言,连用笔写便签条都是一件多余、无趣且费力的事情。无论是电视课堂还是 iPad 课堂,它们宣告任何知识都能通过功能强大却操作简单的信息媒介/技术进行传播,任何知识都能以愉快轻松、形象有趣的方式获得(北京白家庄小学一名五年级女生的话可为典型代表:"在课堂上使用 iPad 增加了趣味性,学习兴趣更高了。"②),而且,它们还坚定地告诉人们:采用新信息技术的课堂教学的效果要大胜以往,并有望借此根本性地解决以往

---

① 黄敏:《iPad 取代课本走进美国高中》,《北京青年报》2011 年 9 月 5 日。
② 郑祖伟:《iPad 进课堂 或将引发课堂新"革命"》,《现代教育报》2011 年 10 月 19 日。

的教育难题。在这种教育理念的潜移默化下,传统印刷文化所致力构建的严肃、理性和自律等特性被消解于无形。

尽管有时教育采用娱乐的手法(寓教于乐),但教育本身是严肃的,最终目的是对学生的世界观、价值观、人生观进行宏大意义上的引导和塑形。因此,从本质上来说,教育与娱乐是分属两个范畴的事物,它们具有不可融合的特质。然而,《芝麻街》建立了一种新型的教育方式,这是一种建立在快速变化的电子图像上的、崇尚快乐的教育,是与建立在铅字基础上的传统教育背道而驰的教育。这种教育方式得到了全世界广大人民的热烈欢迎和盲目追捧,各式各样的"娱乐"教育模式在世界遍地开花,迅速地侵占了印刷文化的教育领地。iPad课堂正是这种教育模式的延展和典型反映。波兹曼坚定地认为,电视阻碍而非促进了人们批判性思维的培育,因为电视是和思维探索活动相对立的。他不停地拷问:这种新型教育除了娱乐之外还能带给人们什么,它能培养年轻人什么样的品质,培育什么倾向的文化心理,最终带领人们走向什么样的未来?波兹曼决绝地与赫胥黎、威尔斯站在一起,坚持不懈地著书告诫世人"我们正处于教育和灾难的竞赛之中"[①],呼吁世人了解媒介政治和媒介偏向,正确认识媒介与教育的关系,进而有意识地大力保存印刷文化以对抗电子文化狂潮,否则,迎接我们的就是赫胥黎笔下的"美丽新世界"。

---

① 〔美〕尼尔·波兹曼:《娱乐至死》,第211页。

第三章 技术垄断文化批判

波兹曼决绝地抵制技术垄断,指出技术垄断是一种集权统治,是人类文化的异化和自我毁灭,是毫无希望的不归路。波兹曼号召我们努力成为抵抗技术垄断的斗士:一方面,我们绝不无视技术的意识形态特性,清醒地意识到每一种技术都是具体的政治经济环境的产物,都带有自身独特的纲要、议程和理论,需要我们去细察、评判和控制。另一方面,我们应反对科学主义,重新树立道德评判标准,甄别信息真伪,有选择性地接触、吸纳某些知识,建立起有效而正确的信息免疫系统,不让无用无关的信息淹没自己。

对于"技术垄断(文化)"的界定,波兹曼并没有给出一个确切而稳定的答案。通观《技术垄断》一书,笔者发现波兹曼在不同的章节中先后对"技术垄断"做了如下解释:

"任何技术都能够代替我们思考问题,这就是技术垄断的基本原理之一……所谓技术垄断论就是一切形式的文化生活都臣服于技艺和技术的统治。"①

"技术垄断是文化的'艾滋病',我戏用这个词来表达'抗信息缺损综合征'"②"给技术垄断下定义的一个办法就是说,抵御信息泛滥的防御机制崩溃之后,社会遭遇的后果就是技术垄断。体制化的生活难以对付过多的信息时,技术垄断随即发生。"③

---

① 〔美〕尼尔·波斯曼:《技术垄断》,第30页。
② 同上书,第37页。
③ 同上书,第42页。

"技术垄断是一种文化状态,也是一种心态。技术垄断是对技术的神化,也就是说,文化到技术垄断里去谋求自己的权威,到技术里去得到满足,并接受技术的指令。"①

"这就是给技术垄断下定义的另一条路子:如果一种文化的理论不给道德领域里可以接受的信息提供指引,把它称之为技术垄断的文化就是恰如其分的。"②

波兹曼在界定技术垄断时呈现出了一种矛盾性。一方面,他从技术与文化之间的关系入手,指出技术垄断就是技术凌驾于文化之上、技术取代人类思考,成为衡量一切的唯一标准。另一方面,他又认为技术垄断是信息控制机制崩溃的后果。这种前后界定的不一致性,很容易使得读者对技术垄断的确切指向产生一种不确定之感,甚至是一种混乱之感。不过,在仔细考量之后,笔者认为,这种看似矛盾的原因在于,波兹曼并不是从一个本质性的角度去界定技术垄断,换言之以上的三种解释与其说是一种本质性的界定,不如说是一种描述。这是波兹曼试图从不同方面对技术垄断这一文化状态进行的描述性表述。

第一节 技 术 批 判

随着科学技术的迅猛发展,波兹曼的关注点也发生了变化。波兹曼在《技术垄断》一书中,将关注点从媒介扩展至技术。从"媒介"到"技术"主题的转变,显示出波兹曼不断拓展的理论视野和思考范围。随着关注点的转移,波兹曼对媒介/技术的倾向性态度和情感程度也发生了递变。

早在第一部著作《电视和英语教学》中,波兹曼就注意到媒介变革对教学的影响。在之后的著作中,他继续沿着这一方向进行探索。波兹曼对媒介的思考及其研究成果在20世纪80年代的《童年的消逝》和《娱乐至死》中得到了逐步地释放和体现。在这两部著作中,他就媒介尤其是电

---

① 〔美〕尼尔·波斯曼:《技术垄断》,第42页。
② 同上书,第46—47页。

视对社会文化产生的影响进行了深入详细地考察,指出电视作为一种媒介改变了人们对世界的认识方式和结果,电视的娱乐性本质直接影响了整个社会的文化倾向。然而,波兹曼批判的最终目的并不在电视。波兹曼明确地指出,电视的娱乐性并不是问题,真正的问题在于人们往往无视电视的媒介特性,将违背电视特性的内容强加在电视的身上,以满足一厢情愿的想法,从而与真正而迫切的目的背道而驰,渐行渐远。

从《童年的消逝》《娱乐至死》到《技术垄断》,波兹曼的情感经历了一个递进的过程:在对媒介认识论进行分析阐述的过程中,虽然波兹曼毫不掩饰对印刷文化的喜爱,但是,就"媒介即隐喻"的论述上来说,依旧是纯粹的理论性的探讨,情感色彩虽然分明但并不强烈,总体可以归为"平和中隐约透露出不安";在探讨电视的问题上,波兹曼的态度是审视和警惕的,对电视的社会文化影响是"忧心忡忡"的;然而,到了《技术垄断》一书中,波兹曼的态度明显发生了改变:由温和的"批评"态度变为爱之深、责之切的"批判"态度。面对美国社会日益兴盛的技术垄断现象,他表现出了远远强于之前著作中的价值批判色彩,直指"技术垄断是对技术的神化……技术垄断需要一种新的社会秩序,所以,和传统信仰相关的大量文化成分必然会迅速消解。在技术垄断里感到最舒适惬意的人相信,技术进步是人类至高无上的成就,是解决最深沉两难困境的工具。"①纵观波兹曼中后期的情感态度,很明显,进入20世纪90年代,波兹曼在技术和文化关系的问题上所发表的言论较前期而言,具有更浓烈的火药味,其笔下的技术和文化之间的对立色彩也更为鲜明,如波兹曼在《技术垄断》开篇中直言"技术点燃的是全面的战争"②,再如他将《技术垄断》的副标题定为"文化向技术投降"。虽然波兹曼一直秉承着要客观全面地看待技术利弊的这一总体性原则,但是,波兹曼也毫不掩饰地表现出更为明确的价值偏向。波兹曼在全书开篇表明"我自卫的立场则是,有的时候,我们需要不同的声音,以缓和成群结队的技术爱慕者喋喋不休的喧闹。倘若你

---

① 〔美〕尼尔·波斯曼:《技术垄断》,第42页。
② 同上书,第18页。

要出错,站在塔姆斯怀疑主义一边犯错误似乎是更为可取的。当然,这样的错误毕竟是错误"①。

对技术持以警惕态度的人,古已有之。除波兹曼提及的塔姆斯法老之外,两千多年前的庄子也指出过技术对人及社会的重要影响。在《庄子·天地篇》中庄子讲述了一则故事:"子贡南游于楚,反于晋,过汉阴,见一丈人方将为圃畦,凿隧而入井,抱瓮而出灌,搰搰然用力甚多而见功寡。子贡曰:'有械于此,一日浸百畦,用力甚寡而见功多,夫子不欲乎?'为圃者仰而视之曰:'奈何?'曰:'凿木为机,后重前轻,挈水若抽,数如泆汤,其名为槔。'为圃者忿然作色而笑曰:'吾闻之吾师,有机械者必有机事,有机事者必有机心。机心存于胸中则纯白不备。纯白不备则神生不定,神生不定者,道之所不载也。吾非不知,羞而不为也。'子贡瞒然惭,俯而不对。"②老翁放弃精巧省力的机械,选择费力而效率低的方法,是因为他认为机械会败坏人心。人若追求机巧的机械,必会做机巧之事,做机巧之事,就会有机巧之心,有了机巧之心,人的心灵就不那么纯洁了,人就容易进入急功近利的境地。人心不纯洁,则天下也就不可能纯洁。通过这个故事,庄子指出技术的发明和使用会改变人的思维方式,打开人的欲望,从而远离天地大道。庄子主张抛弃技术(即使是能够提高效率的技术),因为技术的运用会破坏人心的淳朴和纯洁。可见,庄子并非不知道机械带给人的好处,但他认为那些好处与随之而来的坏处相比是弊大于利,好处只是些蝇头小利,而坏处却是根本性的,它破坏了德性的源头——人心。③ 庄子和波兹曼都敏锐地捕捉到了技术尤其是一种新技术对社会文化心理的隐秘影响,然而,主张绝圣弃智的庄子对技术所持的是一种完全决绝的敌对态度,他采取的是回避、彻底否定的消极态度;波兹曼并没有视技术为敌人,他以一种相对积极的审视态度面对技术,强调的是人类对技术的清醒认识和有力驾驭。

---

① 〔美〕尼尔·波斯曼:《技术垄断》,第 2 页。
② 《庄子》,安继民、高秀昌注译,中州古籍出版社 2008 年版,第 162—163 页。
③ 严春友:《绝圣弃智》,《河南社会科学》2008 年第 4 期。

一、技术与意识形态

技术的每一次重大变革都对人类社会的走向产生了重大影响。不断变革的技术使人类逐步摆脱了大自然的奴役,推动了人类的进步历程。可以说,人类发展史其实就是一部人类技术进步史。伴随着近代工业革命的兴起,技术日益作为时代的一个焦点,其象征和隐喻性意义也逐渐凸显。自技术哲学家恩斯特·卡普(Ernst Kapp)的《技术哲学纲要》(1877)一书出版以来,不少研究者都将技术作为研究主题,各类思想学说相继而出,其中,芒福德的技术生态学理论、艾吕尔的技术批判理论以及法兰克福学派的科学技术理论等对波兹曼的技术批判思想产生了重要影响。

波兹曼在《技术垄断》中将媒介的隐喻性扩展至技术的意识形态偏向。当然,将技术与意识形态紧密联系在一起并不是波兹曼的首创,而是法兰克福学派的思想成果。早在法兰克福学派创始之初,霍克海默在《科学及其危机札记》一书中就对技术进行了批判性地审视,提出了"科学是意识形态"的观点:"不仅形而上学,而且还有它所批评的科学,皆为意识形态的东西;之所以说科学是意识形态,是因为它保留着一种阻碍它发现社会危机真正原因的形式。说它是意识形态的,并不是说它的参与者不关心纯粹真理。任何一种掩盖社会真实本性的人类行为方式,即使是建立在相互争执的基础上,皆为意识形态的东西。认为信仰、科学理论、法规,文化体制这些哲学的、道德的、宗教的活动皆具有意识形态功能的说法,并不是攻击那些发明这些行当的个人,而仅仅陈述了这些实在在社会中所起的客观作用。"①按照霍克海默的论述,任何一种掩盖社会真实本性的人类行为方式都是意识形态,而科学正是这样一种人类行为方式,所以它是意识形态。

马尔库塞在霍克海默思想的基础上进行了扩展和深入。他在《单向度的人》(1964)中指出科学技术具有意识形态性质的原因有三个:第一,

---

① 〔德〕霍克海默:《批判理论》,李小平等译,重庆出版社1993年版,第5页。

技术作为工具或手段并不是中立的,它具有维护现代政治统治的功能,它在现存工业社会特殊的设计和应用中构成了统治方式的基础,"政治意图已经渗透进处于不断进步中的技术,技术的逻各斯被转变成依然存在的奴役状态的逻各斯。技术的解放力量——使事物工具化——转而成为解放的桎梏,即使人也工具化"①。第二,技术作为一种总体的系统和文化形式,为了给现存社会的合法性辩护,它预先封闭了对社会的不满和反抗,阻止人类向自由、幸福和解放迈进。正因为如此,它才可能取代传统的意识形态。第三,科学技术具有单向性、实证性、功利主义以及对现存事物顺从主义的基本特征,这使得科学技术从根本上具有成为统治工具和意识形态的倾向。马尔库塞认为,由于工具理性在控制人和自然方面的有效性、合理性和全面性,由于它成功地把社会需要移植成个人需要,并有效地满足人的物质和精神的需要,也由于它有效地窒息那些要求自由的需要,有效地消解社会内容的对立而达到一致等,使得这种新意识形态形式具有更大的虚伪性和欺骗性。马尔库塞指出科学技术对人的控制是隐而不露的,发达工业社会已成为一个从根本上异化的社会,其程度远远超过了马克思所描述的异化状况,即达到了异化的更高阶段。

经由霍克海默的勾画、马尔库塞的发展和完善,"科学技术即意识形态"的理论最终在哈贝马斯的手中得以系统化。哈贝马斯不仅重申了科学技术不仅是第一生产力更是一种新的意识形态,而且明确指出只有到了晚期资本主义社会,科学技术才成为第一生产力并执行意识形态的功能,从而成为意识形态的新形式。哈贝马斯指出科学技术的发展不仅使政治活动日益技术化,而且还日益侵入了那些不过问政治的群众的意识之中。原本社会生活应该是人的文化生活,社会的组织原则应当是建立在人与人之间的相互理解的基础上,社会关系的调整是通过对话进行的。然而,科学技术对于某些实验用系统的成功控制使得人们相信这种模式照样可以搬到社会系统中来。于是,科学技术逐渐取代了社会生活中其

---

① 〔美〕赫伯特·马尔库塞:《单向度的人》,刘继译,上海译文出版社2008年版,第127页。

他的诸多参照系,进而变成了唯一的准则。哈贝马斯指出科学技术作为发达资本主义社会的意识形态,呈现出了明显与众不同的特征:第一,相对于传统意识形态,科学技术作为意识形态具有一定程度上的"非意识形态化"特征。第二,科学技术作为意识形态比以往的意识形态更令人难以抗拒,影响更为深远与广泛。科学技术不仅创造出了空前规模的生产力和极大丰富的物质财富,而且广泛地渗透到人们的生产生活中,更重要的是它还创造出了一个"科学之外无知识"的神话。第三,科学技术意识形态总是试图用非政治化的手段发挥自己的作用,科学技术意识形态的出现彻底摧毁了政治手段的意识形态特征,使它从根本上变成了纯技术性的操作规则。①

毫无疑问,法兰克福学派的科学技术批评理论对波兹曼的技术批判思想产生了直接的影响。不过,波兹曼不像法兰克福学派那样将技术直接定义为一种意识形态,而是在麦克卢汉媒介学思想的基础上,融合了伊尼斯的传播偏向理论,指出技术具有鲜明的意识形态偏向:"每一种工具里都嵌入了意识形态偏向,也就是它用一种方式而不是用另一种方式构建世界的倾向,或者说它给一种事物赋予更高价值的倾向;也就是放大一种感官、技能或能力,使之超过其他感官、技能或能力的倾向。"②这是波兹曼对"媒介即隐喻"思想的进一步解释和扩展。

波兹曼主要从以下几个方面对"技术的意识形态偏向"进行论述。

第一也是最为重要的,波兹曼在肯定技术的意识形态功能的同时,着重强调技术的功能是技术形式的自然产物,即技术的意识形态偏向其实是由技术自身形式决定的。波兹曼指出具有意识形态偏向的技术一旦被人接受并在生活中广为运用,那么技术就会坚持不懈地按照它自身的方式对人类社会文化施加影响,驱使人类按照技术设定的目标前进。不仅如此,技术的意识形态偏向还必然引发相应的社会文化上的意识形态变

---

① 崔永杰:《科学技术即意识形态——从霍克海默到马尔库塞再到哈贝马斯》,《山东师范大学学报》2007年第6期。

② 〔美〕尼尔·波斯曼:《技术垄断》,第7页。

革,"当技术成为物质生产的普遍形式时,它就制约着整个文化;它设计出一种历史总体——一个世界"①。由于技术的这种意识形态是隐而不显、含而不露的,因此意识形态变革的结果又往往是难以预料的。对此,波兹曼提示人们要睁大双眼去观察和了解技术的目标,觉察技术同时并存的利弊两面性,思考技术所引发的意识形态变革,以帮助自身更好地驾驭技术,而不是被技术所支配和奴役。

第二,波兹曼指出技术发挥意识形态功能主要通过以下途径:

(1)技术重新界定了人类社会生活中的重要词语,如"自由""知识""真理""智能""事实""智慧""记忆""历史"等,这些词语建构了我们的生活并对我们的生活进行指导。技术发展的过程,就是词语概念嬗变的过程。技术在改变词语概念的同时,也改变了我们的思维习惯和模式,进而改变了我们对世界的感觉和看法。在不同的技术环境中,我们对何为自然秩序、何为合理、何为必需、何为必然、何为真实等都拥有不同的认识和感觉。

(2)不同的技术有不同的世界观,新技术和旧技术之间的竞争不仅仅是工具之间的竞争,更是不同技术的世界观之间的竞争。这种竞争实际上是对时间、注意力、金钱和威望的争夺,是意识形态竞争特有的隐而不显却异常激烈的竞争。电视与印刷文字的斗争实质上是电视世界观与印刷文字世界观的斗争。在电视大举入侵课堂之后,儿童面对的是两种完全不同的世界:印刷词语的世界强调逻辑、序列、历史、解说、客观性、超脱和纪律。电视的世界强调图像、叙事、历历如在眼前的现场性、同步性、贴近性以及即刻的满足和迅速的情感回应。在这两种世界观的竞争中,儿童显得有些不知所措,无所适从。于是儿童成为了媒介斗争的牺牲品。

(3)每一种技术都拥有一套制度体系,这套制度体系反映了该技术的世界观,并确保和实现了这种世界观的维系和传承。在口语文化中,部族长者、吟游诗人以及市集聚会等维系了口头传播的方式;在印刷文化

---

① 〔美〕赫伯特·马尔库塞:《单向度的人》,第123页。

中,学校是确保并维系印刷文化传承的重要社会机构;而在电子文化中,电子媒介制造的信息泛滥导致了原有的社会调控手段的失效,于是,电子媒介进而创造出了官僚机构,并将它们作为维系社会的重要手段和保障。

(4) 新技术在颠覆传统的知识垄断的同时,又创造出新的知识垄断。波兹曼十分认同伊尼斯提出的"重要技术造成知识垄断"这一观点,指出一方面新技术会摧毁传统的知识垄断,另一方面控制技术运行机制的人为了积累权力必然要密谋防备那些无法获取专门技术知识的人,新的知识垄断由此而生。例如,印刷机剥夺了教会人士的知识特权,使得知识可以为广大民众所共享,同时,印刷机却在具有读写能力和不具有读写能力的人们之间造成了新的断裂,这便是新的知识垄断。技术自身的形态及其蕴含的意识形态偏向会偏爱一些人,疏远另一些人,从而形成了输家和赢家。知识垄断是历史的常规和必然现象,这本不是问题。但是,让波兹曼痛心的是,在许多情况下(现今依旧如此),输家出于无知而为新技术的到来欢呼雀跃,满心欢喜地帮助赢家进一步扩大和巩固胜利果实。在新媒介带来的各种便利的面前,人们往往看不见新媒介所引起的社会、思想和制度危机。对此,波兹曼借用艾略特的诗句,指出媒介的优势和媒介所承载的内容就是艾略特笔下那滋味鲜美的肉团,目的是吸引人们的注意力,而媒介所暗含的意识形态偏向则是窃贼,悄无声息地偷窃了现存的社会文化、思想和制度。

波兹曼不仅看到了技术的意识形态功能,而且看到了这种特性实质上是由技术的方式决定的,看到了技术对整个社会文化环境的影响,并将技术视为一种环境。波兹曼没有将眼光局限在技术本身而是将技术放入大环境中,研究技术对整个环境产生的变革性影响。波兹曼认为,正是特定的主导技术及其衍生物共同建构起了特定的媒介环境。这个环境原本是相对稳定的,整个体系是平衡的。然而,具有特定目标和行为方式的新技术一出现,便破坏了这个平衡,冲击了由旧技术构建的世界观及其衍生物,进而对整个环境发起冲击,因为"一种新技术并不是什么东西的增减损益,它改变一切"①"新技术改变我们兴趣的结构:我们思考的对象要变化。新技术改变我们的符号:我们赖以思考问题的符号要变化。新技术改变社群的性质:我们思想发展的舞台要变化"②。新技术创建了一个全新的环境,重新构建了人类生存的条件,人们需要在新技术构建的环境中重新寻找一条全新的生存手段。在电子文化社会中,当计算机成为支配整个社会的第一媒介之后,当互联网成为知识的唯一支配者之后,不仅那些不懂得这些新技术的人们毫无疑问地成为弱势群体,而且就连那些熟练掌握新技术却被新技术蒙蔽的人们也成了技术变革游戏中的输家,整个社会自然就被控制在操纵技术的赢家手中,这就是技术的意识形态。因此,波兹曼认为技术变革是一场毫无硝烟、容易被忽视的激烈战争。波兹曼谆谆告诫人们应该抛弃独眼龙的思维模式,睁开双眼去密切地审视技术的利弊及其深远影响。

二、技术与文化

为了更好地揭示技术对人类社会的潜藏而深远的作用,波兹曼从技术(工具)与信仰体系/意识形态的关系入手,对社会文化的发展阶段进行划分。波兹曼认为技术与文化的关系存在着一个演变的历史过程,在这个历史过程中,技术不断地侵犯文化的主导地位并最终取而代之,实现技术对文化的集权统治,19世纪以来技术每一次高歌猛进的背后都是文化不断隐退和屡弱的这一历史事实。于是,他将人类社会文化的发展历史划分为工具使用文化、技术统治文化和技术垄断文化的三个阶段,直指电子文化时期就是技术垄断文化阶段,是一个文化向技术全面投降的阶段。

对于社会文化发展阶段的划分,众多研究者们围绕着不同的关注点提出了各自的划分方法,其中有以生产关系为标准进行划分的,如斯大林在马克思思想基础上提出的五分法即"原始社会、奴隶社会、封建社会、资

---

① 〔美〕尼尔·波斯曼:《技术垄断》,第9页。
② 同上书,第10页。

本主义社会和共产主义社会"。有以社会支配力量的变化为标准进行划分的,如美国学者海尔布伦纳的三分法:第一阶段,传统是共同体或社会的主要支配力量,人类多处于游牧和农业阶段。第二阶段,在以皇权和神权为主导的控制社会中,人们臣属于某种指挥系统,墨守成规,生活在一种较安然的礼俗社会之中。第三阶段,18世纪之后,工业革命改变了人们的生产和生活方式,社会进入了市场阶段。有根据经济、科技和信息流动方式等综合因素进行划分的,如美国社会学家伦斯基把社会发展划分为捕猎社会、低级农业社会、高级农业社会和工业社会。有依据社会组织形式进行划分的,如德国社会学家F.滕尼斯提出的"礼俗社会"(又称共同体,指传统的社会)和"法理社会"(又称交往社会,指现代工业社会)。有根据产业结构尤其是技术在社会发展过程中的作用进行划分的,如美国未来学家托夫勒提出"农业浪潮""工业浪潮"和"知识浪潮"。有根据社会信息化程度进行划分的,如美国社会预测学家奈斯比特提出的"农业社会""工业社会"和"信息社会"。还有以社会赖以生存的方式进行划分的,如"狩猎的与采集的社会""畜牧社会""初民社会""农业社会(又称前工业社会)""工业社会(又称现代社会)""后工业社会";等等。在众多的划分法中,较为突出的是将"技术(媒介)"作为轴心进行的划分,如我们常说的"石器时代、青铜器时代、铁器时代、钢铁时代"这一划分方法就是典型的以人类使用工具(技术)作为划分标准的。此外还有诸如"口语文化、书面文化、印刷文化和电子文化"(沃尔特·翁)的划分、"前文字时代、古登堡时代和电子时代"(麦克卢汉)的划分、"旧技术阶段"和"新技术阶段"(帕特里克·格迪斯)的划分、"前技术阶段、旧技术阶段和新技术阶段"(刘易斯·芒福德)的划分。另外,众多研究者如阿诺德·汤因比(工业时代)、丹尼尔·贝尔(后工业时代)、奥斯瓦尔德·施本格勒(机器工艺时代)、皮尔斯(铁路时代)等纷纷以技术为参照物对社会发展的特定阶段进行界定和论述,加塞特还专门论述了技术发展的三个时代即"机运技术时代""工匠技术时代"和"技师技术时代"。显然,以技术作为划分社会文化发展阶段的核心标的物并不是波兹曼的首创。相反,波兹曼汲取了马克思、维特根斯坦、霍克海默、马尔库塞、哈贝马斯、麦克卢汉、伊尼斯等众多先哲的思想结晶,尤其是借鉴了刘易斯·芒福德的历史三分法,吸收了他的技术批判和技术生态学思想,承传了他的严肃深厚的道德关怀。

在技术与社会文化的关系上,芒福德的研究具有开创性。他始终将技术对人类社会的影响作为自己研究的重点,并在中后期的著作中逐步扬弃了技术乐观主义,转而对技术进行了深刻地反思,开始了他的技术批判之路。他发掘并系统地阐述了技术对人类历史发展的领头作用,为后继者明确地勾勒出了一个研究人类历史的新视角。在芒福德之后,以技术作为社会历史研究的切入点和重要参照物的著作不断涌现,如艾吕尔的《技术社会》(1964)、吉迪恩的《机械化挂帅》(1984)、波尔特的《图灵人》(1984)、贝尼格的《控制的革命》(1986)以及波兹曼的《技术垄断》(1992)等。

芒福德十分关注技术对人类文化生活的影响,他认为文明的不同阶段实际上是机器的结果,技术的形态是产生结果的原因。芒福德在《技艺与文明》(1934)中提出了"三个前后相继,但互相交叠和互相渗透的阶段"(Mumford, 1934:109):前技术阶段(约公元前1000年—1750年)、旧技术阶段(1750年以后)和新技术阶段(20世纪发轫)[①]。写作《技艺与文明》时的芒福德对新兴的电力技术寄予期望,认为电能促进了非集中化的活动,可以作为防御资产阶级压榨的盾牌以对抗王者机器的霸权,有助于恢复生态的平衡,实现机器为人类服务。因此,早期的芒福德虽然对技术抱有审慎的乐观,但还是不禁对电能产生一种希冀,期望电能可以扭转旧技术时代的偏向,实现生命复兴。但是随着二战的到来,芒福德发现新技术仍然支持权力的集中,甚至使之变本加厉。在晚期著作《机器的神话》(1967,1970)一书中,他对三十多年前写就的《技术与文明》进行再诠释,表达了对现代技术的失望之情和严厉的批判态度。芒福德指出技术原本

---

① 〔美〕林文刚:《媒介环境学》,第58页。

是与社会文化生活融为一体的,"我们这个时代之前,技术从来就不曾脱离整体的文化构架,人总是在整个的文化体系中活动。古希腊词语'tekhne'的特点就是不把工业生产和'高雅'艺术或象征性艺术区别开来;在人类历史的大部分时间里,人类文化里的这些不同侧面都是不可分割的……在最初的阶段,技术总体上是以生活为中心,而不是以工作为中心,也不是以权力为中心"①。然而,现代技术革命尤其是机械化和工业化革命,不仅人为地割裂了技术和生物,制造了艺术和技术的对立,更为重要的是,技术不再以生活为中心,而是将生活变成技术的奴役。于是,以秩序、控制、效率和权力为基础的机器意识形态取代了扎根于生命、生存和繁殖的有机论意识形态。芒福德指出现代技术的主要问题就在于这种对有机世界的系统性背离,标志就是"王者机器"(Megamachine)②成为时代的主角。所谓"王者机器"是指与生活技术、适用性技术、多元技术相反的一元化专制技术,其目标是权力和控制,表现为制造整齐划一的秩序。芒福德认为,现代王者机器主要体现在极权主义政治结构、官僚管理体制和军事工业体系之中。③ 芒福德拼死抵抗王者机器,指出王者机器突破了文化的制约,破坏了有机力量、审美力量和技术力量之间原有的平衡,摧毁了有机社会中技术和文化融洽相处的原生态,忽视了生命的需求与宗旨。通过对技术的反思和对王者机器的批判,芒福德强调要对技术进行理性的控制,技术的发展应该处于文化的制约之下,而不是相反。这正是波兹曼直接承袭的理性态度。

很明显,芒福德的技术历史分期是以技术的社会文化影响作为划分依据的。芒福德的这一划分以及他晚期对王者机器的批判思想都成为波兹曼文化类型三分法的思想基础。尽管波兹曼(1992)提出的"工具使用时代、技术统治时代和技术垄断时代"与芒福德(1934)划分的三个阶

---

① 〔美〕林文刚:《媒介环境学》,第61页。
② 芒福德将"王者机器"的起源追溯至古埃及时代,认为古埃及国家本身就是一部最早的王者机器,也是之后一切王者机器的原型。这部王者机器的基本特征就是令人惊叹的组织秩序,其主要物质成果是金字塔。
③ 吴国盛:《芒福德的技术哲学》,《北京大学学报》2007年第6期。

段大体相当,但是我们要看到的是,处于思想发展早、中期的芒福德对电能技术即将开启的时代抱有期待,而写作《技术垄断》时的波兹曼则具有芒福德晚期思想的技术批判色彩。这也是为什么波兹曼对包括芒福德(1934)的划分方法在内的上述各种文化类型划分方法感到意犹不足的重要原因之一。波兹曼写作《技术垄断》(1992)一书时深刻感受到日新月异的电子技术对传统的印刷文化发动的猛烈攻击,原有的社会传统价值、道德取向、宗教信仰等都在技术的突飞猛进中趋向于无影无形。然而,在这场技术发展所引发的巨大的社会变革面前,技术爱慕者纷纷额手称庆,却鲜有人对技术的另一面进行冷静地审视。波兹曼在经历了早期的技术乐观之后,更为深切地意识到认清技术的双面性这一点所具有的重大意义。因此,波兹曼提出划分新类型的目的就在于"澄清当前的处境,说明前面路上的危险"[①]。这种深沉的忧患意识和社会责任感,直接延续了芒福德中后期的人文主义思想和价值取向。

不同的技术对社会生活和精神生活的影响是截然不同的,"除了经济意义之外,技术还产生人们感知现实的方式,这些方式是理解不同的社会生活和精神生活形式的关键"[②],每一次重大的技术变革必然对原有的社会文化产生巨大的冲击。因此,文化和技术的关系就成为考量文化类型和文化发展阶段的重要标准。从此入手,波兹曼将文化划分为三种类型即工具使用文化、技术统治文化和技术垄断文化。

对于工具使用文化,波兹曼并没有作出精确地界定,而仅仅是描绘了从远古到17世纪整个社会文化对工具的态度,并将这一时期的文化命名为工具使用文化。波兹曼指出,在工具使用文化中,人们认为技术不是独立自主的,而是受到社会体制或宗教体制的管束。在这个阶段,社会的意识形态不是由技术赋予的,而是建立在特定的神学或形而上学基础之上的。整个社会存在由此获得秩序和意义,所以,人们几乎不可能臣服于技术。不仅如此,工具也不是外来的入侵之物,而是和整个文化融为一体

---

① 〔美〕林文刚:《媒介环境学》,第12页。
② 同上书,第11页。

的,是为文化服务的,是以人们的生活为中心。它们之间不存在世界观的矛盾和冲突,一切技术发明的初衷都是为了促进文化发展。波兹曼这一观点鲜明地折射出芒福德的有机社会论思想。

文化的发展是渐进性的和交融性的,任何一种因素都是在一段时间长河中缓慢地发酵,并逐渐释放出促发变革的巨大力量。因此,波兹曼所提出的三个类型之间的界线是不分明的,他自己也承认"所谓工具使用文化尤其缺乏精确的定义"①。也正是认识到这一点,对于工具使用文化的概念,波兹曼提出了两个修正以尽可能地做到理论的完备:第一,一种工具使用文化里拥有的技术总量并不是文化的界定性特征;第二,工具有办法入侵哪怕是粘合力最严密的一套信仰体系,如以服务上帝为发明初衷的时钟最终导致了上帝权威的削弱乃至丧失,而马镫的发明却使战争进程发生了革命性的改变,直接催生了封建社会。对于技术的这种破坏力,波兹曼承认"有的时候,技术的力量是任何力量都无法阻挡的"②。当然,波兹曼并不是全然悲观失望的,相反,他正是因为清醒地意识到这一点,所以才疾声高呼要用理性去驾驭技术发展的龙头,要通过教育去改变当前社会对技术的无知和盲从。

机械时钟、印刷机和望远镜的发明直接导致了整个社会从工具使用文化过渡到技术统治文化。波兹曼认为这三种技术分别攻击了宗教信仰的时间观念、口头传统的认识论和犹太—基督教神学的根本命题,其中,望远镜对原有文化体系的颠覆是三者之最。因为,望远镜攻击的是整个社会的信仰体系,攻击的是工具使用文化赖以生存的神学或形而上学的观念。望远镜的发明使西方的道德重心崩溃,人们发现自己不再是上帝关注的焦点,而只是茫茫宇宙中的一颗尘埃,人们开始丧失了原有的神学上的自信,在怀疑中逐渐步入混乱、无助的失乐园时代。道德重心崩溃在学术研究上的表现就是将道德价值和思想价值区分开来。在工具使用文化中,道德价值和思想价值是一体的,凡是不符合道德价值的思想是根本

---

① 〔美〕尼尔·波斯曼:《技术垄断》,第15页。
② 同上书,第14页。

无法进入到社会思想体系中的,是神学而不是技术赋予了人所作所为、所思所想的依据。波兹曼认为这或许就是达·芬奇将自己设计的但是却认为是危害了上帝权威的潜水艇设计图藏诸深山的原因。然而,随着技术变革的出现,原本一体的概念被分割为两个领域内的概念。这两个概念的区分便是技术统治论的基石之一。日后,这两个概念渐行渐远,最终发展为互不相干乃至尖锐对立的两个事物(如当今盛行的克隆技术,虽然违背了生态伦理,却在技术医疗领域获得了"科学"的通行证)。波兹曼对此表示反对。他在《技术垄断》一书的扉页上引用了保罗·古德曼在《新革新运动》一书中的观点"无论技术是否利用新近的科学研究,它总是道德哲学的分支,而不是科学的分支"[1],以表明他对当今技术侵犯和践踏人类道德伦理的强烈不满。波兹曼强调技术的发展应该符合道德哲学的要求,技术不是衡量文明进步的唯一指标。同样,自然科学和社会科学并不是天生割裂的,因为在工具使用文化中思想价值和道德价值是一体的。当今自然科学和社会科学的区分其实是技术统治文化及后继的技术垄断文化的典型产物。这是理解波兹曼科学主义批判思想的一个重要理论基点。

在工具使用文化中,技术是文化的有机组成部分,是与文化和谐共处并为文化服务的。在技术统治文化中,技术开始呈现出超越文化控制的趋势,但是强大的文化依旧占据着统治地位。在技术统治文化中,工具在思想世界里扮演着核心的角色:社会世界和符号象征世界都服从于工具发展的需要。

技术变革为技术向文化进攻创造了先期的物质条件,思想上的动因则来自"科学的功利主义观"的出现。波兹曼认为"科学的功利主义观"的首创者是弗朗西斯·培根。培根第一次清楚地发现并深入而系统地思考"科学"与"改善人类境遇"之间的关系,发现了"发明"和"进步"之间的关系,指出科学是力量和进步的源泉,其真正、合理和唯一的目的是"赋

---

[1] 〔美〕尼尔·波斯曼:《技术垄断》,扉页。

予人的生活以新的发明和财富"①,提出了"知识就是力量"的口号。培根把科学从九霄云外拉下来,削弱了神学的权威,由此直接推动了技术统治文化的出现。所以,波兹曼将"技术统治时代第一人"的称号赋予了培根。当然,一种意识形态的出现并不等于与之相对应的社会现实的出现。培根的这种意识形态要真正转化为现实,还必须等到机械化挂帅的这一刻,而这就是技术统治时代的开端。波兹曼认为技术统治文化滥觞于18世纪末瓦特蒸汽机的发明(1765)和亚当·斯密《国富论》(1776)的发表。在此之后,永远改变了西方世界物质环境和心理环境的实用能力和工艺技能被大量地释放出来,人们开始接受"人是经济的动物"这一观念。随之,工厂制度蓬勃兴起,熟练劳工被机器代替,社会开始悬挂起"客观""效率""专长""标准化""计量"和"进步"的机械化帅旗。

在技术统治文化中,存在着两种不同的世界观即技术世界观和传统世界观。这两者是在一种不安的紧张中共存,前者鄙夷后者并猛烈地攻击后者,而后者虽遭受到挑战却岿然不动,并且对前者的语言、非人性、分割线和异化倾向等进行严厉地批判。在这一时期,传统世界观依旧占据主导位置,并继续对人们的社会文化生活发挥着重要的指导作用。虽然技术的力量十分强大,人们已经切身感受到了科学技术带来的便利和进步,但是,他们中的绝大多数人依旧是从传统世界观而不是技术世界观中汲取生存的哲学依据,并以此作为自己思想行为的指导。正如波兹曼反复指出的,这两种不同世界观之间的斗争是一场严肃而深刻的意识形态对峙,是一场毫无硝烟但激烈异常的隐形战斗。这种在摩擦中紧张共存的局面从18世纪中后期一直延续到了20世纪初,直到一种新的文化类型(更准确地说是新的技术变革)的出现,才终止了这场对峙。结果便是技术彻底战胜了文化,将文化掳掠为自己的奴隶,整个社会在技术革命的推动下步入到技术垄断时代。

波兹曼将20世纪初的一场关于铁路货物运费的听证会作为技术垄

---

① 〔美〕尼尔·波斯曼:《技术垄断》,第19页。

断时代的起点。在这一社会事件中,人们对科学技术表现出了极大的崇拜和信任之情,相信只要采取科学的管理系统便可以解决每一个人的问题。由此,人们不再将传统哲学作为自己思想行为的指导,而是将科学管理和技术作为人类安身立命的根基。泰勒在《科学管理原理》(1911)一书中勾勒了技术垄断思想世界的种种预设,波兹曼将之归纳为以下几条:"即使效率并非人类劳动和思想的唯一目标,它至少是劳动和思想的首要目标;技术方面的精打细算总是胜过人的主观评判,在一切方面都是如此;实际上,人的评判并非稳妥可靠,因为它受到粗疏大意、晦涩不清和节外生枝的困扰;主观性是清晰思维的障碍;不能计量的东西要么并不存在,要么没有价值;公民的事务最好是由专家来指导或管理。"[①]简言之,任何技术都能够代替我们思考问题,这便是技术垄断论的基本原理之一。由此,技术垄断文化的大幕被徐徐拉开。由于受到生活地域的局限,写作《技术垄断》时的波兹曼乐观地认为当前只有美国进入了技术垄断时代。然而,就技术垄断文化在全球范围内的分布现状等问题,我们应该结合自身的观察和体会,进行思考,得出自己的结论。

李晓云在博士学位论文《尼尔·波兹曼的媒介生态学研究》(2007)中对波兹曼的新三分法的精确性提出了意见,指出"尼尔·波兹曼对技术发展三阶段的划分并没有明显的界限,尤其是对技术专业化[②]和技术垄断的区分。他对于技术垄断特征的描述并不能将这种区分明显化,反而使两个概念相互缠绕。作为技术垄断时期最显著代表的电视出现于技术专业化时期,而且从那时起就开始对社会生活产生了强有力的影响。或许技术的发展只有低级到高级,落后到先进的过程,对人类社会的影响或者控制是随着这一过程中人类不断扩张的欲望一步步加深的。但如果硬要把这一步步像数台阶一样明显地区分开来,就不免陷入机械主义的窠臼。当然,波兹曼的主要目的不是要对技术发展史进行明确的划分,而是

[①] 〔美〕尼尔·波斯曼:《技术垄断》,第30页。
[②] 翻译不同,意指"技术统治文化时期"。

希望通过这样一种追溯,更加深刻地向我们呈现技术垄断的媒介生态"①。波兹曼也认识到这一划分存在不足,他对此早有解释:"没有任何一种分类法和实际情况完全吻合,而且所谓工具使用文化尤其缺乏精确的定义。尽管如此,把工具使用文化和技术统治文化区别开来,仍然是可能的,而且是有益的。"②

　　对于人类文化类型及历史发展阶段的划分,一直存在着各不相同的却往往是并行不悖的划分方式。从不同的角度、抱着不同的目的、采用不同的标准对同一个社会发展历程是可以作出不同的划分,而且任何一种划分方式都不可能涵盖万千气象,只能紧紧围绕研究者关注的问题,对繁多复杂的社会现象有所舍取,以一个既定的标准对社会事物进行分析和划分。必须明确的是,波兹曼依循的划分标准是工具和信仰体系(意识形态)的关系,也正是在这一基础上,波兹曼才提出了工具使用文化、技术统治文化和技术垄断文化的划分类型。回顾本节开篇罗列的众多的划分方式,就研究而言,它们之中并不存在孰高孰低、正确与错误的区分,只存在是否符合社会发展规律和历史足迹、能否充分说明社会现象、能否有力地论证研究者的观点、能否在一定程度上和一定范围内对社会现象作出合理、可证的解释,并对未来具有指导性作用等。只要能满足这些要求,我们就可以认为这种划分方式是合理的和可接受的。社会科学研究并不同于自然科学,两者存在着本质上的区别,因而绝不能够用自然科学的那套标准对丰富多样、灵动多变的社会现象和人类精神进行评价和研究。然而,现在大多数研究者所犯的毛病是用自然科学的标准和研究方法处理社会文化等问题,这正是波兹曼大力批判的。

　　我们应该明白,一方面,技术与文化是彼此缠绕、鲜活互动的两个概念/事物,另一方面,技术本身也是一种文化现象。正如德国科技哲学家拉普(F. Rapp)指出的:"实际上,技术是复杂的现象,它既是自然力的作

---

① 李晓云:《尼尔·波兹曼的媒介生态学研究》,四川大学 2007 年博士学位论文,第 42 页。
② 〔美〕尼尔·波斯曼:《技术垄断》,第 15 页。

用,同时又是一种社会文化过程。"①在技术高度发达的当下,技术依旧是文化的一部分,只不过这种文化已经降格为技术垄断文化。在这种文化中,技术成功地逃离了文化的管控一跃而为文化的集权统治者。因此,在考察技术与文化的关系时,我们既要清醒地认识到技术对文化走向的影响,认识到技术与文化两者之间鲜活互动的关系,同时不要忽视作为文化一部分的技术,其本身就是社会文化发展过程的产物。应该说,波兹曼在探究技术与文化关系这一问题上,更多着眼于技术对文化的影响,而对技术是文化的一部分这一方面有所省略。当然,这是出于论证需要的缘故。波兹曼在前人思想的基础之上,通过对社会文化类型和发展阶段作出新的划分,炮轰技术垄断,警醒被技术进步冲昏头脑的人们,揭示技术垄断这条道路看似"宽广光明",实则危机四伏。

三、驱除技术迷思

"迷思"(Myth)的出现是有其心理根源的。罗素将迷思的起源归结为,当人在证据不足的情况下所听信的一切是其愿望的反映,而且这种愿望常常是无意识的愿望。每当人看到一个不称心的事实,便会百般苛察,拒不接受,除非证据确凿无疑。反之,如果某种说法提供了一个理由,令其可为所欲为,人便会欣然接受,哪怕只是捕风捉影之词。在传统信仰和价值失落的境遇中,当产生迷思的心理需求与技术迎面相遇,便成就了技术迷思的蔚为壮观以及这种迷思指导下的技术繁荣幻象。

早在技术垄断时代之前,人们就对技术抱有一种特殊的情感。在认识和改造世界的过程中,人们充分意识到技术的强大力量,认识到技术极大地推动了人类社会的进步。从某种程度上来说,人类社会的进步是建立在技术进步的基础之上的。不管是在工具使用时代还是在技术统治时代中,人们对于技术的认识大体上是理智而克制的,尽管偶尔会闪现出对技术的狂热和崇拜之情,但是人们清楚地知道应从传统且深厚的信仰哲

---

① 〔德〕F.拉普:《技术哲学导论》,刘武等译,辽宁科学技术出版社1986年版,第57页。

学而不是技术中汲取生活智慧的养分;清楚地知道技术不是万能的,技术仅仅是帮助人们改善生活和改造世界的一种工具;清楚地知道技术要服从文化的制约,技术的发展要符合文化的精神要义。因此,在这种文化中,人们是不可能将技术视为一种信仰并对之俯首称臣的。然而,在技术垄断文化中,整个局面为之一变。传统信仰和价值体系崩溃,道德重心瓦解,人们丧失了思想和行动的依据。失去信仰也不再信任自己的人们视技术为救命稻草,乐意将一切复杂的社会事物、难缠的生活琐事、尖锐而敏感的政治、经济、环境、医疗等问题都交托给"万能"的技术,希冀能从技术中寻找到解决问题的方法。于是,技术成为人们的新的思想主宰者和价值评定者。

技术垄断文化的一个重要特征是将技术神化。人们全身心地沉浸在无所不能的技术迷思之中,对他们而言,技术可以解决和代替一切。20世纪兴起的技术发明高潮对这一迷思无疑起着推波助澜的作用:"针对旧世界的每一种信念、习惯或传统,过去和现在都可以利用技术手段来替代。祷告可以用青霉素替代;认祖归宗可以用迁移搬家替代;阅读可以用看电视替代;受约束的困境可以用立竿见影的满足替代;罪孽感可以用心理治疗替代;政治意识形态可以用受欢迎的魅力替代,科学的民意测验就可以确立这样的魅力。甚至弗洛伊德所谓痛苦的死亡之谜也可以找到技术来替代。死亡之谜可以靠延年益寿来推迟,也许还可以用冷冻技术来求得终极的解决办法。"[①]于是,技术不仅成为一种神话,而且成为唯一的神话。在这里,"神话"不仅是指融入人们日常生活而不为人们所知的思维方式,更多地是指一种神化行为和信仰状态。在技术垄断文化中,人们对技术抱以执著的信任,不仅对其真实性、可靠性不予质疑,而且还夸大技术的功用,将技术视为可以解决一切问题的灵丹妙药。

技术神化在电视商业广告中得到了鲜活且极致的体现。在《童年的消逝》和《娱乐至死》两本书中,波兹曼从"电视媒介对人类思维方式、社

---

① 〔美〕尼尔·波斯曼:《技术垄断》,第31页。

会智力和文化气质的影响"入手,对电视商业广告及其营造的技术幻象进行了批判。波兹曼指出商业广告发展史上的一个重要变革是广告从内容到形式上的质的改变,即从典型的印刷文化产物变为电子文化的重要代表。商业广告最初以理性为诉求、以线性文字为媒介符号、以冷静客观的说明文为表达形式,广告面对的是资本主义建构起来的理性自律的个体。但是在电子媒介和图像媒介的双重冲击下,商业广告彻底丧失了印刷文化的特征,并迅速地走向了反面,投入到电子文化的怀抱中。电子文化时代的广告主角不再是理性,更不是所谓的商品实体,而只是具有神奇力量的技术以及由此而创造的狂喜幻象。广告的对象也不再是以理性为标志的纯粹的资本主义商业人,而是被感性冲动所俘虏的消费者,即宗教人和商业人的融合体。

波兹曼选取了一则电视商业广告,对其叙事结构及意识形态进行了分析。波兹曼指出,几乎所有的电视商业广告都是简洁明快的,其理想时长在15秒到20秒之间,因为60秒的广告已属冗长,而30秒的广告还是略显繁琐。就叙事结构而言,它们采用的都是最为简单的"三分法"的传统叙事结构即"开头""中间"和"结尾"。例如,在"衣领上的汗圈"电视广告中,事情的起因是幸福融洽的一对夫妇被服务生(第三个人/他者)发现了令人"羞耻"的衣领汗渍,犹如上帝般审视世间万物的"第三个人/他者"表示了强烈的鄙夷并对此"罪恶"进行大肆宣扬。幸福的旋律戛然而止。丈夫恼羞不已,妻子则懊恼自责。这是开头部分,即"问题"的出现。妻子使用一种洗洁剂,能够将衣领污渍去除的一干二净。于是,夫妻感情得到修补,和好如初甚至更甚以往。这是中间部分,即技术使问题得到了彻底解决。最后,这对夫妇重新出现在当初受磨难的地方,但是,他们不再受到服务员的鄙夷和嘲讽,相反,人们纷纷向他们投来羡慕和赞许的目光。夫妇二人重新回到了快乐幸福的天堂。这是结尾部分,即对技术采用后的效果进行道德注释和情感展示。在短短的十几秒时间里,广告给我们展现出了一个完整且典型的关于技术的道德宗教寓言,主角只有一个,那就是技术。在《如何看电视新闻》(1992)中,波兹曼和斯蒂夫·鲍威尔斯（Steve Powers）指出广告通过寓言从心理和社会两方面对我们的生活进行指挥。这些寓言形象地将人们的不满足展现出来，并告诉消费者可以通过某种特定的产品（技术）、行为（使用技术）或信仰（对技术的崇拜）来弥补缺憾，获得满足。对于电视商业广告所呈现出来的技术寓言，波兹曼描述为"采用宗教寓言的形式，以一个清楚表达的神学思想为中心。像一切宗教寓言一样，它们提出罪恶的概念，暗示赎罪的方式，然后预示天堂显圣的远景。它们也暗示邪恶的根源和虔诚的信徒应尽的义务"[①]。这一寓言式结构可以完美地套用在当下绝大多数的电视商业广告上。波兹曼对电视商业广告的剖析，帮助我们透过缤纷多彩的广告画面发现广告所传达的千篇一律的意识形态，即对技术神话的认可和拥护。

　　电视商业广告不仅制造出对技术神化的认同，而且，和任何一个信仰体系一样，它也指出了"罪恶"产生的根源，即一切问题的出现都是由"技术无知"造成的。"技术无知"的含义非常广泛，从对洗涤剂、药品、卫生巾、汽车、药膏和食品的无知，到对技术性机构如储蓄银行、交通系统和电子商务网站的无知。这些"技术无知"是造成现实生活中不幸福、羞辱和不和谐的主要根源。电视商业广告的叙事也往往是由"技术无知"引发的突然袭击开篇的。面对这种突然袭击，人们以软弱无力、惭愧羞耻的弱者形象出现。幸福美好的局面被打破，受到"损害"的人们唯一能求助的只有技术，因为技术垄断文化的理念是：只有最新、最权威、最专业的技术及其衍生产品才可以救助人们逃离窘迫无助的困境，重回快乐幸福的天堂。当新技术帮助人们走出"困境"时，人们总是呈现出一种充满幸福感的"狂喜"。这种"狂喜"实际上是宗教用语，是宗教文献中屡见不鲜的描绘对象。在宗教神学中，人们往往在深思、顿悟或经历了神奇的境遇之后因获知神秘的真理而体会到了狂喜的感受。而在电视商业广告中，人们因为发现和使用了某种技术及其衍生产品之后猛然聆听到了上帝的箴

[①] 〔美〕尼尔·波兹曼：《童年的消逝》，第154页。

言,进入到狂喜状态。波兹曼指出哪里有狂喜哪里就是天堂,天堂是人们的灵魂和上帝结合在一起的地方。毫无疑问,在技术垄断文化中,通过电视商业广告的形象展示,上帝的形象清晰可见,唯技术耳。于是,电视商业广告以浓缩的方式鲜活地揭示出这个事实:在技术垄断文化中,人被彻底弱化为一个面对技术集权主义统治而毫无抵抗能力的被动者,被贬为一个毫无自我思想和理性判断、将技术作为唯一信仰的技术奴隶。

从心理学角度看,技术在电视商业广告中发挥了一种瞬间疗法的作用。技术上帝和蔼可亲地告诉电视观众,只要你立即行动,就可以获得奖励,改变令人不满足的现实,即所有的问题都可以借助工艺、技巧和化学得到快速的解决。由此,我们可以将技术垄断文化的心理原理简化归结如下:所有的问题(包括政治经济文化环保等社会问题)都可以通过技术的进步得到解决,目前的问题仅仅是现阶段技术发展的不完善所造成的,现代技术的负面效应也会随着技术进步自然得到解决。从哲学角度上来说,这是未来主义思潮中技术乐观主义的心理基础。技术乐观主义形成于科学技术迅猛发展的19世纪,它的主要特征是把技术理想化、绝对化或神圣化,视技术进步为社会发展的决定因素和根本动力,它的实质是技术崇拜或技术救世主义。技术乐观主义源远流长。早在古希腊时期,亚里士多德就确信技术会使人类生活变得更加优美,而被波兹曼誉为技术统治文化第一人的培根则响亮地向世人喊出了"知识就是力量"的普世口号。18世纪60年代爆发的产业革命彰显了科学技术在社会经济发展中的重要作用。因而,技术乐观主义者相信,技术具有救世功能,可以解决大多数的社会问题,他们甚至提出了"科技可以治国"的口号。20世纪以来,一些哲学家和社会学家继承并发扬了这种乐观主义,如德国技术哲学家卡普在《技术哲学纲要》中认为技术是人类自我拯救的手段,是人类器官和骨骼向大自然的延伸、外化及投影;美国未来学家赫尔曼·卡恩(Herman Kahn)[①]宣称人类目前遇到的全球性生态问题根本不足为虑,因

[①] 赫尔曼·卡恩,美国物理学家、数学家、未来学家,乐观主义未来学派的代表。

为海洋、地层和外层空间蕴藏着巨大的开发潜力,人类完全可以凭借更先进的技术与更完善的工艺对已开发的资源和能源进行再加工和再利用。只要掌握技术这一法宝,自然因素的制约不足以阻碍社会的发展。[①] 与此类似的还有20世纪20年代出现的科技决定论(科技统治论)。这一理论宣称:科技是现代社会发展的决定性力量,不断发展的科学技术可以消除社会差别,解决现有的一切社会制度中存在的弊病;科技专家应该主宰和掌握人类的命运,成为社会的统治者;科技是一种专门的结构和力量,具有自主性和独立性,这是它能够成为决定其他一切力量的根本原因,等等。很明显,这一理论是对技术迷思的极端阐述。

在各种技术迷思中,我们要重点讨论一下媒介/信息技术迷思。

媒介技术是波兹曼重点关注的对象。波兹曼采用了法国文学批评家罗兰·巴尔特的"神话"定义,指出媒介本身已经成为一种神话,成为不可置疑的对象,被视为社会和自然世界中自古存在的一部分。虽然,波兹曼没有着重从"媒介迷思"的角度进行详细阐述,但是,波兹曼对媒介技术展开的持续拷问,已经鲜明地表达出波兹曼对媒介迷思的不满。

波兹曼面对的是整个社会文化长久以来、普遍地对媒介技术的神化。这种神化在电子社会中尤为突出。电子革命论者认为电子技术是人类的伟大施主,是社会变革的动力,是重建人道主义社会的关键和回归乐园的途径。他们将政治体制的完善、社会文化的进步和生命的复兴寄希望于新技术尤其是媒介技术,相信新技术将克服那些曾经妨碍实现理性乌托邦的历史力量和政治障碍。这样的例子在技术发展文化史中并不少见。例如,20世纪70年代,人们认为有线电视技术"在把人们联合起来方面具有其他技术所无法比拟的潜力。它将带来无处不在的双向沟通,并有可能开创出一个由电子民主控制的连线社会。一个多重传播渠道的世界将使社区复兴,使学校教育更加丰富,使贫困终结,消除对银行和商场等

[①] 吴康:《技术悲观主义与技术乐观主义评析及其借鉴意义》,《科技创新导报》2008年第22期。

事物的需要,并减少对汽车的依赖……简而言之,有线电视将彻底改变世界"①。再如,托夫勒在《第三次浪潮》(1980)一书中对人类社会的第三次浪潮即信息化浪潮寄予厚望,认为这将改变资本主义的命运,解决经济停滞、通货膨胀、失业上升等由资本主义制度带来的一切危机。换言之,信息技术可以救资本主义的命。与此类似,约翰·奈斯比特根据社会信息化的程度将人类社会的发展划分为农业社会、工业社会和信息社会三个阶段,认为资本主义和社会主义两种社会制度之间的差距将在信息社会的基础上得到弥合。在《超限战》一书中,作者大力宣扬现代信息技术的神奇能力,将之称为技术史上最重要的一场革命:"信息技术的出现,为各种新旧技术以及高新技术间的匹配使用,提供了无限的可能性。无数事实证明,技术的综合运用甚至比技术的发明更能推动社会的前进。"②

当今,最鼎盛的迷思对象是计算机和互联网。互联网不仅使人们得到前所未有的丰富资讯,而且还赋予人们信息发布的主动权。简言之,互联网对所有人群敞开了机会之门,只要你拥有一台连上互联网的计算机,你就拥有了整个世界。人们纷纷将计算机和互联网视为实现民主政治自由的重要推动力和承载者,一厢情愿地认为信息时代使每一个个体都具有极大丰富的权力。在这一迷思中,传统政治的定义和特征、对稀有权力资源的争夺都被彻底消除了。曾经的那些关于电报、电力、电话和广播等技术的预言,如今都被加于计算机和互联网之上:"电脑传播的力量将使得我们经历人类经验中划时代的转变,这种转变将超越时间(历史的终结)、空间(地理的终结)和权力(政治的终结)。"③于是,继"电力神话""有线电视将改变整个世界"之后,"计算机改变世界""互联网搜索引擎将改变世界"甚至"微博神话"等类似话语也层出不穷。对此,加拿大学者文森特·莫斯可一针见血地指出:"这听起来是不是很耳熟?令人惊讶

---

① 〔加〕文森特·莫斯可:《数字化崇拜》,黄典林译,北京大学出版社2010年版,第1—2页。
② 乔良、王湘穗:《超限战》,中国社会出版社2005年版,第4—5页。
③ 〔加〕文森特·莫斯可:《数字化崇拜》,第2页。

的是,多年来有关新技术的各种预言的变化竟是如此之小。"① 人们在满怀希望地开启了电报时代、电力时代、电话时代、广播时代、电视时代之后,又将诸种没有实现的种种希冀赋予计算机和互联网技术,兴高采烈地展望和赞扬我们身处其中的互联网时代或信息时代。文森特·莫斯可切中肯綮地批评道:"那种被广为接受的认为电脑传播正在终结历史、地理和政治的信念,其实一点都不新鲜。更早的新技术同样从根本上改变了时间、空间和政治。这不仅表明我们对电脑传播的反应毫无新奇之处,而且也证明了我们明显的、近乎固执的历史健忘症。一代又一代,人们不断重复着同样的信念:无论他们曾经如何看待先前的技术,最新的这一个都将使得根本性的、革命性的诺言成为现实。"②

在技术垄断文化中,人们总想用技术手段去解决一切问题(包括深层次的哲学问题)。然而,一种新技术的出现及运用在解决现存问题的同时,往往会带来新的问题,制造出更深层的矛盾。对于这些新出现的矛盾,技术垄断文化的措施是寻求更新的技术去解决。于是,整个社会文化不禁陷入了一个怪圈:用技术解决问题,用新技术解决新问题,用最新的技术解决最新的问题。这有些类似于为掩饰一个错误而再犯十个错误一样,如人们发明了汽车以解决代步问题,但由此而引发的一长串问题如采矿冶炼、机械加工、石油开采、橡胶提炼、道路修筑等又需要同样一长串的技术手段去解决,结果又导致了污染环境、破坏资源、挤占耕地、交通事故等更多更棘手的问题出现。到头来,以车代步的原始目的与这些派生的问题相比,倒似乎显得无足轻重了。人们在这种文化怪圈中不断地追逐最新的技术,却忘记了自己的初始目的。对此,有人提出了技术的"枝杈效应"③即技术的无理性膨胀,人们把一个个初始目标遗失在枝杈横生的技术之树上而迷途忘返。面对技术,人们沉迷其中而渐入歧途。然而,身处技术垄断文化之中的大部分人并不明白,这种单纯依赖技术解决问题

---

① 〔加〕文森特·莫斯可:《数字化崇拜》,第 2 页。
② 同上书,第 8 页。
③ 乔良、王湘穗:《超限战》,第 4 页。

的方式本身已经成了产生问题的最重要原因。

技术具有欺骗性。当我们热切地谈论技术展示的美好蓝图时，我们往往忽视了技术隐藏的另外一面。以 Google 搜索引擎为例，它自诞生以来一向以公平客观的排名结果、准确的内容、自然的统计对比、强大的搜索能力、最有关的搜寻结果以及干净简洁的页面等赢得了全世界网民跨越民族感情的拥戴。人们纷纷赋予它各种美妙而激动人心的历史性意义，如有人认为 Google 是我们时代的伟大传奇，并预想如果将全人类的所有信息都按 Google 模式汇集在一起，人们只要轻点鼠标，刹那间（甚至半秒都不到），人类既往的全部智慧结晶都陈列在眼前，而且这个获取过程是如此的轻而易举，它对所有人群敞开了机会之门。[①] 真实情况又是如何呢？在《网民的狂欢》中，作者揭露了 Google 的运算规则："对于一条信息的搜索结果，其排序是由以前网民对这些结果的浏览次数决定的，并不以真实性和可靠性作为参照，唯一的决定因素是网民对一条信息的访问次数。这样网民的访问总量重新塑造了人类知识——政治、时事、文学和科学等。搜索引擎记录着以前搜索的次数和请求，它向我们展现了什么是群众的智慧。"[②]而 Google 所谓的"客观公正"更是不堪一击，因为人们同样可以利用技术轻易地操纵和破坏谷歌的搜索引擎，使之成为改变民意的手段。例如，"'谷歌轰炸'是指将不同的网页与某网站链接起来，从而使该网站在谷歌的搜索结果中始终处于前列。所以，任何懂点相关技术的人都可以利用民主化网络的这一漏洞达到自己的目的。"[③]然而，我们大多数人对此却并不知情。

面对技术的狂热拥护者们，我们可以将波兹曼的"技术代价论"[④]送给他们作为降温良药。波兹曼在《我们需要知道的关于技术变革的五个

[①] 许知远：《我们的时代：思想被信息旋晕》，《中国图书商报》2006 年 3 月 17 日。
[②] 〔美〕安德鲁·基恩：《网民的狂欢：关于互联网弊端的反思》，丁德良译，南海出版公司 2010 年版，第 88 页。
[③] 同上。
[④] 林文刚在《论传通教育课程内的传播科技：一个浮士德的交易？》中将波兹曼的这一思想概括为"技术的代价论"。

问题》中,指出所有的技术变革都是浮士德的交易,文化要为任何一种技术的出现付出代价。因为,技术在给予我们一些东西的同时,必然会从我们这里夺走一些东西。然而,很多人对这一点毫无所知,单纯地相信新技术是纯粹的祝福。人们对技术抱有的幻想越大,对技术越是盲目地拥抱而不采取警惕审视的态度,那么技术给社会文化造成的损失也就越大。例如,汽车在带来便利的同时,使我们失去了新鲜洁净的空气,使我们的城市呼吸困难,使我们美丽的自然风景贬值;又如,医疗技术的不断进步,一方面带来了神奇的治疗方式,同时却导致了某些疾病和残疾。医生诊断技能也因为依赖医疗设备而呈现出不断降低的趋势;再如,极大促进了智力发展和提供了社会福利的印刷术,在产生了散文的同时,却导致了诗歌的没落。它在带给我们推理科学的同时,却导致了人们对宗教的敏锐性感受退化为胡思乱想的迷信。印刷术产生了现代的国家观念,但是在这过程中却将爱国主义转变为一种如果不是致命的也是肮脏的情感。我们甚至可以说以本国语言印刷圣经,导致了人们将上帝视为英国人、德国人或法国人,即印刷术将上帝限定在一个地区当权者的尺度之内。① 随着互联网的普及,当人们享受网络上唾手可得的海量的免费信息时,不要忘记了"免费的信息并不意味着我们可以不劳而获,最终,我们将为甄别和使用这些信息付出最昂贵的代价——时间"②。诺贝尔经济学奖得主赫伯特·西蒙在1972年就曾断言,信息是需要耗费注意力的,信息的洪流带来的可能是注意力贫乏的浪潮。③ 林文刚指出弗洛伊德早在《文明及其不满》(1930)一书中就提出了一个类似观点:科技本来就是一种负载代价的交易。④ 同样,代价论在德国作家弗兰克·施尔玛赫的著作《网

---

① Neil Postman, "Five Things We Need to Know About Technological Change," Address to New Tech '98 Conference, March 27, 1998.
② 〔美〕安德鲁·基恩:《网民的狂欢:关于互联网弊端的反思》,丁德良译,南海出版公司2010年版,第44页。
③ 〔德〕弗兰克·施尔玛赫:《网络至死》,邱袁炜译,龙门书局2011年版,第18页。
④ 〔美〕林文刚:《论传通教育课程内的传播科技:一个浮士德的交易?》,《新闻学研究》1999年第58期,第269—283页。

络至死》中也得到了显现。施尔玛赫洞悉人类正被自己顶礼膜拜的信息技术逐渐异化，批评互联网及其导致的信息过载造成了人们的注意力极易分散、记忆力严重退化、想象力和创造力被极度扼杀。他认为，当我们尽情享受互联网带来的便利时，往往意识不到我们付出的代价是什么。互联网高举免费的大旗，但是天下永远没有免费的午餐，我们为免费付出的代价是丧失自制和理性。由此，他将该书英文版命名为"Payback"（意即"偿还"）。很明显，他们所说的"代价"并不仅仅是指金钱，而是指我们要为科技付出的社会、政治、心理、文化以及个人伦理上的代价。波兹曼认为无论什么时候，尤其是在当今的技术垄断文化中，"一项新技术会废除什么？"是比"一项新技术可以做什么？"更为重要和紧迫的问题，因为人们往往只关注后者而无视前者。波兹曼甚至指出如果一个人连字母表、机械时钟、印刷机和电报对人类社会和精神产生的影响都一无所知的话，那么他就不具有谈论任何新信息技术的权力和资格。可见，波兹曼并不是反对新技术，更不是反对技术变革，而是告诫我们要对社会文化为技术变革付出的代价有所了解。

关于如何正确认识技术，波兹曼还提出了另外四个问题：第一，一个新技术的优势和劣势从来没有平均分配给每一个人，我们要问谁从新技术发展中获益？什么群体、什么类型的人和什么种类的工业受益？什么群体因此而受到损害？第二，每一个技术都有自己的偏向。我们看不见这些思想是因为它们是抽象的，但这并不意味着它们就不会产生实际后果。第三，技术变革不是附加性的，而是环境性的。第四，媒介往往成为一种神话，它被视为自然秩序的一部分，因此会控制我们的生活。[①] 当今的问题在于人们只看到了技术的好处，而对技术的阴暗面一无所知。波兹曼坚定地表示，如果说一定要犯错误的话，那么与其和盲目的技术爱慕者同伍，不如成为虽然偏执一端但依旧严肃而深刻的技术悲观主义者，起码这样能够将技术对社会文化的负面影响降至最低。

---

① Neil Postman, "Five Things We Need to Know About Technological Change".

对于技术，我们应该回忆起使用技术的初始目的，谨记技术本身不是目的，只是手段。我们要清楚不同技术的媒介特性及其意识形态偏向，要知道技术在给我们带来什么的时候，更要清楚它从我们手中夺走了什么。我们要学会如何有智慧地使用技术，而不是成为技术的奴隶。对于波兹曼提出的问题，我们应认真思考，因为这是每一个关心文化稳定和平衡的人应该知道的内容，它可以帮助我们更好地思考技术对社会文化生活产生的深远影响。

第二节　信　息　批　判

在对信息的批判中，波兹曼首要批判的是一种信息观念即信息越多越好，信息可以带来更多的自由、平等、民主以及创造性和幸福。这种对信息的渴求，在我们对无线电和互联网等技术的各种乐观预言中得到了充分体现。然而，在这种信息观念的指导之下，人们往往关注的是如何增加自己获取信息的数量和速度，却不关注如何减少无用信息的骚扰以及如何搜寻和筛选有用信息。这一观念在教育领域的典型表现即越来越多的学校热衷于将计算机和互联网引入教室而放弃了应有的对媒介及其信息的批判性思考，学生只知道毫无批判地吸收海量信息，却不知道如何筛选和甄别信息。在电子媒介制造的海量信息面前，原本可以帮助人们筛选信息的信息控制机制（如学校、家庭、政党、国家、宗教）骤然失效。电子媒介产生的信息狂欢的幻象，实则是令人绝望的信息汪洋。于是，人们将技术视为唯一的救命稻草。然而，过度依赖技术来控制信息直接导致了技术垄断，进一步加剧了信息泛滥。

一、电子媒介与伪语境

电报和摄影术的出现对语境而言是致命打击。电子媒介出现后，几千年来从口语到印刷机所营造出来的语境轰然坍塌。在谈到电子时代的各类社会问题时，波兹曼认为重要的原因之一在于"少了将资讯放入情境,给予资讯一个知识论的构架"①,即缺少语境。传统语境的丧失,直接导致了无语境信息在毫无制约的情况下,肆意泛滥,甚至成为一种信息垃圾。

语境,是指表达思想的语言环境,包括说话者/听话者的时间、地点和相关的知识等因素。一般而言,狭义的语境是指书面语言的上下文或口头语言的前言后语。广义的语境是指表达思想时的特定场合和社会环境。由于话语的使用和理解都要依赖一定的前提,相同的话语在不同的语言环境中有不同的含义。人们在传播活动中要参考语境来消除歧义,明晰话语含义。如果离开语境,不仅传播者不能确切地表达思想,而且接收者也无法准确地理解传播者的意思。因此,语境在理解话语含义中起了非常关键的作用。无论是在口语文化还是在印刷文化中,语境都是人们进行表情达意、传递讯息等各种传播活动的基础。在口语文化中,人们面对面的对话为传受双方设定了具体可见的语境,脱离了这种在场的语境,讯息往往得不到有效的传播。在印刷文化中,铅字的线性、逻辑性特点将语境放在了极为突显的位置上。人们在阅读过程中,必须要开启智力,积极运用综合分析、归纳演绎等逻辑思维活动,不断回想、连续并概括上下文以形成整体印象,掌握作者的论述方法和风格,探析这种论述的优点和缺陷,分析在这种特定的语境中作者的真实意图,察觉作者所极力营造的谎言和假象,最终得出自己的论点。因此,在印刷文化中,语境是人们进行传播活动不可或缺的重要因素,是决定讯息能否得到顺利、准确地传播的关键。

在电报出现之前,讯息的传播速度是与运输工具的物理运动速度同步的。无论是依靠人的两只脚、信鸽、烽火,还是马匹、火车等,讯息都无法脱离运输工具的物理运动速度而独立存在。就英文"communication"(传播)而言,其含义在电子媒介出现之前历来是和"transportation"(运输)同义的。一方面,前电子时代的传播活动因为受到运输工具物理运动

---

① 〔美〕尼尔·波斯曼:《通往未来的过去》,第101页。

的严格限制而不能实现讯息跨越时空的传播,影响了人们传递和接收讯息的时空范围。另一方面,正是由于受到这一限制,人们接收和传递的讯息都被限定在特定的时空范围内。传播者在传递讯息时要认真考虑和确定讯息的接收群体、覆盖地域和接收时间,以进行更有针对性的传播活动。同样,受传者在接收时可以明确地知道讯息的来源地和发布者,可以探究传播的途径和传播者的意图,更可以追溯到承载在这条讯息之中的其他信息,以帮助自己更好地理解字面信息及其言外之意并有效地加以利用。因此,这种受到限制的讯息实际上保证了完整语境的存在。而且,这种来之不易的传播活动使得人们越发对所传递或接收的讯息及其载体抱有一种严肃而认真的态度,如中国的前现代时期流传的敬惜字纸的思想/习俗。

然而,电子技术的出现,彻底改变了上述的种种状况。在电磁技术革命基础上发展起来的有线通信和无线通信,不但改变/推进了人类的交往方式,而且建构起了跨地区跨国度的、快速向远距离传输信息的信息网络,把人们获取信息的总量和速度迅速提升到一个前所未有的新水平。电报终结了讯息与运输工具的统一性,通过电子瞬间远距离运动的特性,使符号不仅能够独立于物理的、有形的传统运输工具进行传播,而且使讯息传递具有瞬间跨越时空的神奇功能。电报的出现,彻底改变了人们对传播的观念,使"传播"一词获得了独立于"运输"的含义,而且对整个社会文明、经济生产都产生了重要的影响。詹姆斯·凯瑞在《作为文化的传播》中指出电报"第一次使传播从运输中有效地分离出来……当电报早于横跨大陆的铁路干线八年达到西海岸时,传播与运输这两个概念的同一性,无论在事实上还是在符号上都已不复存在……电报不仅改变了传播与运输之间的关系,它同时改变了人们想到传播一词时的基本思维方式。它提供了一种思考传播的模式……在这个意义上,电报不仅是一种新的商业工具,同时也是一个用于思考的东西,一种转变思想的工具"[①]。

[①] 〔美〕詹姆斯·W.凯瑞:《作为文化的传播》,第162页。

电报开电子媒介先河,它承载的是简短扼要、前后无相关说明文字的讯息片段,口语文化中的前言后语、印刷文化中的逻辑转折和递进铺垫等因素都无法在电报话语中得到体现。于是,传统的语境被驱逐出电报话语体系,迅速降格为冗余。电报看似以传递简明扼要的重要信息为旨归,然而,却是使讯息脱离原有的语境而大行其道。在电报话语中,来源不明、对象不明、突如其来的讯息是合法、合理的,其内容是直接明了、浅显易懂、言简意赅的。因此,电报创造了一种新的话语定义,建构出一种话语认识的新维度,人们开始将无语境的话语视为一种可接受的正常态话语。

摄影术的适时出现推动了图像革命的迅速到来,它以图像的方式进一步巩固了无语境话语的存在。照片与文字分属两个不同的系统,如果说文字不能脱离语法而独立存在的话,那么照片根本不需要语法,"所有的界限……似乎都是随意的。一切都可以和其他东西分离、割断:重要的是要以不同的方式来表现主题"[1]。无论何时何地对任何事物拍摄的照片,都可以作为一个独立的对象。因此,对照片而言,并不存在脱离语境的这种指责,因为它根本不需要语境。不同于书籍对讯息进行深度地整合梳理,照片与电报仅仅是把众多没有逻辑、彼此无关的纷杂事物堆积在一起,进行的是收纳、堆积、拼贴讯息的工作。因此,照片与电报是以一种缺乏完整性和连贯性的片段记录的方式,把世界再现为一系列支离破碎的事件,而且这些事件都是以直观简洁的方式、以最快的速度出现在人们的面前,人们不需要大费周章地前后探寻、上下求索便可以获得。

不仅如此,照片一般不会单独存在,它往往与文字互为说明和补充。因此,照片就与片段式、点滴式的新闻(讯息)建立起了一种密切关系,两者相互为对方提供一种表面上的假想语境。图像和文字的完美结合似乎营造出一种具有前因后果的语境,但是这种语境却是与实际生活毫无关联的,是独立存在的而且不具有任何指导意义的。这就是波兹曼所说的

---

[1] Susan Sontag, *On Photography*, New York: Farrar, Straus and Giroux, 1977, p.20. 转引自《娱乐至死》,第98页。

"伪语境"。波兹曼受到布尔斯廷"伪事件"思想的启发,创造了"伪语境"一词,指出"伪语境"是为了传递和消费信息而凭空创造出来的一种语境。"伪语境"给人们营造出了一种幻象,提供了一种虚假的理由让人们不仅坦然接受而且还饱含热情地去追逐信息,它丝毫不关心人们通过此信息可以采取什么行动。这实际上将信息—行动比的数值降低为零,完全废除了人们在实际生活中进行有意义行动的能力。波兹曼认为"伪语境"的功效是让人们消费资讯而不是使用资讯,是为了消费信息去制造问题而不是为了解决问题去搜寻信息。在各类型媒介中,电视媒介成为展现"伪语境"的最佳舞台。比如,2008年具有极高人气的益智博彩类电视节目《以一敌百》便是一个极佳的例证,人们通过回答出种种生冷偏僻的问题(如:帝企鹅在生蛋之后由谁来孵蛋?按照俄罗斯的传统婚俗,相亲时如果男方相中对方,应该把姑娘母亲端来的什么一饮而尽?)来获得一种参与的快乐和金钱的回报,而这些问题与人们的实际生活具有多大的关联则无人关心。《以一敌百》营造出了一种暂时的虚幻语境,让这些脱离生活、毫无关联的信息获得一种表面的用处,确切地说,是获得一种娱乐的价值,无论是参与者还是观看者都沉浸在这种转瞬即逝的脆弱的快乐之中。在这里,娱乐是"伪语境"的唯一目的。

与"伪语境"相伴随的是"伪事件"。布尔斯廷在《图像》一书中将"伪事件"定义为蓄意安排用于被报道的事件,如记者招待会等。各类媒介都可以成为"伪事件"的传播载体,而电视是最积极、也是最有成效的伪事件制造者。通过声画结合的传播手段,"伪事件"在电视媒介这里得到了更为淋漓尽致地展示。在琳琅满目的电视节目(尤其是娱乐节目)中,被制造出来的伪事件数不胜数,如以《开心辞典》为代表的益智类娱乐节目、以《我是冠军》为代表的野外生存真人秀、以《非诚勿扰》为代表的婚恋交友真人秀、以《超级女声》《中国好声音》为代表的选秀节目、以《舞动奇迹》《中国星跳跃》为代表的明星节目秀、以《魔鬼训练营》为代表的减肥真人秀等,不胜枚举。为了使自身获得传递讯息的合法性和合理性,为了争取本节目的生存和发展空间,它们必须依托一个主题,绞尽脑汁地制造出一个又一个的事件,营造出一种似乎真实的语境(即伪语境),达到吸引观众和广告的最终目的。"伪事件"营造出的语境是一种无门槛或者说是门槛极低的语境。任何不相关的人,不分学历学识、不分男女老少、不分职业背景等,都可以不问历史地、随时地、轻松地参与其中,兴致勃勃地围坐观看,犹如迎接一场盛大的节日一般。在"伪事件"创造的伪语境中,围坐在电视旁的人们,以娱乐为图腾,真正实现了天涯共此时的美好愿景。

二、信息与信息机器

信息泛滥滥觞于电报。作为电子媒介鼻祖的电报,它的突出特征之一是取消了传统语境的在场,成功地实现了信息与语境的剥离。这种剥离导致的最直接的后果是信息泛滥。随后,电视的推波助澜直接使信息泛滥成为一种常态,人们对此安之若素。

信息论的创始人香农在《传播的数学理论》中认为信息是有秩序的量度,是人们对事物了解的不确定性的消除或减少,即信息是能够用来消除不确定性的东西[①]。换言之,"信息"对人们的实际生活而言是具有实际作用的,是可以帮助人们作出判断、采取行动的。在电子时代之前,凡是不被视为有用的消息是不会进入到大众流通领域的,或者说,这些毫无用处的消息不会在社会上得到广泛的传播。比如,美国早期报纸刊登的新闻都是与人们密切相关的本地新闻,是当地居民熟悉的人物和地方所发生的事情。而电报的出现彻底改变了信息的传统定义。电报在实现讯息一日千里、将时空的限制消灭于无形的同时,也使得人们可以接收到相隔万里、毫不相干的外界事务的消息,即缺乏语境的信息。这些原本不被视为"信息"的消息进入到人们的视野中,并作为商品进行流通和被消费。于是,人们被暴露在众多的与己无关的信息面前。不仅如此,电报还重新定义了"信息"的价值,即"信息"的价值不再取决于它在社会文化生

---

① Claude E. Shanon, "A Mathematical Theory of Communication," *Bell System Technical Journal*, Vol. 27, 1948, pp. 379—423.

活中的作用,而取决于它是否新奇有趣。电报、摄影将一切没有关联的事物杂乱无章地推搡到人们面前,后继的电视将这一特质发扬光大,语境的缺席由此成为一种社会常态。然而,没有语境的制约,信息犹如冲出魔瓶的精灵。于是,到处都是信息,令人眼花缭乱的信息。反讽的是,身处信息海洋的人们却找不到有实际指导作用的信息,正如柯勒律治的"到处是水却没有一滴水可以喝"的著名诗句一样,信息已经远离了人们的实际需求,远离了社会生活,完全丧失了可以赖以存在的社会环境和精神环境。怀特海将这类信息称为"惰性"信息,而波兹曼认为该说法过于消极,没有切中这类信息所隐藏的严重后果即"走投无路的信息是危险的,没有理论指导的信息是危险的,没有妥当模式的信息也是危险的,没有高于其服务功能宗旨的信息同样是危险的……不受调控的信息能够置人于死地"[①]。

斯各特·拉什在《信息批判》中探讨了不同文化时期(电子文化时期和前电子文化时期)媒介内容的本质差异,认为"以前媒介内容是叙事的或抒情的而且确实具有某种'深义',它实际上不是讯息(message),直到新的大众媒介出现以后内容才变成了讯息,变成了信息(information)"[②],并发出疑问:"如今的讯息是信息的位元组或比特。问题是这种新内容是否也能像史诗或小说曾经做到的那样产生出存在的意义?"[③]很明显,拉什对当下"信息"的质疑与波兹曼的忧虑是殊途同归的,正中电子文化时代信息本质的要害。

仅就信息泛滥而言,电视的出现,是一个分水岭。虽然电报、摄影和电视一样,承载的都是片段式、信息—行动比失衡的信息,这是一种没有关联、没有语境、没有历史、没有任何意义的信息,它们用趣味替代复杂而连贯的思想、用图像和瞬息时刻来表达内容。然而,在电视出现之前,受媒介特性、适用范围、准入门槛、受众人群等因素限制,它们生产出的信息

[①] 〔美〕尼尔·波斯曼:《技术垄断》,第37页。
[②] 〔英〕斯各特·拉什:《信息批判》,杨德睿译,北京大学出版社2009年版,第114页。
[③] 同上。

无论是在数量还是覆盖范围上都极为有限,碎片式信息的批量生产还只是天方夜谭,因此,它们并没有造成全社会范围内的信息泛滥,原有的信息传递体制尽管受到冲击,但依然屹立不倒。然而,电视出现后,局面急转而下,原有的信息传递体制轰然倒下。电视凭借其媒介特性,成为第一个信息机器,成为第一个海量生产无语境信息的媒介/技术。

第一,从纯信息的角度看,电视之所以被视为一个信息机器,是因为它不仅按照娱乐的原则大批量、无休无止地生产信息,而且,它还具有别的媒介所不具有的特性,就是泛信息化,即原本非信息的东西一旦登上了电视的舞台,便失去了自身典型的叙事形式而被赋予了信息的维度。例如,电视播出的电影和戏剧,"与比如说黑泽明的电影相比,像《致命武器4》这样的电影更具有信息性。它可以看,但不是用集中精神的'注视(gaze)'去看而是用心不在焉的'瞄见(glance)'去看的,而那些专为电视制作的电影甚至比《致命武器4》更具有信息性"[①]。言下之意,拉什将"信息"和"文化"的区分标准归结为是"瞄见"还是"注视"。仅以摄影图片为例,单纯的摄影图片是文化,因为人们可以在一个不受干扰的空间(如摄影室、展览馆、私人空间等地方),凝神注视,细细品味,体味其韵味,深思其真谛。但是,一旦摄影图片登上电视,原有的静谧和独处全被打破,汹涌澎湃的信息流滚滚而出,任何欣赏者都不可能保持不受干扰的状态去长时间地欣赏一幅固定的摄影作品图像。于是,同一幅摄影作品,一旦到了电视这里,其文化属性淡漠乃至消失,而信息属性占据突显位置。拉什的这一划分方法鲜明地体现了电子文化时代与前电子文化时代观看方式的本质差别。造成这一差别的根源在于不眠不休、能力超强的电视这一信息机器。

第二,就信息内容的杂陈及其组成方式的拼贴而言,电视追求的不是对有效信息的整合消化,而是讯息数目的海量和传递速度的瞬时。在这一点上,电视新闻节目最为典型。在固定时长的节目中,全地区、全国乃

[①] 〔英〕斯各特·拉什:《信息批判》,杨德睿译,北京大学出版社2009年版,第114页。

至全球的新闻按照一定顺序进行编排,一般来说,新闻短则数秒,长则不超过3分钟(重大的政治新闻除外),它们如流水般地鱼贯而出。仅拿一档半个小时的严肃性新闻节目来说,不间断播出的新闻就有近三十条之多。

以2012年4月13日中央电视台一套播出的《新闻联播》节目为例:一季度国民经济(3分37秒);温家宝主持召开国务院常务会议(6分09秒);温家宝将访问冰岛等国(57秒);贾庆林离京访问新西兰等国(35秒);习近平会见越南人民军总参谋长(1分58秒);"第一书记"驻村三年办实事(1分29秒);《人民日报》评论员文章:自觉遵守党纪国法(1分47秒);自觉遵守党纪国法 为改革发展稳定营造良好环境(1分43秒);玉树重建两年 规划投资完成七成(1分14秒);一季度全国财政收入近3万亿(33秒);高校毕业生"三支一扶"计划启动(22秒);全国流动人口计生服务覆盖率达85%(12秒);内蒙古—香港经贸合作活动周举行(11秒);新疆最大规模民生物资启运(14秒);今年首批藏区牧民定居点物资运达(16秒);长江最深江底地铁联络通道建成(15秒);傣族群众欢庆傣历新年"泼水节"(16秒);朝鲜宣布卫星未进入轨道(58秒);金正恩当选朝国防委员会第一委员长(13秒);中国被扣帕劳船员将于下周回国(1分24秒);叙利亚冲突双方基本实现停火(51秒);大马士革郊区冲突再起(1分25秒);埃及议会限制前政权高官政治权利(27秒);安理会要求苏丹和南苏丹停止冲突(26秒);南加大悬赏缉拿枪杀中国学生凶手(19秒);塞尚名画失窃4年在塞尔维亚追回(20秒)(完)。

且不论电视新闻节目制作上的拼贴手法,但就受众的接收效果来看,在短短的半小时内,观众面对如此密集的信息,其接收和消化程度可想而知。这些新闻没有历史背景、没有来龙去脉、没有效果影响,有的只是现在时和进行时,波兹曼将之称为"被限定"的新闻。它们组成一股不间断的新闻流,不仅使观众难以去感觉一个事件,更使观众难以去思考一个事件,因为面对这股信息流,观众根本没有时间去思考该事件的意义、历史背景、产生原因以及它跟我所了解的世界有什么联系等。然而,人们却总是对电视新闻节目抱以一种独有的热情,将定时打开电视收看新闻作为一项严肃活动,并将这一举动视为有文化素养、有严肃态度的标志。对此,波兹曼一针见血地指出"电视新闻节目的兴奋主要是靠速度的作用,而不是实质的内容。它是由于信息流通而产生兴奋,而不是新闻本身的意义"①。尤其是当听到"下面播出本台刚刚收到的消息……"等内容时,电视观众虽身居一隅却仿佛身临现场,那种在第一时间获得第一手的新闻资讯时的满足感油然而生。然而,如此之多的信息持续撞击观众的大脑皮层,其产生的兴奋点由于过于密集和短命,反而成为一种催眠。波兹曼表示相比历史纪录片、体育节目和老电影(这些是他喜欢的电视节目)而言,电视新闻最令他焦虑不安,因为电视新闻会使电视观众变为被动的旁观者,使之智力逐渐退化。②

另一方面,电视新闻节目不仅在内容上以"信息"之名行"催眠"之实,而且在形式上也处处体现了"催眠"的精髓,如一成不变、定时出现、告诉你没什么大不了的音乐;如稳重、喜怒不形于色的播音员:不论是神六升空,十八大召开,还是矿难地震、非洲饥荒、中东暴乱等,播音员以一如既往的语调,保持着标准的表情,以平稳的语态念着各地的各类新闻(此现象在近几年的国家重大灾难类新闻上逐步发生了细微改变,播音员呈现出人性化等特征)。信息在新闻节目中完全丧失了它最初的本性和用处,成为与实际生活相脱离的资讯片段。原本严肃的电视新闻节目尚且如此,更遑论此外不可计数的广告、各类娱乐节目以及众多打着传播知识为旗号、实质以娱乐为最终旨归的文化类电视节目。诸如此类,不胜枚举。

电视成为第一个信息机器,它"借着将声音和移动的影像一并导入视觉以及在即时当中的长期持续(如今已达'无休无止'的地步)而奠立了范式(Boden and Molotch, 1994)"③。自电视出现之日起,信息泛滥蔚为

---

① 〔美〕尼尔·波兹曼:《童年的消逝》,第150页。
② Elaine Woo, "Neil Postman, 72; Author Warned of Technology Threats," *Los Angeles Times*, October 12, 2003.
③ 〔英〕斯各特·拉什:《信息批判》,第113页。

壮观,不可阻挡。在此起彼伏、层层叠叠的信息浪潮中,"没有开始,没有中间,没有结束"的信息麻痹人们的大脑,将虚幻的充实感和价值感填塞其中,催眠的梦境就此实现。

三、信息泛滥与未来冲击

媒介/技术变革对社会文化的冲击是巨大的,正如波兹曼所强调的那样,一种新技术的出现并不是原有事物加上新技术,而是改变了整个环境的性质。这就如同在一盆清水里滴入一滴红墨水,结果并不仅仅是两者的简单相加,而是呈现出另一个全新的面貌。因此,一个重要的新技术出现后,人们面对的是一个全新的媒介环境,人们需要一定的时间进行调整来适应新技术带来的全面性变革,重新寻找到新媒介环境的平衡点,并融入新的媒介环境中。然而,随着科技发展的昂首阔步,人们用来适应环境的时间越来越少。电子时代接踵而至的发明使得整个社会发展的步伐呈现出前所未有的超级加速度。

面对不断推陈出新的社会环境,电子时代的人们手足无措、顾此失彼,表现出不知所从的震惊。托夫勒认为,我们这个时代的特点是不断要求变革,然而适应变革对我们而言却越发是一件苦事。一方面,由于这种变革的速度像赛车一样高速,所以现实有时就像一个失去控制的万花筒。另一方面,加速的变化不仅仅冲击了工业国家,而且形成了一股强劲的力量,深入到我们个人生活的内部,逼迫我们扮演新的角色,使我们像患精神病似的极度不安。托夫勒将这种新的病症称之为"未来冲击"(Future Shock),即未来过早地来临所带来的令人头晕眼花的迷失感,并认为它可能是今后社会最主要的病症。由于"未来冲击"这个词汇鲜明贴切地描绘了当下社会的状态,获得了社会的高度认可和广泛使用,因此该词已被收入英文词典并被释义为"由于社会行为及价值观念的急剧改变使人受到压力而产生无所适从的感受"[①]。波兹曼也同样注意到了电子文化社

---

① 陆谷孙:《英汉大词典》,上海译文出版社2007年版,第755页。

会的这一突出病症,并从媒介环境学的角度将这一病症的根源归结为信息泛滥。在《我们需要知道的关于技术变革的五个问题》①这篇演讲稿中,波兹曼指出新时代技术变革带给人们前所未有的冲击,而且这种冲击是以往任何世纪的人们都不曾遇到过的,即将跨入千禧年的人们所面对的是远远超越过往的令人震惊、迷惑和使人失去方向的问题,人们由此进入到一种面对未来的紧张焦虑的状态中。对此现象,麦克卢汉曾预见性地指出"电的速度把史前文化和工业时代商人中的渣滓混杂在一起,使文字阶段的东西、半文字阶段的东西和后文字阶段的东西混杂在一起。失去根基,信息泛滥,无穷无尽的新信息模式的泛滥,是各种程度的精神病最常见的原因"②。

电子媒介使原有的信息控制机制失去作用,所有信息没有经过任何的过滤筛选、分类整合以及甄别认证等信息控制手段,轻易地通过电子媒介向全社会无区别、不停息地进行广泛和低门槛的传播。于是,原本不该接收某些信息的人(如孩童)被完全暴露在外,尽管他们的生理或是心理还远未成熟,根本不具备接收条件。然而,电子媒介以友好的面孔将这些原本应该被屏蔽的信息,一股脑地倾倒在他们面前。这些信息对他们而言,是属于未来的信息。因此,当这些未来信息提早到来的时候,没有做好接收准备的人们必然会产生心理上的震惊和不知所措。在《童年的消逝》中,波兹曼通过对电子媒介尤其是电视媒介的分析指出,原有信息等级制度的崩溃和电子时代视听文化的崛起消解了人类严肃的理性思维,进而造成了"儿童的成人化"和"成人的儿童化"。由此,波兹曼有力地解答了托夫勒所指出的"12岁的孩子没有孩子气,而半百的人像12岁的孩子一样天真"③社会病症出现的媒介学原因。另一方面,各式各样的信息(包括:原本是控制在一定范围内才有效的信息、原本必须经过筛选过滤

---

① Neil Postman,"Five Things We Need to Know About Technological Change".
② 〔加〕马歇尔·麦克卢汉:《理解媒介——论人的延伸》,第44页。
③ 刘平:《犹太未来学家托夫勒及其乐观主义未来学思想》,傅有德编:《犹太名人传(思想家卷)》,河南文艺出版社2002年版,第583页。

的信息,原本必须深入思考才得以领会其精髓的信息、相互不兼容的信息(如宗教)乃至相互矛盾冲突的信息等)通过电子媒介得以肆意传播。于是,脆弱个体直面各式各样充满差异性乃至对立的观点,他们原本的信仰体系、知识体系、价值体系等因受到猛烈撞击而瓦解倒塌。于是,托夫勒描绘的"有的富人装穷,有的计算机程序编制员靠麻醉品提神,有些无政府主义者骨子里却是十足的唯唯诺诺之辈,而貌似守法者,却是地道的无政府主义者。在这种身份错位和混乱中,信仰的绝对纯洁性也大打折扣:僧侣娶妻,教士无信仰,犹太人皈依禅宗"①等社会怪相频现。

不过,尽管波兹曼与托夫勒在此问题上具有如此之高的契合度,但是波兹曼对托夫勒评价并不高。在回忆文章《波兹曼给出的人生指导意见》中,波兹曼的博士生珍妮特·斯滕伯格(Janet Sternberg)列数了波兹曼的22条谆谆教诲,名列第三条的就是:"不要阅读来自任何自认为是未来派艺术家的作品,如阿尔文·托夫勒的作品"②。波兹曼告诫当有人开始谈论纤维光学或硅片的时候,我们要立刻转身离开。因为托夫勒之流只知道大量的现代技术知识而对人类一无所知,故而他们的预测总是错误的。在这里,波兹曼认为托夫勒是一心致力于科技进步而罔顾人类文化进步的典型隐喻。

面对毫无章法可言的、繁杂而不可计数的亿万信息,电子媒介时代的人们焦虑不安,普遍患有严重的信息强迫症。信息强迫症是电子媒介时代的典型产物,是指个人面对大量信息时产生的一种不确定和不安全感,为了不错过可能有价值的信息,逼迫自己不断关注和搜集所有信息,它是强迫症延伸出的一种单纯性心理疾病。③ 当人们为信息时代的到来而欢呼的时候,往往无视信息过载对社会心理的冲击和影响,人们在不断接收

---

① 刘平:《犹太未来学家托夫勒及其乐观主义未来学思想》,傅有德编:《犹太名人传(思想家卷)》,河南文艺出版社2002年版,第583页。

② Janet Sternberg, "Neil Postman's Advice on How to Live the Rest of Your Life," from a lecture delivered to the New York Society for General Semantics on December 8, 2005, *Etcetera: A Review of General Semantics*, April 1, 2006.

③ 《你是否患了"信息强迫症"》,《科学大观园》2011年第1期。

海量信息中不自觉地迷失了自己,仿佛除了信息,便无所依,无所信。人们像海绵一样不停地汲取信息,而到底什么是对自己有用的信息,人们却无暇也没有足够的能力去思考和辨别。美国心理学家乔治·米勒根据"食肉动物"这个词给信息时代的人类重新下了一个定义:"食信息动物"。哲学家丹尼尔·丹尼特在比较了人的思维方式和电脑的架构之后指出"人不仅是一种食肉动物,他已经逐渐变成了食信息动物。人对信息充满了饥渴,他的生存目标只剩下一个问题:我要的那则新闻来了吗?"① 有人对电子媒介尤其是互联网带给人们的信息压迫进行如此描绘:"技术垄断阶段的典型特征就是铺天盖地的信息。我记得 Google Reader 里过去曾在页面标题上有'1000+'的标识,这表明我所订阅的信息源已经有超过1000 篇文章没看了。这让我产生焦虑,我会尽力地去消除这个 1000+,以至于到了最后我的目的是去消除那个标识,而未必是阅读本身。今天的 GR 页面标题已经没有了,但在自己的分类背后还会出现我未读的数字:这个信息,是我日常会产生焦虑的原因之一。"② 当我们在搜索引擎(如 Google)中输入关键词(以"文化"为例),页面立刻展示出一片浩瀚的信息海洋,并告知我们"找到约 1,780,000,000 条结果(用时 0.25 秒)"(此为 2013 年 6 月 14 日下午 16:29 的搜索结果)。无边无际的信息汪洋瞬间将我们包围,压迫得我们难以喘息。

信息泛滥还产生了另一个严重的社会后果——在信息的汪洋大海中,浮沉其中的人们在辨别真假信息上面临前所未有的巨大困难。因为,随着技术的发展,社会飞速变化,新的发明、新的事物、新的词语、新的理论、新的社会现象、新的社会问题、新的评判标准、新的做法举措……层出不穷,所有这些信息通过各种途径,以碎片式、现在时/进行时的方式海量地涌向人们。人们无法凭借过往的知识贮备、生活经验等去判断信息的真实性。对此,蒋原伦先生在《当代艺术与阐释性批评》中描述了他面对一个传言却难辨真假的切身经历:"网络曾有传言,说王小丫的国画习作

---

① 〔德〕弗兰克·施尔玛赫:《网络至死》,邱袁炜译,龙门书局 2011 年版,第 98 页。
② 魏武挥:《技术的异化》,http://weiwuhui.com/4294.html。

拍得4800万,叫人将信将疑,说与几位朋友听,他们也是目瞪口呆,但是居然没有人敢肯定这是讹传。不必说'将疑'之点,声名卓著的国画大师中有几个人的画作能拍到4800万?张大千、齐白石、徐悲鸿等,也不过在近几年间,才攀上千万元的价码。单说'将信'的部分:信的当然不是王小丫的画技,信的也不是王小丫的名气,信的是金钱的力量和金钱的嚣张,在今天人们充分领教了金钱呼风唤雨的能量,对于它的到处兴风作浪,可谓司空见惯,难不成它选中王小丫的画作?又有什么出其不意的诡异动作?"① 可见,现代社会的人们,对信息已经完全丧失了掌控能力,不仅受传者不能判断什么信息对自己具有指导意义,不能确定该信息的来源、判断该信息的真假,而且传播者也不能有效地、一定程度上地控制自己所发布的信息的流传范围和传播对象。而所有这一切在前电子媒介时代是不可想象的。

电子媒介(以互联网为突出代表)为虚假信息的泛滥提供了温床。互联网在为人们提供便捷的同时,也造成了虚假信息的肆意传播。在前互联网时代,传统的大众媒体新闻把关人往往是受过专业训练,并且是要对新闻作品的真实性背负道德乃至法律责任的。② 随着互联网时代(以自媒体③为典型代表)的到来,越来越多的非专业"记者"加入到了互联网新闻播报行业中,皮尤互联网与美国人生活项目(2006年6月)的调查显示:在1200万美国博主中,有34%的人认为他们从事的是新闻报

---

① 蒋原伦:《当代艺术与阐释性批评——多媒介语境下艺术评价机制之探析》,《文艺研究》2010年第12期。
② 例如"纸包子"虚假新闻事件:2007年7月北京电视台生活频道《透明度》播出"纸做的包子",播出之后引起社会及媒体的普遍关注。后经核查,"纸馅包子"被认定为虚假报道,处理结果如下:"纸包子"案主角訾北佳因损害商业信誉、商品声誉罪,一审获刑一年。北京市委、市政府对北京电视台相关责任人作出严肃处理:给予北京电视台台长通报批评,给予北京电视台总编辑行政警告处分,给予北京电视台主管副总编辑记过处分,三人分别作出深刻检查;给予北京电视台生活节目中心主持工作的副主任(该中心无正职主任)、分管《透明度》栏目的副主任、《透明度》栏目制片人等三人撤职处分。
③ 自媒体:一个普通市民或机构组织能够在任何时间、任何地点,以任何方式访问网络,通过现代数字科技与全球知识体系相连,提供并分享他们的真实看法、自身新闻的一种途径和即时传播方式。引自黄平、崔健:《对自媒体规范与引导的思考》,《新闻研究导刊》2012年第6期。

道工作。① 热情高涨的市民"记者"们没有接受过正规的教育或训练,而且由于受到主客观因素的限制和影响,他们很可能将观点与事实、谣言与报道、传闻与信息等混为一谈,且不加核实与甄别就轻易地将之发布在网上,因为在网络世界中,发布新闻/观点是免费和容易的,也不会受到道德的约束和专业编辑的阻挠。美国媒体人安德鲁·基恩认为互联网使传统意义上的"把关人"失去工作,这一社会现象的直接且最大受害者是我们自己,是浏览维基百科、博客和其他用户自由生成内容的网民们,因为把关人的缺席必然会使我们成为错误信息传播的受害者。他在《网民的狂欢》中嘲讽地指出"媒介的民主化最终会导致我们每一个人同时成为业余评论家和编辑"②,而这些由业余编辑发布的网络信息是未经编辑、修改和核实的,难怪米德尔伯里学院历史系会于2007年禁止学生将维基百科作为论文注释的来源。在互联网盛行的今天,不仅非专业人士在辨别信息的真伪上存在困难,就连受过训练的新闻专业人士也连连中枪,成为互联网虚假信息愚弄的对象。如曾经轰动传媒界的假新闻传播事件:2011年5月16日,清华大学新闻传播学院副院长李希光在未经任何求证的情况下,轻率地在微博上转发一条"内地作家张——以60万美元贿赂诺贝尔文学奖评委马悦然"的网络传闻。这一虚假新闻发布后被疯狂转发。对此,马悦然愤怒回应,他在给清华大学校长的公开信中称:"我非常惊讶一位原来很有声誉的清华大学的教授竟然可以伪造谣言,我唯一的解释是×教授兼副院长完全缺乏道德感。"身在美国的李希光则通过短信表示,他是从中国广播网上看到此消息并转载的,此条微博现已被删除。③ 再如"美国卫星砸了中国媒体"事件:2011年9月24日,美国失控卫星坠入太平洋。对于卫星砸人的概率,中国媒体的报道却一错再错,从1/3200到70亿分之一,所有的数据均被证实为误译和以讹传讹。对此,

---

① 〔美〕安德鲁·基恩:《网民的狂欢:关于互联网弊端的反思》,丁德良译,南海出版公司2010年版,第45页。
② 同上书,第44页。
③ 祖薇:《诺奖评委马悦然 愤然回应"受贿门"》,《北京青年报》2011年5月19日。

批评声四起:"一哄而上,不对信源进行任何审核求证的盲目转载,是中国媒体的通病";"首发媒体要核实,转载媒体也要核实,现在媒体几乎都因为转载而自我免责了。但媒体应该对自己所刊载的内容负责,不管来源是哪儿。转载可能出错,消息来源也会撒谎,这都不是媒体不核实不负责的借口"。① 诚如斯言,媒体从业者在面对海量信息时,在甄别真假信息后再加以传播是其本职,更是其应承担的社会责任。不过,以上的批评虽然中肯有力,但都没有触及造成这一切社会现象的深层原因。行业陋习、体制缺陷、个人原因等因素确实存在,可是伴随电子技术变革而来的缺乏语境的信息泛滥也难辞其咎,或者,应该说它才是真正的始作俑者。"失去效用之后的信息就成了混乱之源,而不是秩序之源"②,波兹曼一语中的。波兹曼呼吁人们不要盲目热情、不加辨别地接收信息而无视信息的来源。时至今日,他的这一告诫依然具有警示意义。

在飞速发展的电子时代,一方面是真伪难辨的信息漫天飞舞,另一方面是人们注意力的分散。电子媒介使信息可以被无穷尽地免费复制和传播,但我们同样要为此付出代价,此即波兹曼说的浮士德的交易。弗兰克·施尔玛赫在《网络至死》中指出这种代价是人们注意力的贫乏以及创造力和思维的丧失。互联网特有的超链接技术在方便人们获取海量信息的同时,加剧了人们注意力的分散。美国作家卡勒布·克莱因形象地描绘他在互联网上所遭受到的"注意力干扰":"我在互联网上搜索信息,每段信息背后都隐藏着一段段的社会联系。当我上网的时候,欲望似乎很难得到满足,我只是不停地搜索,却不管我是不是真正理解了我搜索到的内容,也不知道是不是真正了解我到底要搜索什么。我就像在挠蚊子咬出的包,越挠却越痒。"③互联网的"去中心化"和"延异"彻底瓦解了印刷文化着力培育的理性、逻辑和自律等特性。

波兹曼批评电子媒介使信息成为垃圾,指责这些无意义、无语境、无

---

① 祝华新:《电视和电脑合起来才是真实的中国》,《中国青年报》2011年9月26日。
② 〔美〕尼尔·波斯曼:《技术垄断》,第43页。
③ 〔德〕弗兰克·施尔玛赫:《网络至死》,邱袁炜译,龙门书局2011年版,第22—23页。

关联的信息不仅不能解决人类存在的基础性问题,甚至连更多的世俗问题也不能解决。面对电子媒介产生的信息浪潮,沃尔特·翁直言这种信息冲击是我们永久的困境。如何解决信息泛滥问题,如何帮助人们逃离这一困境,以之为己任的波兹曼倾尽心血,上下求索。

四、技术垄断与信息委琐

技术垄断到来之前,社会拥有一整套全面而系统的信息控制机制,信息对于人们而言是可控的。技术垄断到来之后,信息肆意泛滥,不仅变得不可掌控,而且呈现出委琐的性质。

工具使用文化的信息控制机制包括宗教信仰、道德规范、社会习俗、宗族惯例、长者权威等,这一控制机制以宗教为核心。它们履行着筛选、过滤、审核、放行和传播信息的职能,对不符合标准的信息进行屏蔽,对符合标准的信息进行传播和放大。这些信息控制机制勾勒出一个建立在一套思辨和神学预设基础上的全面而有序的世界观。人们依循这一世界观对自己的思考实践活动进行指导并加以价值判断。波兹曼推测这正是达·芬奇将潜水艇的设计图藏于深山的原因,因为达·芬奇相信这种工具一旦出现会对神学以及建基其上的整个社会文化造成巨大的危害,进而损害上帝的威严和地位。概言之,在工具使用文化中,是神学而不是技术赋予人们所作所为、所思所想的依据。在技术统治文化中,技术开始崛起并向文化发起攻击,但是由于文化的根基十分深厚,所以地位依旧稳固。文化地位稳固的重要标识之一就是文化拥有赖以支撑的稳固而强大的社会制度,这种社会制度同时也是一套稳定而顺畅的信息控制机制。

波兹曼指出一切社会制度都行使信息控制机制的功能,它们在剥夺人们的信息的同时,也指引人们赋予信息适当的分量和价值。法庭、学校、家庭、政党、国家、宗教就是这样的信息控制机制。它们的各种规章制度、结构体系、考核标准、行为规范、奖惩细则等实际上都在行使信息控制功能,过滤它们认为不合格、无意义、不必要、不正确、胡言乱语的信息,凸显它们认为重要而有意义的、实用的、有指导性质的信息,并以此作为人们进行思考和实践活动的依据。因此,以辩证的眼光来看,限制信息的准入量实际上是减轻了人们的信息负载量,廓清了信息混乱所带来的迷雾,有助于人们迅速找到有价值的信息,进而促进社会实践活动的顺利开展。美国《宪法第一修正案》(波兹曼视之为印刷术意识形态偏向的丰碑)明文规定公众的法定权力包括不仅要获取信息,而且要控制信息,人民要知道如何用信息为自己谋福利。换句话说,信息、理性和实用性这三者的关系是密切不可分的。概言之,在工具使用文化和技术统治文化这两个阶段中,信息是可掌控的,人们可以通过控制系统避开有害的信息,使自己的行为举止获得意义,更重要的是,使自己的生命获得了一种道德意义上的权威性。

到了技术垄断时代,局面为之一变。电子媒介的出现使信息变得不可控,世界也成为难以把握的对象。电报搅乱了信息、理性和实用性三者之间原本稳定的关系,将信息作为商品单独地割裂出来,以廉价的便士报为载体进行大范围的快速传播。随后相继出现的电子媒介变本加厉,它们不分对象/场合/时间、不进行道德判断、不辨别真假对错、不区分有用无用、不考虑后果、一股脑地将海量信息全部呈现并广泛传播,生产出一个无边无际的信息海洋。信息的过量涌现,造成信息超载,对现存信息控制堤坝形成冲击,摧毁了它们(学校、家庭、政党、宗家和国家)所依靠的理论基础。波兹曼指出,如果一种文化的理论不给信息提供道德领域内的指引,那么它就是技术垄断文化,因为没有了道德的指引,剩下的仅是技术。于是,为了缓解信息超载和对付不断涌现的新增信息,控制机制的增补就显得必要而急迫了。技术垄断依赖技术方法(官僚主义、专业技能和技术性机制)来控制信息流,但是,这种控制机制本身就是一种技术,结果反而增加了信息的供应量,进一步加剧了信息超载。波兹曼通过对机器意识形态(医疗技术和电脑技术)的剖析指出技术垄断这一做法无异于饮鸩止渴,最终导致人们进一步地丧失对信息的掌控力。

信息泛滥的伴生物之一是信息委琐,统计学的过度使用是造成信息委琐的直接原因。统计学是"研究如何收集、分析和表达数据,并通过数据信息对所研究的事物或现象得出结论的科学"[1],它主要利用数理统计方法进行量化分析、推断和预测。科学性、客观性以及准确性是统计学区别于人文社会学科的重要特性。然而,统计学作为一种技术,本身就具有隐含的意识形态偏向。因为在一项看似客观的统计活动中,统计者的预设性、统计方案的主观性、选取样本的偏向性、统计过程中样本是否稳定、统计方法是否科学以及统计工作的政治/经济利益等诸多人为因素都会对统计工作产生影响,并决定统计结果的方向和性质。因此,波兹曼称之为"隐形的技术"。

正是因为具备这些假象,所以统计学十分贴合技术垄断论对"客观""真实""准确""中立""权威"的迫切需求,受到了技术垄断论者的热烈拥护。人们对统计学也热情有加,认为它是上述特征的集中体现和突出代表,并大力加以推广和应用。统计学的应用从理工科领域一直延伸到人文社科领域,而这正是波兹曼深恶痛绝之处。当然,波兹曼并不是反对统计学,也不是反对数据,而是反对统计技术(数据)的滥用。波兹曼承认无论是在什么研究领域,如果正确、适当地运用统计学技术,确实可以起到别的研究方法所不能代替的分析、说明、论证和强化等作用。但是,技术垄断大肆滥用统计技术,直接导致了统计数字的泛滥及其意义上的不知所云,从而增加了无意义信息的数量,加剧了信息泛滥。网络上流传的一个关于统计学的笑话,鲜明地表达了对这种无聊信息的讽刺:据统计,麻省理工学院某系有50%的女生与男教师同居,这一结果震动了校方,但经过调查发现统计结果并非虚假信息:该系共有两名女生,其中一个与男教师堕入爱河。在技术垄断文化中,此类无聊、无价值、胡言乱语的信息借着统计学的名义肆意泛滥。技术垄断热爱统计,因为通过统计,技术垄断可以构造出一个客观性的假象并将之作为权威性的源头。波兹曼指出,统计技术的过度使用产生了众多的统计数字,进而导致了大量毫无意义的信息的涌现。信息委琐由此而生,它将所有的信息放在同等水

---

[1] 《辞海》,上海辞书出版社2009年版,第2280页。

平之上,这是一个比信息超载还要严重的问题。信息委琐使人们甄别信息这个原本就不易的事情变得更加复杂和困难。计算机的出现,更是为人们使用统计技术打开了方便之门,人们只要按照一定的规则将收集到的数据输入计算机,鼠标一点,所谓客观、准确的统计数据就迅速出炉了。波兹曼认为在电子技术的助力下(如统计学和计算机的合作),公共话语中涌现了大量的垃圾。如果对统计技术的滥用不加以遏制,我们需要知道的东西就被埋葬在鸡毛蒜皮的信息垃圾堆里了,印刷文化建立起的公民控制信息的权力、享受信息造福人类的权利等,便都终结于技术垄断时代。

电子媒介极大地改变了信息的内容、特性和作用。在印刷文化中,人们认为信息本身是无法单独存在的,脱离情境的信息是没有价值的。"资讯是要对政治、社会、科学观念赋予形貌、组织、权威,才有价值,资讯本身就必须符合某种世界观"[①],即信息是具有特定目的的,是人们使用的武器,"是一种修辞工具"[②]。然而,19世纪电报和摄影的出现第一次使信息可以脱离语境而单独存在。于是,信息变成商品,信息—行动比降为零,信息的形式也被撕裂为碎片。随后,电视的出现使信息和图像密切结合起来,电视将信息包装为娱乐,进一步加剧了信息的简单化和泡沫化,使信息越发地远离理性,继续在没有内容、没有历史、没有语境的道路上越走越远。后继的计算机通过与统计学的联手,将信息直接变成垃圾。电子媒介彻底颠覆了信息的原有内涵,所以波兹曼认为对信息进行重新定位是十分必要和迫切的。波兹曼指出,信息(资讯)不等同于知识,更与智慧沾不上边,它仅仅是对事实的陈述。由这个定义来看,作为本原的事实是不会出错的,但是关于事实的陈述即信息是可能会错的,而且经常是错的。所谓的"信息时代"则"仅是表示我们可以得到的关于世界的陈述

---

① 〔美〕尼尔·波斯曼:《通往未来的过去》,第97页。
② 同上书,第99页。

比过去都多而已,这也是说我们可以得到的错误陈述比过去都多"①。在电子媒介生产海量信息的今天,我们必须要对信息进行甄别,选择那些经过理性判断之后被放行的信息。如此,我们才能不被信息误导和控制,才能更好地生活。波兹曼指出这是我们在信息泛滥时代面对漫天飞舞的各类信息时,首先必须明白的一个道理。对此,一位资深媒体人的一番话从另一个侧面回应了波兹曼的信息批判思想:"对信息的过度沉溺,这种沉溺正在伤害我们的情感与思维能力。真正塑造今日世界的不是信息,而是思考的能力。信息给予的是我们做选择的可能性,而真正决定你要作出何种选择的却要源自于你头脑的判断和内心的情感的需求。通过Google你可以知道林肯死亡日期,但是将这些无用信息赋予意义的工作、进行梳理的能力,并非来自于信息本身。"②

波兹曼希望我们明白的第二个道理是,我们要对信息进行考察。不同媒介生产的信息必定具有该媒介的偏向,如信息娱乐化是电视的必然产物。因此,波兹曼告诫我们要正视信息的媒介偏向,严肃认真地考察信息对精神、政治和社会产生的作用,思考"什么是信息?它有哪些不同形式?不同的形式会给我们带来什么不同的知识、智慧和学习方法?每一种形式会产生怎样的精神作用?信息和理性之间的关系是什么?什么样的信息最有利于思维?不同的信息形式是否有不同的道德倾向?信息过剩是什么意思?我们怎么知道存在信息过剩?崭新的信息来源、传播速度、背景和形式要求怎样重新定义重要的文化意义?"③等问题。波兹曼一直坚持人与技术的关系应该是人掌控技术而不是被技术掌控。就生产过程而言,信息是技术的直接产物,是生产者技术偏向的鲜明体现,正如铅字是印刷机的产物并体现了印刷机的媒介偏向。因此,"只有深刻而持久地意识到信息的结构和效应,消除对媒介的神秘感,我们才有可能对电

---

① 〔美〕尼尔·波斯曼:《通往未来的过去》,第103页。
② 许知远:《我们的时代:思想被信息旋晕》,《中国图书商报》2006年3月17日。
③ 〔美〕尼尔·波兹曼:《娱乐至死》,第208页。

视,或电脑,或任何其他媒介获得某种程度的控制"①,这正是波兹曼创建媒介环境学研究的宗旨所在。

第三节 科学主义批判

科学主义是技术垄断的思想基础,是将科学神化的结果。那些信赖技术垄断的人,往往同时都是科学主义以及科学神话的坚决拥趸者。科学主义者坚信"只要严格按照物理学和生物学确立的原理去从事研究,关于人类的研究就可以产生有关人类境遇的客观事实、可以验证的理论和深刻的认识,甚至可以产生放之四海而皆准的规律"②。不仅如此,不同于哲学思辨,科学的研究手段是从物质中抽取可定量的特性,实现自然同固有目的的相分离过程。在科学思维的影响下,人的自然属性和自然等级被剥离,研究者采用定量方法进行联系,于是,人成了可按单位时间计算的抽象的劳动力单位,"由于劳动方式的合理化,对于质的排除从科学领域转向了日常经验领域"③。对此,波兹曼表示了强烈地反对。他大力批判了以"科学"为旗号,剥夺复杂多样的人性、以定量代替定性的做法,否定了将科学研究方法无节制地运用于社会研究中的行为。他将科学主义观念的萌芽明确地追溯至孔德,指出孔德提出的"一切不能看见和计量的东西都是非真实"的这一观点为后世把"人"当作客体的观念奠定了基础。在此基础上,技术垄断文化不仅将人视为可以被客观分析的对象和可用数字表达的客体,而且将人视为一种机器(在技术统治文化中,人们仅仅认同机器可以改善人的生活)。波兹曼指出该思想的实质是一种"还原主义",是将高层次的丰富多彩、活力充沛的人生意义、生活价值等还原为低层次的无情感、无生命、冷冰冰的机器和技术,甚至人生的意义

---

① 〔美〕尼尔·波兹曼:《娱乐至死》,第209页。
② 同上书,第85页。
③ 〔德〕霍克海默尔、阿多诺:《启蒙辩证法》,第50页,转引自〔美〕马尔库塞:《单向度的人》,第125页。

也要到机器和技术里去寻找。这正是技术垄断最为深层的思想文化之根。为了斩除技术垄断赖以生存的根系,瓦解技术垄断的理论基石,波兹曼对科学主义展开了尖锐地批判。

一、科学主义与社会科学

"科学主义"(scientism)一词早在19世纪70年代就已出现,19世纪末德国哲学家狄尔泰主张人文学的研究方法与科学方法不同,认为人文学应该"主观",与科学的"客观"相对,并批评那种试图将科学方法应用于人文学(指法律、艺术、历史和宗教)研究的思想为科学主义。[①] 对于"科学主义"一词的解释,目前并没有完全统一的标准,《牛津英语词典》将之定义为"对科学知识和技术万能的一种信念"[②](一般被视为强科学主义),更为通俗的解释可以参见布赖恩·里德雷[③]的说法:"一个流传甚广的信念,即只要时间足够长,科学就可以解释一切,包括传统上属于宗教和人文领域的那些永恒的人类奥秘"[④]。究其实质,"科学主义"是一种主张以自然科学技术为哲学基础,并确信自然科学技术能解决一切问题的哲学观点。它认定真正的科学知识只有一种,即自然科学,坚信自然科学知识是人类知识的典范,能够解决人类面临的各种问题。科学主义者肯定只有用自然科学的方法才能富有成效地获取知识,并积极地将它引入包括哲学、人文学科和社会科学在内的一切研究领域,以摒弃它们的非科学形态,如美国哲学家W.奎因认为所谓的"认识论"其实就是生物学对自身的运用而已。20世纪以来,科学主义越来越多地受到各方学者的批评,哈耶克直指"(唯)科学主义"就是对科学的方法与语言奴性十足的

[①] 黄寅:《科学主义在当代的超越——基于儒家文化的研究视阈》,《自然辩证法通讯》2007年第4期。
[②] 范岱年:《唯科学主义在中国——历史的回顾与批判》,《科学文化评论》2005年第6期。
[③] 布赖恩·里德雷:英国埃塞克斯大学物理学教授、皇家学会会员,著有《时间、空间与万物》《科学是魔法吗》。
[④] 〔英〕布赖恩·里德雷:《科学是魔法吗》,李斌、张卜天译,广西师范大学出版社2007年版,自序。

模仿①。德国物理学家 C.F. 冯·魏茨泽克指出"照此方式而非存在着的无限自然的思想,这个我们必须加以拒绝的思想,是现代科学的神话。科学通过消除中世纪的神话而起步。但现在,科学迫于其自身的一致性而意识到,它不过是建立了另一种不同的神话而已"②。经常有中国学者将"科学主义"直呼为"唯科学主义",以表达对科学主义把自然科学看做文化中价值最高的部分这一主张的不满和批评。

科学主义既是一种理智现象,又是一种社会历史现象,早在 17 世纪,培根、笛卡儿、莱布尼兹以及霍布斯等人就表现出了对理性和科学的认同和向往。经过 18 世纪的启蒙运动和百科全书运动的培育和滋养(哈耶克认为法国大革命是科学主义的思想源头),科学主义最终在 19 世纪迎来它的发展高峰。科学思想、科学精神和科学方法深入社会各个领域,科学在公民心中树立了良好的形象,科学精神成为这一时代的主要精神特征,科学主义也成为该时期一股强大的社会思想潮流。"科学主义思潮"一词由此而来,并成为 19 世纪的重要标签之一。圣西门的百科全书哲学、孔德的实证哲学体系、斯宾塞的综合哲学及社会达尔文主义、海克尔的科学一元论、奥斯特瓦尔德的能量一元论等都是科学主义思潮的重要组成部分。

在科学主义的思想谱系中,产生于 19 世纪三四十年代的实证主义占据了一个重要位置。在实证主义的影响下,人们不再将巫术和经验作为认识世界的主要方法,建立起了全新的"问题—实验—验证—解决"的程式,并将之作为人类认识自己和整个世界的方法和途径。实证主义的创始人奥古斯特·A.孔德继承了 17 世纪以来欧洲哲学的经验主义传统,特别是贝克莱、休谟的主观经验论和牛顿的机械论哲学。他排斥形而上学传统,强调实证经验。一方面,他重新界定"真理""真实"观念,对建基于传统思想之上的种种社会事物及观念产生了釜底抽薪式的变革性影响。

---

① 陆月宏:《哈耶克:驱除唯科学主义的迷雾》,《中华读书报》2003 年 11 月 14 日。
② C.F. Von Weizsicker, *The History of Nature*, Loc. cit., p.71. 转引自〔美〕马尔库塞:《单向度的人》,第 124 页。

另一方面，他一反传统划分，视"社会"与"自然"具有本质上的同一性，认为社会现象和自然现象一样，有独立于人们的褒贬及行动的客观秩序及律则，研究社会科学就和研究物理学一样，唯有通过科学方法去发现这种秩序与律则，才能预测及控制整个社会，推动社会进步，避免革命、暴力及内战。因此，孔德提出，进行社会研究的一个基本原则是坚持统一的科学观，即认为社会同自然并无本质的不同，没有必要在自然科学和社会科学之间作出划分。在社会研究中，为了获得实证知识，必须采取观察法、实验法、比较法和历史法。这一思想为后来的实证主义社会学奠定了方法论基础，但同时也成为长期备受争议的对象。由此，孔德成功地将"社会"构建为一门科学，开启了社会学实证主义传统的先河。他的一些思想被 E. 迪尔凯姆等人从不同方面加以继承和发展，成为一百多年来西方社会学发展中的主流。

身处自然科学取得巨大成就的时代，孔德毫不掩饰对科学力量及科学精神的崇尚之情。孔德将人类认识的历史进程划分为三个阶段即神学阶段、形而上学阶段和科学阶段。科学阶段（又名实证阶段）以科学信仰为特征，人们致力于观察现象、探讨支配自然和社会的规律。在这一历史阶段中，人类不再探究本原、始基、真理等确定性问题，而是研究现象性质的"怎样"。与这三个阶段相对应的社会组织形式是神权政体、王权政体和共和政体。孔德把人类社会历史完全归结为人类的理智发展史，认为工业社会是与理智发展最高阶段相匹配的社会组织形式，它具有普遍的、全人类的品格。孔德高度推崇实证，认为实证哲学是人类智慧最终的固定状态，实证阶段是人类智慧发展的最高阶段。他指出，19 世纪之后"科学"取代"上帝"成为了新的信仰对象，以"科学"为信仰的工业社会是社会进化的顶点。人们纷纷追随着"理性""科学"的大旗，视科学精神、科学意识为基本的公民素质，摒弃前实证阶段种种形而上学的观念，强调"实验""数据""观察""经验"等，并孜孜以求地将这些自然科学的实证研究方法运用至社会研究领域中。由此，孔德开创了将自然科学的研究方法运用至社会研究的思想先河，为 19 世纪科学主义思潮的兴起奠定了思想基础。

19世纪之前,社会研究的方法多以思辨、直观、猜测等形而上为主。在科学主义思潮的影响下,自然科学的研究方法(如实验、假说、经验归纳、数理演绎等)在社会研究领域中获得了极高的权威性,社会研究领域内的科学化浪潮一浪高过一浪,运用模型、采用实验验证、以数据说话等科学实证手法已成为社会研究领域内相当普遍的做法:在经济领域,经济学者视物理学为典范,致力于将经济学建构成像物理学一样的科学,认为只有像物理学那样,把经济学变成客观的或实证的,经济学才能更加科学;在文学领域,自然主义狂飙突起,自然主义者强调要用科学精神指导文学创作。代表作家左拉视小说为科学研究,认为作家不仅要有科学家的态度,而且要使用科学实验的方法去创作。同样,文艺批评家泰纳主张运用自然界的规律来解释文艺现象和研究文艺发展历史。他认为应当用类似自然科学的方法对精神科学进行研究,对所有的文学流派都应一视同仁、客观对待;在史学领域,实证主义史学迅速兴起并占领了欧洲史坛的主要阵地。该学派主张把历史看做是一个客观的有机整体,要运用自然科学的研究方法以及心理分析方法,关注历史现象和事物之间的内在联系,以揭示隐藏在历史活动背后的规律等[①];在心理学领域,19世纪以前,心理学的问题多半是在哲学领域内进行讨论的,人们普遍认为实验的方法对研究心理现象是不适用的。19世纪,德国哲学家、心理学家冯特创建了世界上第一个心理学实验室(1879年),以此为标志,心理学作为一门独立学科正式从哲学中分离出来。冯特认为心理学应研究人的直接经验,寻求如何把意识分解为最简单、最基本的元素,强调心理研究应当建立在实验的基础之上,可以用实验的方法对人类的感觉、知觉乃至思维和情感进行研究……凡此种种,不一而足。概言之,"社会科学中占统治地位的研究范式是使用统计分析来研究人类及其社会。大体上,这个范式涉及收集量化的数据与运用统计测试,以便使研究者们得出结论。"[②]

---

① 曾欢:《西方科学主义思潮的历史轨迹》,世界知识出版社2009年版,第88—91页。
② James W. Tankard, *The Statistical Pioneers*, Cambridge, Mass: Schenckman, 1984. 转引自〔美〕E. M. 罗杰斯:《传播学史》,上海译文出版社2005年版,第433页。

快速发展的自然科学为认识社会现象提供了新的模式、方法和工具,这确实在一定程度上促进了社会研究的发展。19世纪中叶以来,研究具体社会运动的经济学、政治学、社会学等社会科学门类从哲学及其他人文学科中分离出来,取得了独立的学科地位,同时,人文学者与社会科学家的职业角色的社会分化逐步加快,社会科学研究的社会建制开始形成。另一方面,社会研究领域不断受到科学主义思想及其研究范式的侵蚀,原有的社会研究范式的地位日益下降,逐渐失去发展壮大的社会基础和后续力量。各类实证主义研究手法纷纷占领了社会研究领域,并成为社会研究获取话语权、维护自身学术地位和权益的重要依据。19世纪兴起、20世纪上半叶建章立制的传播学,深受英美实证主义学派的影响,可作为社会研究深受科学主义影响的典型例证。在传播学研究中,实证主义研究方法的频繁使用,既体现了研究者对科学主义思想的认同,表现出了研究者对科学及其代表的权威性、合法性、正当性的孜孜以求,同时也切切实实地推动了传播学在科学主义道路上的进程。

科学主义深刻地改变了社会研究方法的走向,不仅对以人类精神世界为研究对象的人文社会学科产生了重要影响,而且直接促使了"社会科学"一词的诞生。因为从严格意义上来说,"社会科学"作为对"以社会现象为研究对象的科学"的统称,直到19世纪才正式登上学术舞台。[①] 而"人文科学"一词,虽然早在15世纪就已出现,不过仅被用来指对古代经典的修习和研究,直到19世纪,它的范围才得到拓展,并取得了独立的地位。社会研究走上了学科建制的科学化道路,成为学科体系中的组成部分。由此,科学主义成功地将社会研究学科化和科学化,并用科学主义思维对之命名和定性。由此,"人文科学"和"社会科学"成为学术舞台的正式统称。它们身上的科学主义烙印鲜明可见。

[①] 胡立耕在《"人文科学"、"社会科学"及其通称术语的由来与非规范性现象探讨》(《宁夏社会科学》2005年第5期)中指出"社会科学于19世纪逐步发展,并开始了基本学科的分化,经济学、政治学、人类学、社会学、社会心理学、社会统计学、法学等相继取得相对独立的科学地位,逐渐形成社会科学的学科体系与理论构架。第二次世界大战后,社会科学的分科在大学建制里几乎已经制度化了。"

在探寻科学主义思想的源头这一问题上，波兹曼经历了一个自我修正的阶段。他坦言曾经将这种信念的源头追溯为孔德，但是后来发现这样的追溯过于简约。波兹曼吸收了哈耶克的思想，认为科学主义思想起始于巴黎高等技术学院。因为巴黎高等技术学院不仅用数字给学生的功课评分（这一做法起源于剑桥大学），迅速地推广了"'人'是可以用数字进行衡量的客体"等思想。而且，该校的一些著名学者认为人脑智力无限，他们对自然科学方法充满了高昂的热情。"科学傲慢"和"社会工程学"思想由此滥觞，科学主义的种子开始萌芽。

在科学主义批判上，哈耶克在波兹曼的思想谱系中占据了一个显著位置。在《科学的反革命》一书中，哈耶克指出，科学主义思想源远流长，源头起始于法国大革命，"大革命的直接后果在三个方面对我们有着特别的意义。首先，现有制度的崩溃，要求立即运用正确反映着理性——它是那场大革命的女神——的全部知识……（第二）原有的教育制度被彻底摧毁并建立了全新的制度，它对整个下一代人的世界观和一般观点造成了深远的影响。第三个更为具体的结果，即巴黎综合工科学院的建立……它们所导致的这种盛极一时的普遍精神，以及它们所造成的一种印象，即人类的理性能力不存在局限性，人类有望驾驭和控制过去一直威胁和恐吓他们的一切力量"[①]。哈耶克紧接着指出拉普拉斯在《论或然性哲学》中的一段著名言论或许是对这种精神最为淋漓尽致的阐述："一个在既定时刻知晓自然运动之全部因素以及组成自然的全部物体之位置的头脑，假如能够把这些资料全部包括在它的分析之中，它就能够把宇宙中的最大物体和最小原子的所有运动纳入一个唯一的公式；对他来说，不存在不确定的东西；未来和过去在他眼里是一样的。"[②]波兹曼转引了这段言论，并在脚注中感谢了哈耶克对巴黎高等技术学院历史的记述。

[①]〔英〕弗里德里希·A. 哈耶克：《科学的反革命——理性滥用之研究》，冯克利译，译林出版社2003年版，第124页。

[②] Laplace, "Essai Philosophique Sur Les Probabilities"（拉普拉斯：关于概率的哲学论文）(1814) in *Les Maitres de la Pensee Scientifique* (Paris, 1921), p.3. 转引自〔英〕弗里德里希·A. 哈耶克：《科学的反革命——理性滥用之研究》，第124页。

第三章 技术垄断文化批判

在此基础上,波兹曼进一步推进了对科学主义的批判。他指出科学主义是三种紧密联系的观念,它们盘旋上升、相互纠缠,共同构成了技术垄断论的基石,赋予了技术垄断以能量和形态。第一个观念是"自然科学提供的方法能够揭示人心的秘密,也可以揭示社会生活的方向",第二个观念是"社会科学揭示的原理可以合情合理地用来重组人类社会"①,这意味着技术手段(主要是由专家监督的"隐形的技术")可以被设计用来控制人类的行为。对于这两种观念,无论是哈耶克还是法兰克福学派的学者都进行了深入精辟地批判,波兹曼继承了他们的思想成果,坚守社会研究的自主性和独立性,坚决反对自然科学研究方法对社会研究的专政,强调科学研究和社会研究之间的区别如泾渭之分,不可混淆,更不可将自然科学的研究思路和方法滥用于社会研究中。对于构造科学主义的第三种观念即"科学可以用作一个全面的信仰系统,赋予生命意义,使人安宁,使人获得道德上的满足,甚至使人产生不朽的感觉"②,波兹曼从心理角度出发,指出它才是科学主义的本质所在,是科学主义最为深层的内在。由此,波兹曼在前人思想的基础上进一步揭示出科学主义的本质,直指其核心内涵。

反对科学主义,波兹曼首先是从批判自然科学研究方法的滥用开始的。波兹曼传承了法兰克福学派的批判思想,批评实证主义对社会研究的专政,指出传播学、社会学、政治学等研究活动实际上是以科学之名,大肆滥用民意测验、控制实验、调查统计等研究方式,以掩盖他们抛弃价值研究、驱赶意义立场的真实面目。在《技术垄断》中,波兹曼深刻地揭示了实证主义所隐含的文化、道德和价值偏向。

实证主义高举科学统一的理想,妄想构建一个科学理性、一脉相承的物化的科学大树。在对社会研究的专政中,实证主义断然抹杀了社会研究的独特性,将社会物化。它视自然科学的研究方法为放之四海而皆准的典范,以自然科学的标准对社会研究进行评判,以期实现社会研究的客

---

① 〔美〕尼尔·波斯曼:《技术垄断》,第86—87页。
② 同上。

观化、标准化和科学化。

　　对于科学主义的拥趸者而言,实证主义的研究范式是客观、价值中立、科学理性的代名词。如前所述,实证主义认为社会科学与自然科学具有本质上的同一,他们将自然科学研究视为社会科学研究的典范,主张唯有采用自然科学的研究方法,抛弃虚空的形而上思辨,才能使社会科学最大限度地达至科学领域,成为可供反复验证的、客观的、不受个人意识等偶然因素影响的、具有庞大数据支持的、备受信服的科学研究。客观性和价值中立是实证主义大力标榜的东西。实证主义者认为,辩证法是思辨的,是主观的,而他们从数据、经验、实验和调查出发,则以铁一般的事实代表了科学的客观性。然而,真的是这样的么?对此,阿多诺的批评入木三分:"实证主义从情感上说,坚持那种最外在的、清除了一切主观意图的客观性,然而却更深刻地陷入那种特殊的、纯粹主观的、工具的理性之中。那些自以为克服了唯心主义的胜利者,比批判理论更深入地陷入唯心主义之中:他们把认识主体不是实体化为一种创造性的、绝对的主体,而是想象为一切有效性以及科学控制的固定精神。"[1]实证主义者为了追求客观性,力图按照自然科学的方式把握"客观"的社会。然而在阿多诺看来,社会既是客观的又是主观的,"这种双重特性改变了社会科学的认识和它的对象之间的关系。实证主义却没有注意到这一点。不管什么情况,它都从外在来处理社会,似乎它是客体,尽管它潜在地又是一个自我规定的主体。确实,实证主义把那种引起对象化的东西对象化,并从而解释这种对象化。用作为客体的社会来取代作为主体的社会,构成了社会学的物化意识"[2]。也就是说,所谓的"科学的客观性"其实是依赖于科学家的客观性即科学家的物化意识。

　　在价值判断方面,如果说自然科学可以远离价值判断的话(然而,这一点目前也存在不少质疑,因为,自然科学研究的进展同样关乎人类社会

---

[1] *Theodor W. Adorno Gesammtelte Schriften*, Band 8, Wissenschaftliche Buchgesellschaft, Darmstadt, 1998, p. 285.

[2] Ibid., p. 345.

的发展和人类道德价值的存亡。例如,克隆技术一直面临着人类道德伦理的拷问,正是这一严肃的道德判断使得该技术处于长期的悬而未决的强烈争议之中;同样,爱因斯坦之所以把潜水艇的草图藏之深山,也是认为这一技术攻击了当前的道德/信仰体系。马尔库斯认为,科学合理性完全是操作性的,观察和实验、材料、命题、结论的条理化组织和调整都不是在一个无结构的、中立的理论空间内进行的,"科学是一种先验的技术学和专门技术学的先验方法,是作为社会控制和统治形式的技术学"①),或者说给价值中立留有一席之地的话,那么,社会科学则完全不给价值中立留有立锥之地。因为,社会科学的一个重要的、不可抹灭的特征是鲜明的价值评判色彩。社会科学是将人类社会及其丰富深邃的精神文化现象以及它们之间的互动影响等作为研究对象的,这些由人及其产品组成的研究对象本身就具有鲜明的主观色彩、精神意愿乃至随机性和可变性,它们是在与环境相互作用和影响下不断变化和发展的。毫无疑问,自然社会可以作为一个客体存在,然而,人类社会是客体的同时,潜在地它又是一个自我规定的主体。与主观性相伴而来的价值判断是题中应有之义。因此,以人及其衍生物以及它们与环境之间的互动影响等为研究对象的社会科学不可能与价值判断划清界限。然而,实证主义将社会科学与生俱来的价值判断无情抹杀,通过自然科学研究方式的简单移植,以实现研究活动的价值中立。但是,这一价值中立仅仅是一种假象,因为任何研究都难以逃脱研究者先期预设的掌控。在社会科学中寻找并实现清除个人价值倾向的努力,以获得研究活动的客观公正,并最终把握纷繁社会事物背后所隐藏的本质和真理,其根源都来自久远以来人们对确定性的追求。更何况,即使社会科学研究者声称自己不带任何价值判断和道德使命,但是,他们的研究活动及结果依旧会对世俗社会产生显性或隐性的影响,实证主义所追求的价值中立同样如此。我们应该明白,价值中立是建立在客观性基础之上,然而,实证主义者所把握的事实并不是客观的事实,而

---

① 〔美〕赫伯特·马尔库塞:《单向度的人》,第126页。

是经过了中介的事实,他们所追求的客观和科学实际上是一种意识形态,是物化社会的产物。皮之不存毛将焉附? 富有批判精神的阿多诺洞悉"价值和价值中立不是分裂的,而是相互关联的。如果孤立起来,那么任何一个都是虚假的,无论是那种固执于外在价值的判断还是那种偏执地消除内在于其中的、不可根绝的价值因素的判断都是如此"①。因此,价值中立不是"无价值"(Free of Value),其本身就是一种价值,代表了一种倾向,而且这种价值是被纳入到实证主义的价值体系中的,是实证主义价值体系的一部分。阿多诺指出,实证主义对价值中立的追求实际上是资本主义意识形态的一部分,是科学控制的手段。因此,内在的价值中立实际上就意味着外在的价值强制,就是对科学家价值的绝对认同。② 阿多诺的这一批判直击了实证主义者所赖以立基的"客观性"以及由此而来的"价值中立"的要害。

然而,实证主义对社会研究的误导是深远的。就传播学而言,目前国内外的传播学研究普遍存在着过分看重实证/定量研究这一问题。由于追求价值中立以及由此而来的对实用的过度强调,导致了研究者往往对传播活动的社会责任和价值意义缺乏关注,或者是在"价值中立"的面纱遮掩下无视严肃的价值判断。对此,江晓原感慨"我对于许多国内传播学研究者的研究风格有这样一种印象,即他们更为关注对具体的传播过程的技术性研究,如一种观点是通过什么过程传播的,以及传播的效果如何,但对于这个观点本身,如它存在什么问题,为什么要传播它,传播它又有什么正面和负面的效果和意义等,就远不那么有兴趣关注了"③。波兹曼反对所有那些将价值判断搁置一边的社会研究,反对所有标榜"科学"的、单纯强调实验调查和"客观"的客体分析的、以"数据"为首要和最重要论证要素的社会研究。对传播学研究如此,对社会学研究、政治学研究

---

① Theodor W. Adorno, *Gesammtelte Schriften*, Band 8, Wisenschaftliche Buchgesellschaft, Darmstadt,1998, p.347.
② 王晓升:《阿多诺对于实证主义社会理论的三个基本命题的批判》,《江海学刊》2005年第3期。
③ 江晓原:《波兹曼:"娱乐至死"背后的深刻思考》,《中国图书评论》2010年第8期。

等同样如此,波兹曼强调社会研究应持有深厚的人文关怀,要明确社会研究的目的是为了改善人类社会的文化精神状况,而不应一味地追求研究的技术性,更不应将调查及数据奉为圭臬,视之为最有说服力的论据,而不管其他。

在此基础上,波兹曼进一步推进了阿多诺的批判。波兹曼抨击了滥用统计学的种种研究活动(如智力测验、民意测验)、批判了控制实验的非常态所带来的假象,控诉了排序、评分、信用卡、会计程序、成绩测验、课程安排等对丰富多彩的人类精神及社会文化的摧残,指出它们对社会研究的发展造成了不可估量的损失。在智力测验戕害社会文化的这一点上,麦克卢汉同样认为"我们在智商测试中搞出来的那些不恰当的标准真是泛滥成灾。我们的测试者没有意识到自己文化的偏颇,他们想当然地认为,统一而连续的习惯是智慧的表征,因而就淘汰了听觉和触觉发达的人"[①]。波兹曼认为不仅实证主义不等于科学,而且实证主义所依赖的数据、实验、调查等手段更不等于科学。面对纷繁复杂的社会事物和精神活动,研究者不可简单地用自然科学的研究方法将对象从复杂的各种关系中剥离出来,以为只要把对象放置在显微镜下进行观察就可以得出真理。对此,有研究者以物理学和科学化的经济学为例进行了详尽地分析:"实验作为一种实践形式,它割裂了我们考察对象的一些关系。例如,一位科学家提出的真空条件下的化学反应理论,这种化学反应过程没有考虑到天气的影响,而对该理论也是通过真空条件下的实验进行检验的。一位经济学家并不能基于一定的假定条件,像上述实验那样去检验理论,例如,我们不能假定情感状态不重要。同时,经济学需要使用其他一些技术把不同要素的相互关系割裂开来。像逻辑分析一样,统计技术可以根据所关注问题的不同特征把它们区分开来。例如,为确定接受高水平教育的收入效应,统计分析可以去除居住地对收入产生的效应、就业部门的效应、性别影响以及家庭大小的影响等因素。这种处理的结果在一定程度

---

① 〔加〕马歇尔·麦克卢汉:《理解媒介——论人的延伸》,第45页。

上使收入与教育之间的关系很狭窄,而其中的一些关系被剥离出来了"①。无疑,在这种看似科学的统计技术的指导下,社会研究逐渐偏离了最为核心的、也是最为宝贵的关键因素,其研究成果以及研究活动本身的存在意义、研究价值等也就大打折扣。

面对自 19 世纪以来科学主义思想对社会研究领域的大规模入侵,波兹曼深感不安,认为这是将本质迥然不同的自然科学和社会科学混为一谈,并对社会科学研究产生了深远的不良影响。波兹曼大声疾呼,社会科学不同于自然科学,它本身就具有强烈的价值判断色彩,与形而上具有不可斩断的渊源,社会科学根本无法从人类社会错综复杂的关系中剥离出来。波兹曼强调研究者要正视社会科学的自身属性,重新审视社会研究领域中泛滥的实证主义/科学主义思想,树立起正确、严谨、负责的治学态度,高扬社会研究应有的价值观和道德观。

二、叙事与社会科学

波兹曼重视叙事,认为所有的社会科学实质上都是一种叙事。他在《通往未来的过去》中指出叙事"就是故事的意思,但是并非所有类型的故事,而是指大的故事——够渊博、够复杂到足以解释人类的起源与未来的故事,构筑理想、规范行为、建立权威的故事,并且因此而能提供延续与目的感"②。可见,波兹曼赋予叙事一种神学意义上的内涵,他也明确地提出社会科学实质上是道德神学的一个分支。由此,波兹曼进一步论证了社会科学不仅具有鲜明的价值判断色彩,而且充满了说教意味,与自然科学相距甚远。

波兹曼深谙名不正则言不顺的道理,他直接拿"社会科学"这一名称开刀。他质疑"社会科学"这一命名的正当性和合理性,反对"社会科学"一词的暗示含义,坦言不相信心理学家、社会学家、人类学家或者媒介环境学家研究的是科学。波兹曼对"科学"进行了重新定义,指出"科学"寻

---

① 曾欢:《西方科学主义思潮的历史轨迹》,世界知识出版社 2009 年版,第 89 页。
② 〔美〕尼尔·波斯曼:《通往未来的过去》,第 113 页。

求的是支配"过程"的永恒而普适的规律,并假定"过程"之中存在着因果关系。随着科学主义思潮泛滥,人们逐渐偏离了"科学"原本的定义和内涵,将"科学"概念不断地扩展和外延,到 20 世纪初,"科学"日益被用来描绘心理学家、社会学家甚至人类学家的成果。波兹曼认为这是对"科学"一词的滥用,具有极大的欺骗性,且是混乱的源头之一。为了强调和重申"科学"概念的本真内涵及其重要性,波兹曼调侃自己的这个"发现"足以使他同牛顿和爱因斯坦相提并论,即使只是站在他们的双脚旁边。[①]波兹曼借用迈克尔·奥克肖特对"过程"和"实践"的对比,指出自然社会中按照普适规律发生的、存在因果关系的活动是"过程",而在人类社会中,人类运用智力应对环境并与环境发生互动所产生的活动是"实践"。在实践中,人类活动受到情景、时间、地点、背景、情绪、文化偏见等个性化、多变性、历史性等众多因素的影响,是不可以用一套恒定不变的、普适性的因果关系去衡量和总结的。故此,适用于科学研究并取得了重大成果的研究方法对于社会研究而言明显是不适用的。

波兹曼认为,所有社会研究者的工作都是讲故事,他们编织着以人类行为为主题的叙事。将这一行为称为"讲故事",是因为该说法形象地表明了如下的事实:所有社会研究者的工作/成果都是研究者对大千世界中一系列的人类行为和社会事件的一种特别解释,而且研究者用各种形式的例子来支持自己的解释。更重要的是,社会研究者和小说家的解释一样,既可能被证实也可能被证伪,其魅力来自于作者语言的力量、解释的深度、例证的相关意义和主题的可信度。"正"和"误"这些自然科学领域里的词汇并不适用于社会研究,因为这些解释不存在普适天下、不可改变的正确或错误,我们难以对它们进行证伪[②]。芝加哥伊利诺伊大学的经济学家唐纳德·麦克洛斯基的以下说法有力地印证了波兹曼的观点:"经济学家是故事的讲述者和诗的制作者,认识到这一点,我们就能更好地了

[①] Neil Postman, "Social Science as Theology," *Etcetera*: *A Review of General Semantic*, Vol.41, 1984.

[②] Ibid.

解经济学家们做了什么"(1990b:5)①、把经济学家视为故事讲述者,能帮助我们理解为什么在并不存在"坏的经济学家"的情况下,经济学家们仍然会产生分歧。在《作为道德神学的社会科学》一文中,波兹曼重申了社会研究的目的是"对人类的理解力和价值作贡献""重新发现社会生活的真相;评价和批评人们的道德行为;最后提出暗喻、意象和理念,使人的生活能够获得一定程度的理解和尊严"②,在这些说教目的的支配下,社会研究者采取特定的、有意图的研究和讲述方式,以原型和隐喻来结构/编织故事。因此,社会研究著作就和小说一样,具有鲜明的说教意味。

不仅如此,波兹曼还告诫我们不仅要把宗教而且也要把科学视为一种叙事,它们所讲述的都不是绝对的真理。波兹曼认为,西方人继承了两个伟大故事,一个是以上帝来解释世界(如圣经讲述的故事),另一个是以科学与理性来解释世界(如欧几里得、伽利略、牛顿、达尔文讲述的故事),这两个故事"都激发对宇宙与人类奋斗的解释;这两个故事都讲述人类的脆弱与错误,还有人类的极限;这两个故事都可用以唤起我们的责任感,歌颂责任;这两个故事都蕴藏了充满希望与条理清楚的故事的种子"③。波兹曼反对"绝对的确定",对科学主义的"只要……你就可以无所不知、无往不胜"的这一话语模式表示了否定,认为"只有我们学习以新的谦逊态度解释宗教与科学,把它们当做是故事、是人类对真理的有限呈现,科学与宗教才会是有希望、有帮助、有生命的"④。

自然科学研究的目的是"发现",发现被掩盖的、不为人知的、普适而不变的自然规律及因果关系,社会科学不是"发现"而是"重述"。波兹曼认为,和道德神学一样,"社会研究从来不发现任何东西。它只是重新发

---

① 〔瑞典〕芭芭拉·查尔尼娅维斯卡:《社会科学研究中的叙事》,鞠玉翠等译,北京师范大学出版社2010年版,第138页。
② Neil Postman, "Social Science as Theology," Etcetera: A Review of General Semantic, Vol. 41, 1984.
③ 〔美〕尼尔·波斯曼:《通往未来的过去》,第127页。
④ 同上。

现人们过去知道、现在需要重述的东西"①。在历史长河中,每一代都流传着自己的一套解释方式,当新的一代接触的世界愈来愈广、愈来愈复杂之后,他们都必须重读过去的故事,不是否定过去的故事,而是修改与延伸旧有故事的意义,并以新的方式讲述古老的真理,来涵盖更广大的世界、符合新的时代。遵循这一思路,我们完全有理由将波兹曼媒介三部曲这一"故事"视为是对塔姆斯法老故事的又一种现代叙述。

三、反思传播学

科学主义及实证主义研究手法侵入到传播学研究领域的结果,便是传播学经验学派的出现,甚至可以说传播学从诞生之日起就深深扎根于实证主义之中。波兹曼从社会研究的独特性出发,对传播学经验学派的学术视野及实证主义主导传播学研究这一现状表示了极大的不满,指出社会研究必然具有鲜明的道德评判色彩,任何试图将社会研究归入自然研究的做法都是错误的,是落入了科学主义陷阱而不自知的。波兹曼指出科学主义的这一做法必将对社会研究乃至整个社会文化的发展产生消极影响。

传播学从诞生、兴起到繁荣,都与实证主义有着密不可分的血脉联系。传播学诞生于20世纪上半叶的美国,此时的美国正是实证主义思想的聚集地。第二次世界大战的爆发促使世界各地的学者纷纷涌入美国,实证主义思潮在美国走向巅峰。社会学、政治学、心理学等多领域内的学者在政府的资助下,从特定的关注点出发,围绕"二战"进行了一系列的传播效果研究。他们大多遵循实证主义思路,将实验控制、民意调查、模式分析等自然科学的研究方法引入传播学研究中。传播学"四大先驱"的传播学研究可为典型例证:有"犹如行为科学的达尔文"之称的拉斯韦尔在博士学位论文《世界大战中的宣传技巧》(1927)中,采用自然科学的研究方法对主要交战国的宣传策略及效果进行了全面分析。在二战时期

---

① 〔美〕尼尔·波斯曼:《通往未来的过去》,第94页。

"战时传播项目"中,他采取定量的和统计学的方法对同盟国和轴心国的宣传进行内容分析。在《权力与社会》(1950)中,他主张把心理学和社会学的知识及研究技术引入政治学研究,强调运用科学的方法对政治过程进行详细调查和微观研究;耶鲁大学心理学教授霍夫兰推广并完善了控制实验法在传播学领域的应用。1942年,在美国陆军总参谋长马歇尔的授意下,霍夫兰设计了一系列实验来检测电影《我们为何而战》对士兵态度的影响,并在此基础上完成《大众传播实验》一书;哥伦比亚大学教授拉扎斯菲尔德将民意测验引入传播学研究,他采用大范围的民意测验,通过样本调查得出影响个人行为的具有因果关系的推论。其后,社会调查法逐渐在传播研究领域盛行起来,迄今仍蔚为主流。"四大先驱"的最后一位"实验社会心理学之父"卢因,不仅率先将类似自然科学的实验方法应用于社会心理学,而且还将这一研究方式移植到传播学研究中,为后来者提供了有效而典范的研究方式。《传播学史》一书的译者殷晓蓉教授认为经验主义传播学的建立与开展立足于三个哲学基点,除了"它是归纳主义的""它是因果决定论的"这两个基点之外,第三个就是"它诉诸持续的量化,诉诸统计实验"①。可以说,以经验学派开始的传播学从创建之始就是建基于调查分析、控制实验和统计分析等研究方法之上的,并且是在实证主义思想的孕育中迅猛发展起来的。

  传播学经验学派脱胎于实证主义,深受孔德、迪尔凯姆等实证主义者思想的浸染。经验学派研究者认为,和自然科学的研究对象一样,传播学的研究对象也是客观、独立、固定的存在于某一个地方,等待研究者以各种实验性、测量性的探测手法,去揭示真实面目,探寻普适性的规律。在实证主义的传播研究中,研究者基本都赞同并遵循迪尔凯姆关于"社会事实是'物'"的这一观念,认为研究对象(如电视节目、报纸版面、演讲内容、传播者的肢体信息、传播现场环境等)是客观的,因为这些"物"是独立于研究人员,也独立于受众的。作为一种社会事实,这些内容都是可以

---

① 殷晓蓉:《战后美国经验主义传播学的演变及其启示》,《新闻大学》1999年第2期。

通过操作性的手法进行测量的：如非连续的诱导信息、内容模式的一般指标（如在议程设置研究中），或按流行的说法即情节、叙事结构、角色行为模式以及其他的节目形态特征。在媒介使用研究方面，同样如此。在这类研究中，人们有先在安排和背景特征（如年龄、阶级、性别、种族、教育程度、家庭规模等等）以及因媒介（如电视）而发生的某些特定行动和感觉，所有这些内容都可以作为非连续的变量进行测量。通过这种方法，不仅经验的客观一方与主观一方的平衡发生了变化，而且，媒体的客观特征——不管它们是什么——也被当作是分离于媒体使用的主观方面的，媒体和其使用状况就能按其本来面目进行测量。[1] 通观实证主义的传播理论研究，可以发现它们普遍存在的共同点，即往往指定一媒体，通常是该媒体的某一方面，与人们使用该媒体时产生的主观体验或行为的某一两个维度之间的假设性关系是否存在。这一研究目标是建立一种精确的测量技术，正如赫伯特·布鲁默指出的那样，变量分析技术对大众传播作用方面的社会事实的积累和知识积累而言，已经成为不可或缺的东西了。[2] 无论研究者采取统计调查、实验研究或内容分析的研究方法，其预设是将受众的社会体验视为一种可测量的变量。通过测量，可能的变化模型就能像事实上发生的那样得到证明。通过这一手段，研究者成功地将自然科学的研究方法和精神引入传播学，使传播学（以经验学派为代表）远离形而上的思辨方式，以科学的面貌成为学科建制体系的组成部分，并蓬勃发展起来。对此，波兹曼认为作为社会研究组成部分的传播学不可能免于价值判断，任何自诩为客观公正科学的研究都是自欺欺人。目前传播学界之所以广泛采用实证主义的研究手法，是因为研究者借此可以名正言顺地回避难以言说的形而上意义，回避错综复杂的各类文化立场、价值取向、情感偏见等主观因素，代之以一套明确客观、科学严谨的操作手段和分析流程，将庞大的数据池作为支撑，在最短的时间内、以最

---

[1] 〔美〕隆·莱博:《思考电视》，葛忠明译，中华书局 2005 年版，第 50 页。
[2] Herbert Blumer, *Symbolic Interactionism*, New York: University of California, 1969. 转引自〔美〕隆·莱博:《思考电视》，葛忠明译，中华书局 2005 年版，第 48 页。

高的效率获得"权威"的调查数据,实现为研究工作的预设目的服务,为特定的政治目的服务。这也是为什么政府部门热衷于资助此类研究活动的重要原因。

在媒介环境学派出现之前,传播学研究主要分为两派,即经验学派(又称管理学派)和批判学派。经验学派主要进行媒介影响研究,关注的是媒介内容对使用者或消费者的影响,采用经验主义的方法去验证媒介对人的短期行为的影响(Bryant&Thompson,2002),呈现出"定性经验主义、功能主义和实证主义"(Roger,1982:125)的研究特点。批判学派同样关注的是大众媒介的内容对社会的影响,不过它的政治意识形态视野和理论视野始终是和经验学派的主导范式决然对立的(Ferment in the field, 1983;Rogers,1982)。批判学派着重研究大众媒介的政治经济学,关注媒介的所有权、政治和公司对媒介的控制以及它们如何在媒介内容的生产、销售与获取上扮演重要的角色。[①] 波兹曼依循伊尼斯、麦克卢汉的研究思路,从媒介方式入手进行媒介影响研究,关注媒介/技术方式对社会文化造成的形式上和根本问题上的冲击。由此,波兹曼开创了媒介环境学派,他视媒介为环境,指出在由媒介构建的环境中,所有事物都是互相联系和影响的。波兹曼反对经验学派的定量的和割裂性的研究范式,强调历史性和整合性的研究范式。对此,林文刚认为"从吉林特(1978)所谓反叛的观点来判断,媒介环境学视角的露头,在当时的传播学界真正是构成了对当时主导范式的反叛"[②]。这种反叛是与传播学批判学派殊途同归的,因为批判学派也是对北美传播学研究主导范式的反叛。

传播学的一个重要内容是舆论研究,经验学派的很多重要成果都是围绕舆论研究开展的,而且多是采用民意调查这一实证主义的研究方式。在全世界范围内,民意调查深受研究学者们的喜爱。仅以美国为例,美国每年进行的大大小小的民意调查成千上万,所消耗的资金每年多达数十亿美元;除著名的盖洛普、哈里斯、皮尤等全国性的舆论调查机构外,一些

---

① 〔美〕林文刚:《媒介环境学》,第13页。
② 同上书,第24页。

电视台、网站和报刊等媒体也积极实施和报道自己的舆论调查,政府部门和私人机构还成立有 200 多家民意调查机构。① 波兹曼以审视的眼光打量遍地开花的各类调查、实验和令人眼花缭乱的统计数字,质疑这类手法标榜的"科学性"原则。值得注意的是,波兹曼对民意调查的批判也是和他对主流"舆论"观点的反叛紧密结合在一起的。在舆论研究上,波兹曼拥有与经验学派截然不同的看法,他对经验学派的舆论观点及民意调查的研究手法进行了批评。

对舆论的看法,波兹曼与布迪厄是一致的。布迪厄认为公共舆论是无法通过民意调查而测量出来的。人们在面对同一问题时所表现出来的复杂多样性是无法用简单的统计学,更无法用选择题或是非题来进行概括和表述的。布迪厄从根本上否认了舆论调查的真实性,指出公众舆论只是一种幻象,是一种被滥用从而毫无意义的修辞。他认为任何人通过精心地设计问卷都可以诱导公众的回答,进而制造出调查人想要的公众舆论。建立在这种虚假结果基础上的新闻更是荒谬的离谱,因为不求甚解且希望简单明了的记者们常常把已经简单化的数据进一步简化,于是原本复杂多样、不可测量的公众舆论就常常变成"50%的公民同意停建铁路"之类的话语。此外,为了制造对自己有利的舆论,公关专家可以通过公关手段和音像资料,造成在某一问题上的多数意见的假象。立法者以及利益集团发言人甚至可以简单地用"舆论认为"这一话语(就如同在技术垄断文化中,专家们惯用的"科学证明"之类话语一样),就轻而易举地实现了对公众舆论的"强奸",任何的反抗和质疑都是多余的。布迪厄对民意调查中所使用的问卷进行了严厉的批判,指出问卷具有认识论上的潜在偏向,因此,我们应当对问卷进行严格的解读,从问题内容的选择、问题的排序、问题设计等多个方面对每一个问题都进行认识论上的审查,而且还要从整个问题的系统出发讨论全部答案,从而了解什么是人们所认为的他们正在回答的问题。还有学者认为民意调查所收集的只不过是

---

① 刘旸辉:《美国新闻界对社会舆论的报道与研究》,《中国记者》2010 年第 2 期。

"人们在特定访问条件下对某种问题表述的反应"而非舆论。① 以上这些观点都在波兹曼对调查统计的批判中得到或多或少的体现。

在《技术垄断》中,波兹曼以公共舆论研究为例,深入分析了民意调查存在的四个问题,对"舆论"提出了与布迪厄如下观点。第一,公共舆论调查的结果看上去是客观而科学的,实际上是和调查人向公众提问的形式有直接关系。因为不同的提问方式导致的结果可以是不同的,甚至是截然相反的。作为调查问卷的典型问题——是非题——不能给予公共舆论以丰富而明确的意义,是非题这一问题类型之所以被调查问卷广泛采用,只是因为是非题的数据可以轻松地进入数据库成为统计分析的对象。第二,民意测验得以实施的一个前提假设是:舆论是人身上的一个东西,你可以靠问卷给它定位,并将它从人身上抽取出来。但是,舆论(意见)不是特定时刻呈现出来的一个固定的事物,如自然对象那样客观稳定,而是人的一个思考过程,有一个由不断获取知识以及拷问、讨论和辩论而形成的思维过程。因此,意见是不可测量的,它是动态的、变化的、参与性和介入性的,是具有特定文化背景和偏向的。同样,人们的意见表达以及对此进行测量的过程是一个多维的、受到多因素影响的过程,调查者应该对此进行认真评估,以理解不同问题上公众舆论的特点。然而民意调查掩盖了这个过程,缩减了多维性,屏蔽了各类影响因素,进而营造出一种假象。第三,问卷调查往往忽略调查对象对问卷课题的了解,由此导致的就是调查答案及数据缺乏可信度。第四,民意测验颠倒了政治领袖的责任和选民的责任。政治领袖逐步放弃依靠个人智慧和经验进行判断决策的权力,转为依靠选民的意见并将之作为自己决策的主要依据,无论这些意见是多么的孤陋寡闻、缺乏远见。波兹曼将此命名为"责任迁移过程",强烈批判政治领袖的不作为和逃避行为。波兹曼的这一观点与古希腊哲学家的观点具有明显的承续关系。色诺芬尼、巴门尼德和柏拉图等古希腊哲学家们认为,"所谓舆论,其实是一些变化无常的判断,介乎有知

---

① 许静:《舆论研究:从思辨到实证》,《国际新闻界》2009 年第 10 期。

和无知之间,不能和知识相提并论。真理更是超出了大多数人的理解力。一个统治者如果不去致力于自身品质的提升,而去迎合民意,声称以民意为依归,就不是一个合格的领袖,而是蛊惑家"①。

调查统计技术泛滥之后,越来越多的"责任迁移"得以顺利实现,这对整个社会文化发展具有深远的不良影响。波兹曼特别指出这一过程在电视节目评价体系中得到了最为充分的体现:"好"的电视节目就是收视率高的节目,相反则是"差"节目。电视台以每周一次的收视率调查来决定节目的存亡,由此带来的是电视节目创作者和小说家不再按照传统意义上的评判标准去创造和衡量节目/作品的内涵、质量及影响,只以观众的人头数马首是瞻。于是,以迎合观众的趣味为主而轻视其他的社会风气愈演愈烈。随着互联网的普及,借助先进的技术软件,各类民意调查、决策投票等得到更为方便顺畅的实施,连上互联网的人们只要轻点鼠标,海量的意见瞬间便可以被传递和统计。由此,被波兹曼批判的社会事务决策上的"责任迁移"现象、科学主义对社会研究的侵犯等做法借由互联网进一步地蔓延开来。虽然波兹曼没有直接论述他对于大多数人暴力以及乌合之众的看法,但是,很明显,波兹曼一定程度上继承了苏格拉底、柏拉图、托克维尔、汉密尔顿和麦迪逊等人的精英主义传统,和李普曼、哈贝马斯、布迪厄同处一个阵营。

需要说明的是,波兹曼并不反对统计学及调查分析方法,他承认这些研究方法在推进社会研究工作、增强社会研究理论的说服力等方面确实发挥了重要作用。波兹曼反对的是对这些方法不加区分地滥用。就调查分析中的统计数字而言,波兹曼表明他并不认为用数字说话毫无用处,但是需要警惕的是,统计数字一旦失控,就会侵犯社会话语,造成语言的浩劫,进而导致信息委琐和信息泛滥,使真正对我们有用的信息被埋葬在鸡毛蒜皮、不知所云的信息垃圾里。因此,波兹曼反对的不是统计数字,而是反对统计数字的失控和泛滥。面对社会研究中举目皆是的各类调查统

---

① 许静:《舆论研究:从思辨到实证》,《国际新闻界》2009 年第 10 期。

计问卷,波兹曼告诫我们"除非知道民意测验里设计的是什么问题并为何这样问,否则就不要理睬民意测验"①,此即波兹曼提出的爱心斗士应遵循的"十个原理"中位列第一的重要原理。此原理是继法兰克福学派之后,对传统传播学研究范式的再一次反叛。可以想象,如果社会大众理解、接受波兹曼的观点并付诸实践的话,那必是对当前的传播学经验学派研究工作的一大重创,当然更是对传播学研究方法及方向的一次难得而珍贵的矫正。

在批判技术的历史中,波兹曼不是第一个也绝不是最后一个。在他的字里行间鲜活地涌动着法兰克福批判学者、西方马克思主义学者、芒福德等人的思想血脉,波兹曼只不过是在一个新的时代用自己的话语,对过往思想进行了一次具有创造性的重述。波兹曼的创造性贡献在于,他极富洞见地指出了当下最急迫的威胁:在美国,娱乐至上的态度以及技术垄断已经威胁甚至彻底取代了其他的所有价值体系。波兹曼的这个洞见对于当代中国的发展尤其具有指导和借鉴意义。一方面,中国政府和社会大众普遍认识到科技的重要作用,认识到科学技术是推动人类历史前进的重要力量。另一方面,我们也要看到,在社会高速发展的同时,由技术引发的各类社会问题层出不穷。在技术神话面前,人们不再相信个人的实践经验和理性判断,转而将技术作为顶礼膜拜的对象。《种田老把式的"科技"情结》这一篇广播新闻便是这种社会现象的典型反映:"今年67岁的彭炳森是位种田的老把式了,这几天他到安徽肥西县丰乐镇上的农资店已经跑了两趟,就为了在测土配方施肥专家系统上核实确认下一季稻田的肥料配方⋯⋯在这个系统里,只要用手轻轻一点,肥西县境内的每一块土地的营养状况便可以一目了然地呈现:'那个都是经过科学化验出来的,肥料出来都是根据土壤配方的,你就不要操心了。'⋯⋯为了夺丰收,老彭又把土肥站的专家请到了地里。经过专家估算,后期天气良好的

---

① 〔美〕尼尔·波斯曼:《技术垄断》,第110页。

话,老彭家的小麦亩产有望突破 900 斤……彭炳森感慨道:'不相信科学是不行的,你自己用这个老方法干是不行的。'……从测土配方、到病虫害的综合防治再到大型农机的应用,每一个环节都贴上了科技的标签,老彭在致富的道路上跑出漂亮的'加速度'。"[①]于是,一个人半个多世纪的生活历练被一笔勾销,一个沧桑老农毕生累积的种田经验和生活智慧全然敌不过一个高科技的机器。笔者闻之,甚觉好笑荒唐之外又感悲哀。这就是技术垄断在当代中国农村的一个鲜活呈现。波兹曼恳切而焦虑的话语声又一次地在耳边回响。所以,波兹曼的思想没有过时,当代中国的研究者更应该认真地理解波兹曼的思想,延续波兹曼的研究思路去审视技术,尤其是审视互联网这一渗透寻常百姓生活的技术,探寻并揭示新时代中不断涌现的新技术对社会走向所产生的深远影响。

---

① 刘飞、张建亚:《种田老把式的"科技"情结》,中国之声《新闻和报纸摘要》2012 年 3 月 31 日。

第四章　应对信息泛滥

在技术叙述一支独大而传统叙述日益沉默的当下,社会大众被电子媒介产生的巨大的信息洪流缠绕包围,如何应对这些信息才能使自己有效地抵抗技术叙事的霸权、保持理性和批判精神,免于沦落为信息/技术的奴隶,这正是波兹曼进行媒介环境研究的最终旨归。波兹曼关心的并不只是个人的应对,"如何处理过多的资讯。解决方法之一,当然就是让自己得不到资讯……我不用电子邮件,因为电子邮件会使我成为一拖拉库讯息都瞄准的靶子,而这些讯息几乎都与我的生活没有多大的关联……不过我在此关心的不是个人的因应对策"①,而是关心电子文化时代的社会大众如何才能拥有有效的因应对策,并成为理性负责的个体。在媒体方面,波兹曼希望作为印刷文化产物的报纸能够远离资讯产业进入知识产业,帮助我们知道如何解释资讯、分辨/筛选信息,进而帮助我们每一个人解决资讯过剩的问题。在教育方面,波兹曼认为教育是应对信息失控、对抗电子媒介倾向、实现文化制衡的重要力量。他对教育(尤其是学校教育)寄予厚望。然而,当前的教育受技术神话蒙蔽而误入歧途。所以,波兹曼提出要进行改革以挽救教育。

第一节　波兹曼的文化保存观

面对电子文化时代不断涌现的种种新问题,技术垄断的对策是发明新技术去解决新问题。然而,新技术必然带来新问题,于是,人们便陷入

---

① 〔美〕尼尔·波斯曼:《通往未来的过去》,第104页。

了这样一个怪圈即为了解决问题又创造出了更多的问题。很明显,波兹曼坚决反对这种思路,他提供了一个截然相反的做法即用保存的方式去挽留似乎是过时的却有价值的旧文化来对抗新问题。他在承认电子媒介对社会进步具有巨大推动作用的同时,清醒地认识到电子媒介的负面影响,认为如果人类任由电子媒介统治而不加以反向性和补充性的调节,那么人类就将走向自我毁灭的终点。波兹曼认为没有比印刷文化能更为有效地节制和调控电子媒介的事物了。然而,在电子文化的攻击下,印刷文化伤痕累累,如履薄冰,它的生存都成为一个问题。因此,如何挽救印刷文化及其宝贵、有价值的衍生物,以有效地改变人类在电子媒介环境中所处的被动局面,这是波兹曼密切关注并深入考虑的问题。文化保存观是波兹曼媒介环境学研究的一个重要成果。波兹曼指出应该系统、全面、历史、辩证地考察媒介对社会文化的影响,明了当下媒介时代存在的偏向及由此而来的危险,我们应该挽救与新媒介偏向迥异的、濒临灭绝却充满价值和存在理由的旧媒介文化,从而实现人类的自救。

从制衡角度出发,波兹曼强调文化的平衡,将此作为文化保存观的重要原则,并指出实现文化保存、维护媒介平衡的重要途径/手段是教育。其实早在《作为颠覆活动的教学》(1969)中,波兹曼就具有了教育保存意识,提出了学校的任务是培养废话探测者进而发挥保存功能的观点。波兹曼汲取了大卫·雷斯曼(David Riesman)、诺伯特·维纳(Norbert Wiener)、埃里克·霍弗(Eric Hoffer)等人的思想,并回顾了他们的观点:雷斯曼提出了"反周期"的教育方法,认为学校应该强调被其他重要机构忽视的文化价值;霍弗相信保存的质量是一种文化生活质量的最好指标;维纳坚持学校现在必须发挥"逆熵反馈系统"的功能。虽然"熵"表示着宇宙中所有系统(自然的和人造的)普遍而无误的、不可扭转的必然趋势——报废、走向混乱和无用,但是我们可以减缓并部分地控制住它,而控制它的一种方式就是"保存"。为了成为反熵力,我们必须有足够的反馈。换句话说,当我们每况愈下时,当保存成为需要时,必须有工具(instruments)告诉我们。维纳指出承担这一使命的就是那些经过教育而能够意识到变化的人们,是对变化引发的问题具有高度敏锐性的人们,是当熵加速到危险程度而有意识、有勇气发出警世危言的人们。① 这就是波兹曼所谓的"废话探测者"。此外,波兹曼认同的还有约翰·加德纳(John Gardner)提出的"不断更新的社会"(ever-renewing society)和肯尼思·博尔丁(Kenneth Boulding)提出的"社会自觉"(social self-consciousness)等观点。1969年的波兹曼深受麦克卢汉影响,对新兴的电子媒介抱以乐观积极的态度,认为这些新媒介对当前缺乏生气且保守陈旧的社会文化而言是一针活力剂。然而,与新媒介的蓬勃发展形成鲜明对照的是,教育尤其是学校教育却无视新媒介,依旧按照传统的教学方法(聚精会神地以印刷媒介为中心)进行课堂教育。这一做法体现了媒介环境的不平衡,造成了学校教育的落后并进一步加剧了媒介环境的失衡。有鉴于此,波兹曼从平衡的观点出发敦促老师和学生在教学过程中加入电子媒介这一"新语言",以帮助学生更好地适应/使用学校之外、现实生活中的新媒介,进而有利于年轻人的成长和社会化。

尽管《作为保存活动的教学》(1979)的出版标志着波兹曼哲学态度的大转变,但是波兹曼依旧坚持教育应发挥保存功能的看法。在这本书中,波兹曼立足于多年一线教师的实践经验,通过对社会现实的理性判断和对教育的深入思考,对理想教育进行勾画,明确提出了"教育的最佳构想是恒温器"(Postman, 1979: 19)②这一观点。波兹曼再次引入诺伯特·维纳的控制论原理,告诫我们要注意维持系统平衡的手段。在此基础上,波兹曼将教育比为"恒温器",指出"环境呈现出创新势态时,教育就尽力保存传统。换句话说,社会受环境约束时,教育就表现出创新的态势。无论社会是快速变化或是静止不动,教育都需要不紧不慢。教育的功能总是对潮流进行反制,并推出反面的景象。教育的恒温器观点并不

---

① Neil Postman, Charles Weingartner, *Teaching as a Subversive Activity*, New York: Dell Publishing Co., Inc., 1969, p.4.
② 〔美〕林文刚:《媒介环境学》,第169页。

是以意识形态为中心,而是以平衡为中心"①。从这个角度出发,可以很好地解释波兹曼在《作为颠覆活动的教学》与《作为保存活动的教学》前后相距十年的著作中所显示出的思想张力。十年之后,波兹曼看到迅猛发展的电子媒介对整个社会文化的席卷,图像尤其是电视图像在当时的美国文化中日益占据着支配的地位,而印刷文化及其衍生物的传承则岌岌可危。当时的学校教育热衷于对新媒介的吸纳,不加思考和区分地将新媒介引入课堂教学,认为唯有如此才能最有效地提高课堂的教学效果。在新媒介环境的影响下,整个学校教育的目标和方法都发生了重要改变。进而,整个社会文化出现了明显的失衡,这令波兹曼大为忧虑。所以,他一改十年前的观点,强调印刷媒介和印刷词语,指出学校是保存印刷文化以抗衡电子文化、保持文化平衡的重要机构。

通过将媒介作为环境进行研究,波兹曼以清醒冷静、审慎批判的态度面对现代社会中新技术的日新月异,看到了新旧媒介发展不平衡所导致的隐藏的文化危机。波兹曼深谙解铃还须系铃人的道理,针对当前的文化危机,波兹曼从媒介的角度寻找解决/缓解的办法,提出了文化保存观,指出唯有通过保存印刷文化,才能有效地对抗电子媒介的偏向,驱除迷雾,帮助快速前进的人类社会重回充满希望的正途。这既是波兹曼研究之后得出的结论,也是波兹曼作为一个严肃负责的公共知识分子,为维护社会文化朝着持续健康的方向发展,所作出的积极而切实的努力。

第二节 波兹曼的教育改革思想

电视是娱乐的代言人,是娱乐世界的制造者。电视不仅与思考格格不入,而且排斥思考。对电视而言,反省和回味都是多余的和浪费时间的,"时间就是金钱"这一价值观在电视尤其是电视广告中得到了充分直观的体现,时间是留给广告商的,而不是留给观众的。所以,如果你要思

---

① 〔美〕林文刚:《媒介环境学》,第170页。

考,那么请关掉电视。除此,波兹曼认为别无他法。但是,我们必须要问的是,在关上了电视之后,如何消解已经电视化的现实和各种事物。因为电视已经成功地营造出了一个躲躲猫的世界,这是一个不追溯根源、不展望未来、不需要思考、不采取行动的世界,是一个消解了严肃和深刻,驱逐了思考和行动,崇尚即时和直观,膜拜迅速和海量,不注重实用只关注"看上去"的世界,人们的思维和话语都普遍沾染着电视的特性。该怎么办呢?波兹曼给出的回答是"教育"。然而,电子媒介时代的教育也出现了严重问题。于是,波兹曼围绕教育展开了一系列地深入探讨,提出了改革举措,期望能够将教育重新引入正途。

一、学校的再界定

通过对社会文化的考量,波兹曼指出在电子媒介时代,学校是矫正错误、解决问题的主要工具,肩负着制衡电子文化倾向的重任。然而,在这个关键时期,学校本身却"生病"了,而且是从"目的"到"方法"都出现了严重的问题。波兹曼赞同孔子、柏拉图、西塞罗、杰斐逊、卢梭、杜威等人的教育观点,认为教育的最终目的是要促进一种超验的政治、精神或社会理念,如杜威强调教育的目的之一是帮助学生在不断变化、困惑模糊的世界里,在前途不明朗的情况下正常生活。然而,当前的学校教育不仅没能正确认识到自身在新媒介时代应承担的社会责任,反而错误地将教学效果不佳归咎于与新媒介教学手段的脱轨。这种教育不仅没能实现杜威提倡的教育目的,反而进一步误导了年轻人。概言之,学校放弃了严肃高尚的教育哲学,用"方法"取代"目的",主动地、过度地迎合新媒介,变得急功近利、舍本逐末。如果任由此种错误发展,将导致教育的终结。所以,波兹曼提出要严肃认真地重新界定学校教育的任务、目的和方法,以应对电子媒介社会中不断涌现的种种问题。

波兹曼延续了《技术垄断》的思路,指出技术垄断严重地侵袭了教育领域。在技术垄断社会中,人们普遍认为唯有采用新媒介/技术才能做得更好,教育也是如此。人们将教育问题的最终解决寄希望于新技术(电子媒介)的引入,认为用了PowerPoint后教学效果必定突飞猛进,不少中小学校长甚至认为计算机终将解决儿童教育的问题。对于当前教育的不尽如人意,一些教育改革家将之归结为学校教育没有跟上新媒介/技术进步的脚步,提出要积极广泛地将新媒介/技术引入课堂。学校热情地将课堂改造成充满娱乐色彩的地方(就如电视节目一般),将多媒体、互联网、iPad等电子设备引入教室等,真心地认为唯有课堂教学与电子媒介紧密接轨,才能收获大胜以往的教学效果,培育出适应当前电子媒介时代的全新的年轻人。技术垄断社会中深入人心的一个观念是,计算机是国家未来经济发展和个人自身工作提升的关键,只有学好计算机/互联网技术才能更好地促进学习和工作,我们绝不能够在信息高速公路上掉队。这一观念在学校课程安排上表现为技术训练尤其是计算机训练成为教育体制压倒一切的任务。

对此,波兹曼表示嘲笑,指出用PowerPoint的老师一定比那些没有用新媒介的老师上的课要好的观点是无稽之谈,用电脑写作的人不见得就能写出好文章,相反,用笔写出好文章的大有人在。当然,我们必须明白,波兹曼并非一概否定将新技术运用于教育,他一再申明"我并不反对学校将教室连上互联网,或是提供学生个人电脑……我的重点是,如果我们要将科技教育纳入课程,课程的目的必须是教导学生使用科技,而不是被科技使用,这意味着学生必须知道应用科技对社会与他们个人生活的影响"①。因此,是否使用新媒介,不是教育成败的决定性因素。如果教育工作者不对技术保持一个清醒的头脑,不对学生进行媒介素养教育,那么他们必然对技术的偏向、技术将把我们引向何方等毫无所知。这对人类的发展是十分危险的。

另一方面,教育误入歧途的后果之一是"未来冲击"的出现。在失去教育的正确指导后,人们面对泛滥的信息无所适从,患上了类似精神病的信息强迫症。当然,"未来冲击"出现的原因不止一个,其中之一是教育

---

① 〔美〕尼尔·波斯曼:《通往未来的过去》,第188页。

不能为人们提供正确的价值观、人生观和世界观,不能提供正确的指导,不能有效地教导人们清醒、全面、辩证地认识社会现实,不能帮助人们有效地应对电子媒介以及随之而来的信息冲击。教育的失败直接造成了在面对快速变化的技术变革以及由此而来的社会文化变动时人们行为上的手足无措和精神上的无所依托。不仅如此,学校自以为是的课程改革反而加剧了这种信息泛滥,"文化素养"观念的出现就是印刷文化时代学校课程结构瓦解最明显的征兆。波兹曼指出,"文化素养"观念依据的理念是一个人应该掌握数以千计的人名、地名和警语并以此提高自身的文化教养。可是,所谓的"文化素养",就编排而言,它缺乏稳定而有依据的信息筛选/组织原则;就内容而言,它不区分对象、不考虑实践价值、与日常生活毫无关联;就动机而言,人们背诵庞杂的人名、地名、警语的目的不是为了指导实践活动、深化思考以及推动社会进步,而仅仅是为了"文化素养"而背诵。在这里,所谓的"文化素养"知识实际上是毫无用处的委琐讯息,因为人们不能通过它们提高对人生和世界的认识,不能在实践生活中产生切实的指导作用。如果多少有些作用的话,那就是应付考试和自我炫耀。波兹曼嘲讽地指出,在美国的教育实践中,文化素养的内容被不断拓展,最终将会以《美利坚百科全书》和《韦氏第三版国际词典》作为权威而省事的教科书。由此可见,"文化素养"是技术垄断的典型产物,具有信息量大且多样、不断变动、不可被整体掌控和描述等特点。"文化素养"进一步加剧了信息泛滥的程度,使世界越发地难以被把握。为了纠正"文化素养",塑造正确的"文化教养"观,波兹曼对"教养"做了如下描绘:"就是懂得知识的源头和发展,理解知识的体系;就是熟悉最优秀的思想和言论,熟悉这些优秀遗产赖以产生的思想机制和创造机制;就是学会如何参与罗伯特·梅纳德·哈钦斯所谓伟大的回话,哪怕是作为听众参与也很好。"[①]真正的教养并不是要掌握无穷尽而无用的知识,而是具有一个理性丰富、能够甄别真假和正确判断的头脑。当前教育界的文化素养

---

① 〔美〕尼尔·波斯曼:《技术垄断》,第113页。

课程并不是解决信息过剩的办法,而仅仅是对信息过剩的描述。波兹曼切中肯綮地指出,这实际上是把疾病当作治病良方,不仅于疾病的治疗于事无补,而且有害而无益。当前,文化素养的热潮从美国传入中国,文化素养课程也被众多学校列入课程表付诸实施。当然,笔者并不是完全否定国内学校的素养教育,认为文化素养在一定程度上是对国内教育过于偏重专科性的一个矫正,但是具体做法可以结合波兹曼的意见进行再考量,以尽可能实现构建该课程的初衷,获得最切实际的教育效果。

电子媒介(尤其是电视)使信息环境发生了质的改变。波兹曼在芒福德(1934)和艾吕尔(1964)思想的基础上,将电子时代的信息环境描述如下:"我们的下一代正在信息环境里成长,一方面,这个信息环境偏向于视觉意象、非连续性、直接性和非逻辑性,因而是反历史、反科学、反观念、反理性的。另一方面,这种情况发生的语境又具有技术化程度最高的宗教偏向或哲学偏向。这就意味着,我们失去了思考和判断的信心和能力,于是我们心甘情愿地把这些观念交给机器。机器曾经被认为是'人的延伸',可是如今人却成了'机器的延伸'。"[1]就目前而言,学校作为"少数几个保存下来的以传播的非电子模式组织起来的信息系统之一"[2],是唯一有希望、有能力对抗电子媒介倾向的社会机构。但是,如果不对学校教育进行改革,不重新审定和调整学校教育的目的和方法,那么,等待我们的就将是教育的终结。电视/计算机/互联网将彻底取代学校,不仅成为儿童的第一课堂(这已成为现实),而且将会成为年轻人的唯一课堂。这是人类的一个重大损失!因此,我们应高度重视,保护教育不致消亡。

在电子媒介时代,当前教育存在的主要问题是调节器失灵。学校丧失了调节社会文化倾向的功能,迷失了方向,将原本肩负崇高理想的学校降格为短视的、功利的、实用的职业培训场所(以计算机/互联网技术培训为代表),使严肃理性的教育哲学萎缩为浅薄的娱乐哲学。所以,波兹曼

---

[1] 〔美〕林文刚:《媒介环境学》,第171页。
[2] Neil Postman, *Teaching as a Conserving Acctivty*, New York: Dell Publishing Co., Inc., 1979, p.47.

强调指出学校教育承担的一个重要功能是,在它服务的社会/文化里发挥调节作用从而使社会/文化保持一个良好的平衡状态,因此,学校的首要目的是拯救并维持主导潮流影响下失去的东西,也就是被忽视、看不见的或被遗忘的东西。在电子文化横扫一切的当下,教育要拯救的对象是濒临绝境的印刷文化及其衍生物。波兹曼对印刷文化的爱恋和缅怀溢于言表,充分肯定了印刷文化的衍生物——学校对促进印刷文化以及整个人类社会的发展繁荣所作出的历史贡献。波兹曼指出学校是印刷文化的产物,同时学校也是一种技术,它具有自身特定的结构模式、程序原则和潜藏的偏向性,重在培育理性/线性思维,强调严肃、意义、历史和思考等,学校最重要的贡献是"给学生的学习提供连贯的意识,培养特定的宗旨、意义和相互关联的意识"[1]。然而,所有这些优秀的品质和意识都因受到了电子媒介的猛烈攻击而变得支离破碎。波兹曼认为这对人类文化的进步是一个危险的信号,因为失去了这些宝贵品质的人们是不能为社会文化的进步作出持久的贡献。

二、教育与再启蒙

20世纪刚刚崭露头角之时,马克斯·韦伯认为"理智化和理性化的增进,并不意味着人对生存条件的一般知识也随之增加。但这里含有另一层意义,即这样的知识或信念:只要人们想知道,他任何时候都能够知道;从原则上说,再也没有什么神秘莫测、无法计算的力量在起作用,人们可以通过计算掌握一切。而这就意味着为世界除魅"[2]。概言之,韦伯用"解除世界魔咒"(disenchantment)一词比喻世界范围内理性战胜了迷信和巫术,在这个过程中,人类展现出了不可比拟的自豪和骄傲。然而,他没有想到,在之后的短短百年中,技术垄断时代降临,原本引以为豪的理

---

[1] 〔美〕尼尔·波斯曼:《技术垄断》,第111页。
[2] 〔德〕马克斯·韦伯:《学术与政治》,冯克利译,三联书店2005年版,第29页。

性踪影难寻。对此,保罗·维希留(Paul Virilio)①沉重地指出人类又重新戴上了"科学的魔咒",而且至今仍未找到解咒的药方。和维希留不同,波兹曼指明了解咒的药方——通过教育来拯救理性,实现人类的再次启蒙。

面对技术垄断,波兹曼强调要对社会大众进行再次启蒙,以重新唤醒理性意识,实现的途径就是通过教育改革来培养年轻人的理性及批判思维(这是建基于铅字之上的思维),以对抗建基于电子媒介的非理性和反历史思维。为此,波兹曼回首18世纪,指出"未来就在18世纪,现代世界众多有价值的事物,均肇端于18世纪"②,希望修建起一座连接18世纪与未来的桥梁,引导我们走向更为人性的未来。

历史上第一次大范围的启蒙运动发生在18世纪,启蒙是这个世纪的一个显著标签。对于启蒙,波兹曼将之界定为"18世纪的哲学运动,主要是从理性主义的角度,批判过去广为接受的学说与制度"③。在这场运动中,理性主义彻底扭转了人们思考世界的方式,帮助人们摆脱了对传统、沿袭的智慧和迷信的顺从,发现了人自身强大的理性力量,人们开始以理性审视过往的一切,敢于批判权威和传统,一个大写的"人"被重新树立起来。从媒介发展的角度看,启蒙运动的出现与印刷书籍的广泛流传和市民社会整体文化水平的显著提升等因素密不可分。由此,波兹曼认为不是计算机而是印刷机开启了信息社会。在印刷媒介的帮助下,信息打破了以往的人为禁锢,冲出了固有疆域,旧时王谢堂前燕,飞入寻常百姓家,大大满足了人们对知识的渴求,丰富了人们的思想,提升了人们的知识水平,为启蒙运动的出现和兴盛提供了坚实且必不可少的民众基础。

毫无疑问,启蒙运动是印刷文化的产物,是在印刷书籍普及的基础上兴盛起来的。印刷文化强调个人的独立思考和自主判断,引导人们敢于

---

① 保罗·维希留:法国哲学家和城市理论家,哲学著作以科技、速度、城市、虚拟、事件、意外及失序为核心概念群,著有《领土的不安》《消失的美学》《解放的速度》。
② 〔美〕尼尔·波斯曼:《通往未来的过去》,第23页。
③ 同上书,第3页。

怀疑现存的习俗、惯例以及权威，告诉人们要将命运交予自己的理性判断而不是所谓的权威。波兹曼指出这一文化的核心特质是"怀疑"，启蒙运动的主要心态是怀疑论。① 他毫不讳言地声称"怀疑是启蒙运动的首要遗产"②，应该将这一宝贵的遗产传递给年轻一代。对于如何传递这一宝贵遗产，如何培养年轻人的批判精神，波兹曼认为方法之一是要教会他们问问题的技巧。但是这一内容却从未被学校教育重视（因为一些不可告人的目的）。因此，波兹曼严厉批评了当前的学校教育，指出学校应教会学生如何进行批判性思考，学会善于/敢于问问题，学会如何运用明晰的语言表情达意等。

之所以再次强调启蒙，是因为波兹曼看到当前技术垄断对批判思想的全盘扼杀和对人们的遮蔽。技术垄断不仅否定批判思想，而且惧怕批判思想。它通过官僚主义、专业技能和技术性机制掌握话语权，要求人们听从它的论断，剥夺人们质疑的权力，所以，技术垄断的实质是集权主义。另一方面，技术垄断从不对知识进行限制，相反，它满脸笑容地将所有知识堆在人们面前，使人们淹没在信息海洋中寻找不到有用信息。套用波兹曼的"电视不是禁止书籍，而是要取代书籍"③的话语模式，技术垄断不是反对知识，而是要取消知识。技术垄断以温柔友好的方式成功地实现了对人们的遮蔽。所以，波兹曼强调学校要重视对批判精神的培育，并将这一精神列为反抗技术垄断者即爱心斗士必备的重要精神品质之一。技术垄断在损害人们获取知识的自由之后，却仍然摆出一副无辜的样子，用责任迁移去消解指责。因此，要想对抗技术垄断，首当其冲的就是有效地应对信息泛滥。唯有破解信息泛滥之局，才能帮助自己选择性地接触有用信息，甄别真假信息，整合消化信息，清醒全面地考察事物，获得自己的独立认识和判断，而不是"技术垄断"云亦云。

---

① 波兹曼指出"怀疑"义同"批判"，只是一些人对使用"怀疑"一词含有恐惧心理，所以往往改用"批判"。
② 〔美〕尼尔·波斯曼:《通往未来的过去》，第177页。
③ 〔美〕尼尔·波兹曼:《娱乐至死》，第183页。

如前所述,波兹曼的思想发生过一个180度的大反转。对此,我们通常称为从"激进"到"保守"的转变,而金卡雷利却指出,在电子时代中波兹曼对印刷术及其孕育的启蒙批判思想的偏爱和倚重,既是他保守思想的源泉,但同时又使他的保守思想显得激进,这点在波兹曼的最后一本著作《通往未来的过去》中得到了鲜明体现。在这本书中,一个耄耋老人怀抱着对印刷文化的满腔激情,一如既往地目光如炬、雄辩滔滔、笔耕不辍。他怀揣着深厚而温暖的人文主义关怀,以有力的论辩、坚定的信念和驾驭文字的高超能力将他的想法娓娓道来,带领我们重温伟大的启蒙运动,希望通过再次启蒙以解除技术垄断的魔咒,帮助我们抵抗集权主义的统治,走向更为人性化的美好未来。

三、对教育改革的几项建议

面对当前社会文化的现状,波兹曼从学校教育入手,提出应对之策,即对电子媒介时代的教育进行教育理念、课程设置和培养目标等三个层面上的改革,使教育回归正轨,进而帮助人们明确目标、追寻意义,有效地应对信息泛滥,抵抗技术垄断。

(一)在教育理念上,教育要回归传统,重建宏大叙事

波兹曼指出在电子信息时代,技术叙事一支独大,其他的传统叙事迅速衰落。当前社会文化缺乏超验性的大叙事,教育依循并传递的是技术垄断的叙事,这一叙事将技术奉为上帝,它不关注历史和未来,也不满足人们探索"为什么"的需求,只告诉人们当下"如何做"而不需要知道这么做的后果。在这一叙事的指导下,教育强调学习的技术、看重学习的效率和趣味,于是人们纷纷将计算机引进课堂、将教室装扮成《芝麻街》的模样。在课程安排上,由于技术垄断所阐述的信息量大而多样,且不断变动,所以,这些信息是不可能被组织进一个整合一体的教育计划中的。这直接导致了"文化素养"课程的应运而生。对此,波兹曼指出效率和趣味是技术性的手段问题,而不是宏大性的目的问题,所谓的"文化素养"知识实际上是一堆无价值的信息。于是,原本严肃的目的问题无人问津,甚至被人遗忘。前文所述的现代世俗教育这个"调节器"失灵的根本原因便在于此。

波兹曼高度重视叙事,指出教育离不开叙事,学校的重要作用之一是构建叙事。然而,当前的美国教育没有给年轻人提供激动人心的宏大叙事,不能够让年轻人理解生活的意义。在《教育的终结/目的》中,波兹曼逐一批驳了"经济效用"①"消费主义"②"技术工具"③"多元文化"④等当代学校构建的四大叙事,指出这些叙事对于学生的成长和整个社会文化的健康发展有百害而无一利。

波兹曼极力反对以上急功近利的、短视的叙事,推崇讲述人类历史故事的叙事,这种叙事给历史赋予意义,对当前作出解释,为未来提供指导。后者具有稳固强大的免疫机制,能够有效地筛查海量信息,将不符合故事理念的信息排除在外,决定学校课程的编排计划和教授内容。唯有在这一宏大叙事的面前,学校教育才能具有明确的道德、社会或思想的核心,才可以据此构建一个有核心、有体系的教育课程计划。所以,波兹曼提出要重建以"人类的进步"为主题的宏大叙事,以此作为构建整体教学计划的框架。波兹曼指出,教育的任务就是要构建并传播这样的宏大叙事,重树人本主义的道德核心,彰显价值评判色彩,回答"为什么走"(教育目的)而不是"如何走"(教育方法)的问题,并以此对抗四处弥漫的技术垄断。在应对信息泛滥方面,具有宏大叙事和道德核心的教育可以对海量

---

① "经济效用"神话:"如果你在学校专心学习,回家好好做家庭作业,考试获得高分,并且行为端庄,那么当你走出学校的时候,你将会获得高薪的工作职位。"引自 Neil Postman, *The End of Education: Redefining the Value of School*, Knopf, New York, 1996, p.27.

② "消费主义"神话基于一种假设"赢家通吃"。引自 Neil Postman, *The End of Education: Redefining the Value of School*, Knopf, New York, 1996, p.33.

③ "技术工具"神话假设技术是万能的,它可以打破教育机会的不均。

④ "多元文化"神话假设"美国是一个多元文化的社会"。实质上,美国社会是一个"白人文化"占据主流地位的文化社会。波兹曼告诫我们不要将文化的普遍主义和文化的多元主义混为一谈,特别值得注意的是,"非白种人正在为其文化的合理性而极力抗争"。他还认为,"非白种人,特别是那些白人话语霸权下的受害者,具有善良的天性"。Neil Postman, *The End of Education: Redefining the Value of School*, Knopf, New York, 1996, pp.52—53. 转引自谌启标:《尼尔·波兹曼学校批判与学校重构理论》,《比较教育研究》2005 年第 4 期。

信息进行严格地筛选,排除无用、无意义、胡言乱语、混淆视听的讯息,保留对人类进步有意义的信息,帮助人们保持清醒的头脑,有选择性地去接触某些信息而捐弃另一些信息,免受信息泛滥之扰。在这一主题下,波兹曼尝试着提出了五种有关学校与教育的叙事,即"太空船式地球""堕落天使""美国试验""多样性法则"和"世界创造者"。波兹曼认为"太空船式地球"的意义在于"学校应采用创新性的方法,让学生更加关注自己的学校、邻居和城镇"①,通过加强考古学、人类学和天文学课程的教学工作,让学生具备珍爱地球的意识、对人种差异的敬畏感以及全球使命感;"堕落天使"旨在治愈我们对绝对知识的崇拜。波兹曼强调要摆脱所有的教科书来提升教学效果,因为"教科书是教育的敌人,容易使教学滋长教条主义,学习的意义变得微不足道"②;"美国试验"意在让学生知晓美国的成功和失败,学习如何表达自由思想,了解熔炉文化,认识教育对国家公民的意义以及技术的影响;"多样性法则"重在告诉学生"如何与他人进行交往,从而进一步了解到我们究竟是什么"③,学生应通过对多种语言文化的学习,比较分析宗教、国家和人种风俗习惯,学习艺术创作,了解博物馆等,理解世界的多样性。最后,"世界创造者"是围绕语言与世界的联系展开的,这一神话重在解释:人们是如何通过语言改造世界,同时人们又是如何被世界改变的。通过对比喻、定义和问题的学习,学生能够掌握语言与世界的联系。波兹曼指出"世界创造者"这一叙事主题是"教育目的"的根本体现。④

此外,为了抵抗当前电子文化的偏向,波兹曼认为学校应该回归印刷文化时代的教育理念,除了传授学生知识之外,更应注重教导学生保护自由、保持独立思维、敢于质疑、勇于对抗独裁等高贵品质。不仅如此,从文化平衡的角度出发,学校教育应该成为重要的文化制衡机构,学校教师应

---

① Neil Postman, *The End of Education: Redefining the Value of School*, Knopf, New York, 1996, p.100.
② Ibid., p.116.
③ Ibid., p.142.
④ 谌启标:《尼尔·波兹曼学校批判与学校重构理论》,《比较教育研究》2005年第4期。

该具有一定的媒介素养,明了口语、印刷媒介和电子媒介各自的媒介偏向,明了不同媒介偏向对个人乃至整个社会文化的重要影响,并依据当前实际情况采取正确的应对措施,以防整个社会文化的失衡。

(二)在课程设置上,波兹曼建议在学校课程中开设/强化/改进历史、语言、技术、科学、宗教和艺术等科目,将历史观念引入每一门课

1. 多维历史课程及各科课程的历史化

无论是口语时期、书写文字时期还是印刷文字时期,虽然对历史的强调程度有所变化,但是历史在以上各个时期都占据着重要位置。在社会生活中,人们以各种方式表达对历史及其衍生物(如传统、习俗、老年人、书籍)的尊重。然而,电子媒介中断了这一延续,打碎了整体性和连贯性,代之以跳跃性和拼贴性。电子媒介驱除历史、解散整体、无视意义,它以脱离历史语境的手法表现事件,使之成为毫无意义的孤立现象(电视是这方面的典型代表)。在电子媒介的世界里,历史残缺不全并逐渐隐退。于是,丧失了历史制约的信息成为无所依托也不可整合的讯息洪流,泛滥成灾。

对于历史的价值,波兹曼给予了高度评价,指出历史是人类提高觉悟的最强大的思想手段。了解历史,就是知道自己/思想/情感/世界从何而来,知道自己为什么具有当下的思想面貌、特征和品质;了解历史,就是知道历史是一个悠久的、连续的和整体的发展过程,每一种新事物的出现都会对历史产生不可忽视的影响,我们要了解这种影响并对当下提供指导。过去是当今/未来的孕育之母,以史为鉴可以知兴衰,缺乏历史意识的民族是自取灭亡的民族,是没有未来的民族。因此,如果一种教育不关心历史,所教授的内容不具有历史性,不能告诉学生过去、现在和未来及其内在联系,那么,这种教育无疑是失败的。波兹曼认为历史是教育的核心,指出"每一位老师都必须是历史老师"[①]"每一门课程都要当作历史教"[②]。老师要通过教学将历史意识深植学生的头脑中,不能仅仅满足于

---

① 〔美〕尼尔·波斯曼:《技术垄断》,第113页。
② 同上书,第114页。

告诉学生当下的学科知识,还要让学生们了解过往的学科知识,并清楚其中的继承、批判、摒弃和发展。波兹曼强调历史的多维性,以纠正技术垄断论的误导。因为技术垄断强调对事件解释的唯一性,强调技术上帝的不可置疑性。所以,波兹曼针锋相对地提出要清醒地意识到并不是只有一个历史,历史具有多维性。在学校教育上,历史老师应该成为多维历史的老师,必须教会学生如何看待"客观性"和"历史事件"的意义,并教给他们如何评价多维历史的基本原则。如此,可以帮助学生树立历史多维性意识,批判性、多角度地看待问题,进而对技术垄断的一元论解释具有免疫力。

波兹曼强调历史传承,重视来源/根基。他希望通过学科教育的历史化让我们懂得今天是如何建基于昨天之上的,明白世界并不是如技术垄断论宣扬的那样,是横空出世的、是全新的被创造物,明白每一个人都是站在他人肩头之上。然而,电子媒介/技术垄断试图斩断这一联系,取消历史。所以,波兹曼号召我们要重新架起一座与历史相连的桥梁。在《通往未来的过去——与十八世纪接轨的一座新桥》中,波兹曼表达了不同于麦克卢汉的观点。麦克卢汉认为在高速公路上向前疾驰的人们只顾着盯着照后镜/过去而忽视了向前看,因此不能看见未来的方向。但是,波兹曼指出,无论是盯着后视镜还是盯着前方的挡风玻璃,所看到的都是过往,"其实挡风玻璃也勉强算是一种照后镜,因为不论我们看到的未来是什么,都只是、也只可能是过往的投射"①。所以,回顾过去并不是停滞不前或因循守旧,而是通过了解历史/过去以明确前进的方向,奔向光明的未来。

2. 语义学

语义学研究表达意义的机制以及语言和现实两者之间的关系。语义学不仅和历史学一样是跨学科的学问,而且,语义学还是理解任何学科的必要条件。波兹曼认为,语义学可以极大地影响学生最深层次的智能,培

---

① 〔美〕尼尔·波斯曼:《通往未来的过去》,第7页。

育学生的批判思维,促进他们智力的成长,帮助他们保持清醒的头脑,应对现实挑战。故而,波兹曼提议从小学到大学都要开设语义学课程,"每一位老师都应该是语义学教师"①。波兹曼深知语言对人/社会/现实所具有的决定性/建构性的影响,因为"语言不仅是思考的工具,实际上更是我们思考的内容"②。他提醒人们要重视和认真学习语言,不断增强自身对语言的驾驭能力,提高自己探测现行话语中所隐藏/预设的结构/偏向/陷阱、明了语言扭曲现实的多重方式、辨别疯狂的、愚蠢的话语等能力,进而能够准确地筛选/过滤信息,把握并理解现实,实现以明晰的语言表情达意,成为一名合格的"废话探测者"(crap-detectors)。在《通往未来的过去》中,波兹曼指出语义学课程应包括"教导儿童提问的艺术和技巧""恢复逻辑与修辞在教学中的重要地位"等内容。

3. 科学哲学/科学观念

和语言学一样,波兹曼提议从小学到大学都要开设科学哲学课程,这一课程内容包括"科学用语、科学证据的性质、科学假设的源头、想象力的角色、试验的条件尤其是错误和反证的价值"③,目标是让学生认识到,科学不是技术而是运用人类智能的方式,人的科学修养不是外表的修饰而是践行一套思想信条,并且可以用明白晓畅的语言将之表述出来。波兹曼重视培养学生的科学心态,强调教师的任务不是让学生知道到底应该相信这个或是那个理论,而是要让他们知道科学家是如何评价理论的,并且学会用这一评量科学理论的标准应用于科学观点的讨论。真正的科学教育要求学生以开放的态度,仔细思考不同的理论学说/观点,梳理赞成与反对的论证,然后再解释他们为什么认为这一个优于另一个,为什么他们接受这一个而拒绝另一个。进而,波兹曼提出要从历史的观点来教授科学,因为这样"有助于学生了解知识是一种探索,而不是商品;我们今日的知识,其实是来自于过去的错误;我们未来的知识,可能会改写现在的

---

① 〔美〕尼尔·波斯曼:《技术垄断》,第116页。
② 〔美〕尼尔·波斯曼:《通往未来的过去》,第181页。
③ 〔美〕尼尔·波斯曼:《技术垄断》,第116页。

信念"①。不如此,这种教育便是一种劣质的教育。

4. 技术史和媒介教育

波兹曼提出学校要加强媒介教育和技术教育。这一教育不是教授学生如何使用媒介(如计算机使用培训),而是培养学生解读媒介的能力,教导他们学会研究和反思媒介,帮助学生在媒介面前保持清醒的理性和个体的独立性。同样,技术教育也绝不是技术培训,而是技术史的传授。通过讲授技术史,帮助学生了解人类和自然界碰撞的故事,了解人类的局限,了解技术和社会文化心理之间的关系及前者对后者的影响。技术是特定社会文化产物的同时,它又对人们的思想行为和整个社会文化的走向产生了重大且不可逆转的历史性影响。因此,学校应该帮助学生了解技术是如何塑造我们的思维模式和交流模式的,引导学生将电视和计算机视为一种知识哲学而不是工具。波兹曼也因此成为美国媒介素养运动的奠基人。

技术的普及是迅速的,《今日媒介:信息时代的传播媒介》的作者指出"技术像疾病一样传播"②。进入到技术垄断阶段后,技术的传播呈现出前所未有的加速度。以微博为例,微博自诞生以来,受到了人们的热情追捧:仅2011年的上半年,中国微博用户数量从6311万快速增长到1.95亿,半年增幅高达208.9%;微博在网民中的使用率从13.8%提升到40.2%,其中手机网民使用微博的比例从2010年末的15.5%上升至34%。③ 截至2013年6月,中国微博用户为3.31亿④,较2011年年底增长了8089万。截至2014年6月,我国博客和个人空间用户规模为4.44亿,较2013年

---

① 〔美〕尼尔·波斯曼:《通往未来的过去》,第186页。
② 〔美〕约瑟夫·斯特劳巴哈、罗伯特·拉罗斯:《今日媒介:信息时代的传播媒介》,熊澄宇等译,清华大学出版社2002年版,第48页。
③ 《第28次中国互联网络发展状况统计报告》,http://www.cnnic.net.cn/hlwfzyj/hlwxzbg/hlwtjbg/201206/t20120612_26719.htm。
④ 《第32次中国互联网络发展状况统计报告》,http://www.cnnic.cn/hlwfzyj/hlwxzbg/hlwtjbg/201307/P020130717505343100851.pdf。

底增加 772 万,增长率为 1.8%。① 面对微博,人们总是褒扬新技术带来的各种好处,诸如自由、透明、公开、平等、零距离等,将微博称为"互联网时代的'信息聚议厅'""所有人的新闻发布会,每个人手中都有'麦克风'""24 小时全天候、永不结束的新闻发布会"等,更有人高喊"在微博上,140 字的限制,将平民与莎士比亚拉到了同一水平线"。

互联网实现了新闻发布的个人化和现场化,甚至改变了传统新闻的定义②,信息在互联网上得到了畅通无阻地广泛散播。但是,互联网潜藏的媒介偏向及其引发的社会文化问题却往往被人们忽视。在学术研究领域中,作为自媒体的微博受到了研究者的严肃对待,尽管称赞者众多,但是同样不乏理性批评者。对于微博的利弊,张跣在《微博与公共领域》一文中概括指出:"一方面,微博是多元信息的集散地、草根舆论的放大器和交往理性的试验区,整个的微博世界就是一个由不同规模的对话构成的复调系统;另一方面,微博内容和传播方式的碎片化使得微博网友更接近于即逝公众,'坏消息综合征''震惊体验'和'速度魔鬼'紧紧地和他们缠绕在一起。"③2013 年 6 月出炉的《2012—2013 年微博发展研究报告》直指微博谣言、微博口水战等微博秩序问题。《报告》指出微博网站信息庞杂繁琐,信息过剩、信息泡沫化和信息恶俗化等现象突出,海量垃圾信息的传播极易导致信息获取效率低下,削弱人们的判断和理性思考能力;凭借能够面向数亿网民隔空喊话这一媒介优势的微博在进行核裂变式传播的同时,也常常成为谣言迅速蔓延的温床。不仅如此,在微博普及率提高的同时,信息安全风险大大增加,微博用户成为病毒制造者和黑客攻击的对象,如在 2011 年 6 月新浪微博"中毒"事件中,黑客利用新浪微博向好友大量发送带有病毒链接的"个税起征点有望提高到 4000"等假新闻,用户一旦点击就会中病毒,出现诸如向自己的好友群发私信、自动发表微博

---

① 《第 34 次中国互联网络发展状况统计报告》,http://www.cnnic.net.cn/hlwfzyj/hlwxzbg/hlwtjbg/201407/P020140721507223212132.pdf。
② 新闻受微博影响而发生的改变,可以参看蒋原伦:《让生活新闻化》,《读书》2012 年第 2 期。
③ 张跣:《微博与公共领域》,《文艺研究》2010 年第 12 期。

等现象。① 这种裂变式传播导致微博很快大面积中毒,几分钟内,页面上几乎全部是此类附带病毒的微博内容,微博用户的信息安全受到严重威胁。

波兹曼坚信"如果某种媒介的使用者已经了解了它的危险性,那么这种媒介就不会过于危险"②。在新技术所向披靡的时代中,教育的责任就是对抗社会风行之潮流,教导人们学会审视以及如何审视新技术。波兹曼希望通过技术教育培养学生"对新技术提问"的习惯,即在接受新技术之前思考它有可能造成的各种影响。就此,波兹曼提出了面对新技术时应思考的六个问题:第一,这项科技解决了什么问题?第二,解决了谁的问题?第三,哪些人、哪些机制可能因科技而受伤最重?第四,解决了这个问题,可能制造出什么新的问题?第五,什么人与什么机构,可能因为科技改变而获得特殊的经济或是政治权力?第六,新科技对语言造成什么改变?这改变有何得?有何失?③ 换言之,我们要通过这种发问,尽可能多地了解每一项技术潜藏的话语结构、运作模式和文化偏向,了解它们是如何改变/推动了社会文化历史的进程,如何培育了历史的土壤,如何创造了今天的社会文化现状,我们要深入探讨技术正在把我们引向何方,又如何把我们引向要去的地方等问题。

5. 比较宗教学

波兹曼强调宗教教育。宗教教育是不可忽视的,因为绘画、音乐、技术、建筑、文学和科学等很多学科在一定程度上都与宗教交织在一起,宗教决定了作者的世界观、价值观和人生观,并通过作品呈现出来。如果学生对宗教毫无了解,就无法更深入/准确地了解作者/作品对社会文化的影响及其成就。所以,波兹曼提出要开设"比较宗教学"课程,并且对该课程做了具体的规划:该课程不是鼓吹/提倡特定的宗教,而是着重于阐明宗教的比喻、文学、艺术和仪式。对于当前流行的观点

---

① 赵小燕:《〈微博发展研究报告〉出炉》,《京江晚报》2013 年 6 月 17 日。
② 〔美〕尼尔·波兹曼:《娱乐至死》,第 208 页。
③ 〔美〕尼尔·波斯曼:《通往未来的过去》,第 50—59 页。

(学校和宗教泾渭分明,学校应保持自主性,宗教不可僭越学校领域等观点),波兹曼表示反对。他认为宗教全面、整体地回答了存在的意义,每一部圣典都透露了人类进步的信息,是任何教育都不能忽视的经典文本。

6. 艺术史

艺术史蕴含着人类经验和情感的同一性和延续性。虽然经典艺术的语言、观点和当代并不一样,但是作者和我们在语言和观点上有着传承关系。因此,理解作者和经典作品不仅可以提升我们的艺术敏锐度和艺术素养(这些特质都是技术垄断所否定和扼杀的),而且可以加深我们对人类情感/经验的体会和感悟,更为深刻地认识当下。

波兹曼强调经久不衰的经典艺术,提议"学校应该尽可能远离当代的作品"[①]。一方面,在电子媒介时代,年轻人轻易地被各种繁多的通俗艺术(如果能称为艺术的话)包围而远离经典艺术,缺乏与人类伟大情感和宏大经验接触的条件和机会。另一方面,欣赏古典艺术需要更高层次的敏锐性和回应能力。所以,波兹曼认为学校必须提供抗衡通俗艺术的力量,必须承担起将古典艺术形式送到学生手中的任务。技术垄断戕害了人们对艺术的感受能力,电子媒介捣毁了我们感受细腻、沉淀、优缓、深刻的艺术的根基,学校的任务就是进行挽救,必须向学生展示人类艺术的根源,必须让学生了解并非一切有价值的东西都是一学就会、易如反掌的(如《芝麻街》展示的那样)。以上这些都是技术垄断极力否认的。对于在课堂上选择介绍哪些艺术家及艺术形式,波兹曼的回答鲜明地体现出了他的文化保存思想,体现出了他作为一名斗士的本色:"这些艺术家之所以重要,不仅是因为他们确立了文明人对待艺术的标准,而且是因为现在的技术文化试图使他们默默无语,使他们确立的标准无影无踪。"[②]

---

① 〔美〕尼尔·波斯曼:《技术垄断》,第117页。
② 同上书,第118页。

（三）波兹曼希望通过以上教育改革培育出具有理性和批判精神的爱心斗士

面对技术垄断，他号召人们坚决反对信息至上、科技至上和效率至上，怀疑进步观点，不迷信民意测验、统计数字和社会科学，尊重传统、家庭和老人，认真对待宗教和道德事务，理性对待技术，以抗衡技术垄断。在《教育的终结/目的》中，他呼吁开设一种替代课程，培养学生的健康、有理解力的怀疑精神和世界公民的意识，教导他们学会尊重美国的传统并欣赏其多样性。哥伦比亚大学新闻学院原院长尼古拉斯·莱曼（Nicholas Lemann）指出"波兹曼的教育思想不是世界上最富于实践性的，但是它们却具有打动人心的清新：他想废除教科书，将人类学和语言学提升至学校课程中的首要位置"①。波兹曼的教育改革举措引发了大量关注，其中不乏批评之声，如有人批评波兹曼的补救措施过于辛辣、挑剔和单纯，根本不符合也不适用于当前的社会文化现状。可是，这些批评从来没有对波兹曼形成困扰，因为他认为一位教育者应该是一位颠覆份子。②

波兹曼的教育改革围绕"人类的进步"这一主题，关注人类的发展与未来，体现了鲜明的人本主义色彩。人类的进步是一个历史的过程，是一个有根源、有发展、有挫折更有希望的过程。波兹曼认为充满希望的、健康的教育应该具有一定的出世性，即要与当下的世俗社会拉开一定的距离。唯有保持距离，教育才能依据自身理念去有效地审视当下的社会文化，对之现状进行评判，对之发展作出预测。同时，也只有保持距离，教育才能在尽量免受当下社会文化倾向影响的情况下，进行自我修正和调整，以更好地审视当下社会文化的剧烈变化，指导人们如何应对这种变化，争取更为光明的未来。波兹曼提倡健康而有未来的教育，这一教育"强调历史知识、科学的思维方式、训练有素的语言技能、广博的人文和宗教知识，

---

① Wolfgang Saxon, "Neil Postman, 72, Mass Media Critic, Dies," *The New York Times*, October 9, 2003.

② Ripmaster, Terence M., "How Neil Postman Changed My Life," *Etcetera: A Review of General Semantic*, December 22, 2003.

强调人类事业的一以贯之"①,是对技术垄断下反历史的、信息饱和的、热爱技术性质的教育的矫正,是对电子媒介时代中业已崩溃的信息等级制度的重建。尽管他承认对此计划的实际效果不抱幻想,并不认为借此就能够阻挡技术垄断的凶猛势头。但是,波兹曼仍心怀希望,坚信"这个计划有助于开启和维持一种认真的会话,使我们能够和技术思想世界拉开距离,批评它,修正它。这也是本书的希望"②。

---

① 〔美〕尼尔·波斯曼:《技术垄断》,第113页。
② 同上书,第119页。

结语　波兹曼与互联网

波兹曼对计算机技术持有批判态度。在计算机面前,人愈发地丧失了独立思考的愿望、自信和能力,人不再是一个理性的个体而成为计算机的附件,成为臣服于技术垄断的奴仆。波兹曼指出计算机技术强化了技术垄断的根基,因为计算机技术使人相信技术革新等于人类进步。计算机技术的一个重大发展便是互联网的出现。互联网大幅提升了计算机技术在社会文化生活中的地位,进一步加剧了海量的无语境信息对人们的包围之势,巩固了技术垄断的权威地位。因此,无论是对技术垄断展开批判,还是对电子文化进行审视,互联网都是无论如何都绕不过的一个重要的研究对象。

然而,波兹曼对互联网赋予了完全不对等的关注,就现有的中英文文献来看,波兹曼并没有对互联网开展过多的论述,他对互联网的评论多以零星片语的形式出现,且是作为对他先前观点的佐证。很明显,波兹曼对互联网没有进行系统而深入地研究,更没有将互联网视为独立于计算机技术的具有特殊价值的研究个体。对于波兹曼而言,互联网仅仅是计算机技术的延伸而已,并不具有太大的、值得额外关注和研究的意义。在波兹曼的后期著作中,虽然互联网的身影若隐若现(毕竟计算机与互联网具有不可斩断的密切联系),但波兹曼涉及互联网的言论也总是依附在对科技、教育或语言等主题的论述上。所以,我们基本上看不到波兹曼对互联网进行专门而精确的论述,较少的几个例外出现在《通往未来的过去》(1999)一书、《结语:网络空间,非网络空间》(*Epilogue: Cyberspace, Shmyberspace*, 1996)和《媒介环境学的人文关怀》(2000)等文中。在这里,波兹曼终于对互联网展开了具有针对性的片段议论。除此之外，无论是在《技术垄断》(1992)、《教育的终结/目的》(1995)、《波兹曼就技术垄断批判答读者问》(*Neil Postman Ponders High Tech*, 1996)等著作/文章中，波兹曼对互联网的议论都如蜻蜓点水，一带而过。

尽管波兹曼对互联网的议论仅仅是只言片语，但是，波兹曼对互联网的批判态度是明显的。印刷机使人类步入了信息时代，那么，互联网将人类一举带入了信息爆炸的时代。在大多数人都在为互联网的兴起、为信息获取具有空前的便捷性和自主性而欢呼时，波兹曼直指互联网上信息繁荣背后的陷阱。波兹曼依旧从语言学角度入手，从他一贯强调的语言明晰性入手，对"资讯"与"事实"这两个概念进行厘清。波兹曼指出"资讯"和"事实"并不是等同的，"资讯"是对"事实"的一种陈述，事实只有一个，但对于事实的陈述却往往不止一个，事实是不会错的，但关于事实的陈述是可能会错的，而且经常是错的。进而，波兹曼鞭辟入里地指出"说我们生活在前所未有的资讯时代，仅是表示我们可以得到的关于世界的陈述比过去都多而已，这也是说我们可以得到的错误陈述比过去都多"[①]。这无疑是给那些热情高涨的欢呼者们一记响亮的当头棒喝。和聘用专业采编人员、具有严格的信息审核发布程序和问责机制的传统媒体不同，在互联网上，一个人只要拥有了基本的设备、具备了基本的读写说等行为能力，就可以在互联网上发布任何信息，并可以在瞬间将信息传递到互联网世界中的任何一个角落。鉴于互联网缺乏传统意义上的专职把关人以及互联网本身特有的信息发布机制等因素，波兹曼批评互联网不是一个"真实"媒体，而仅仅是一个资讯媒体，因为"网际网路在本质上就无意区分真伪"[②]。而那些高呼互联网带来信息革命的人们通常并不教导我们应该如何分辨信息的真伪和有用与否。波兹曼肯定了互联网传递信息的高效快捷，指出"显然，因特网发挥了这样的功能，我们应该赞美其效率。但因特网不能够帮助我们解决什么信息重要的问题，电视也解

---

① 〔美〕尼尔·波斯曼：《通往未来的过去》，第103页。
② 同上。

决不了这一个问题"①。波兹曼认为，唯有智慧才能解决这一问题，并期望报纸远离信息机器（如电视）而成为智慧媒体，帮助我们解决资讯过剩的问题。进而，波兹曼质疑了当下被赋予政治期望的网络社区，"我们在此必须谨记，相信电子邮件与网际网路为建立社区带来新契机的人，尤其要谨记在心，我们太容易将模拟与真实混为一谈。电子社区只是一种模拟的社区，而真实、有效的政治社区，必须让人们直接表达、发觉彼此间细微的差别，需要大家就不同的观点面对面的交锋、协商，需要立即的行动"②。波兹曼不太看重互联网上的虚拟交互，也对互联网上的内容评价不高，指出"人们与其花费大量时间在互联网上'交流'，不如用这些时间去阅读塞万提斯的《堂·吉诃德》"③。当然，对于互联网的好处，波兹曼承认"互联网有助于信息的去中心化"④，但他紧接着指出"图书馆和谈话也有这样的作用。互联网很可能是一个解决方案，但任何解决方案都会产生新的问题——例如，'把关人'可以帮助我们筛选有用新闻、甄别真伪信息，而互联网却使'把关人'缺席"⑤。可见，波兹曼认为互联网加剧了信息泛滥，大大提高了我们甄别信息的难度。不仅如此，波兹曼还大力呼吁我们要尽可能地逃离虚拟的网络空间，反对技术垄断，重寻生命的充实和人性化。在《结语：网络空间，非网络空间》(Epilogue：Cyberspace，Shmyberspace，1996)中，他指出"科技没有触及生命更为深层的问题"⑥，科技问题的解决方案并不是生命问题的解决方案，因此，我们要保存价值、道德、社会制度等事物的独立性，反对科技对它们的侵犯。进而，波兹曼认为虚拟生活不能代替真实的生活，我们必须在人类生存的大背景下去理解网络空间："是时候我们放弃'可以借助科技来解决我们的空虚'

---

① 〔美〕林文刚：《媒介环境学》，第48页。
② 〔美〕尼尔·波斯曼：《通往未来的过去》，第168—169页。
③ "Neil Postman Ponders High Tech," *Online Newshour*, January 17, 1996.
④ Ibid.
⑤ Ibid.
⑥ Neil Postman, "Epilogue: Cyberspace, Shmyberspace," in Lance Strate, Ron Jacobson, and Stephanie B. Gibson, eds., *Communication and Cyberspace: Social Interaction in an Electronic Environment*, Cresskill, New Jersey: Hampton Press, 1996, p.381.

这一观念了。我们必须求助于诗人、剧作家、作曲家、神学家和艺术家,因为他们可以创造或重建那些为我们的生命提供典范、赋予意义的宏大叙事,他们是我们文化的编织者,可以将我们从网络空间中释放出来,并且让我们回到这个世界。"①波兹曼对网络的抵触情绪和批判态度不言自明。

相比之下,波兹曼对计算机的论述要丰富得多。波兹曼对计算机的关注集中体现在《技术垄断》一书中,通过他的论述我们可以明了,波兹曼笔下的"电脑"所指涉的并不是纯粹的为专业科技人员服务的计算机个体,而是"连上了互联网的、百姓日用的计算机",也就是说,虽然"互联网"一词在《技术垄断》一书中仅轻描淡写地出现了两次②,然而,互联网的含义已经浮现了出来。在《技术垄断》开篇,波兹曼就对计算机技术展开了排比式的激烈质疑:"电脑对他们有多大的好处呢?他们的隐私更容易被强大的机构盗取。他们更容易被人追踪搜寻、被人控制,更容易受到更多的审查,他们对有关自己的决策日益感到困惑不解;他们常常沦为被人操纵的数字客体。他们在泛滥成灾的垃圾邮件里苦苦挣扎。他们容易成为广告商和政治组织猎取的对象。"③毫无疑问,这里的"电脑"指的就是连上互联网的计算机。计算机技术和互联网技术是紧密联系和相互缠绕的,而且计算机技术的普适性使得波兹曼也表达了在划定计算机技术涵盖范围上存在的困难:"人人都用电脑,或被电脑利用,而且电脑的用途似乎是没有尽头的……电脑创新甚至奇异的用途清单也足以令人叹为观止。"④尽管如此,由于受到当时技术发展的局限,波兹曼所言的"电脑"在

---

① Neil Postman, "Epilogue: Cyberspace, Shmyberspace", p.382.
② 波兹曼在《技术垄断》"机器意识形态:电脑技术垄断"一章中写道:"这种情况始于1988年11月4日。那一天,阿帕网的电脑慢如蜗牛,塞满了无关的数据,后来竟完全堵死。问题很快传遍美国和海外的六千台电脑……发现报纸的评论用了大量的人—机比方:电脑受到'感染',病毒有'剧毒'和'传染性',正在对受感染的电脑进行'隔离检疫',正在努力给网络'杀毒',程序员希望开发'疫苗',给电脑接种,抵御新的攻击。"([美]尼尔·波斯曼:《技术垄断》,第65页。)
③ [美]尼尔·波斯曼:《技术垄断》,第5页。
④ 同上书,第61页。

更大程度上还是停留在"计算机"这个直接使用的物质对象及其技术上，而不是隐藏在计算机背后的虚拟"互联网"。通观《技术垄断》，波兹曼更多关注的是计算机的信息处理技术、计算机交流的技艺程序以及计算机的计算、速度和海量信息等媒介特质对整个社会心理和文化倾向上的影响。他花费了大量篇幅批评计算机将世界数学化、将事实转换为统计数字，指出它们给整个社会文化带来的巨大的负面影响。应该说，在《技术垄断》中，波兹曼的互联网批判意识并没有凸显出来，他依旧局限在对计算机技术的批判中。这也就是如果我们以互联网研究为目的来阅读波兹曼的著作，必定会产生一种强烈的不满足感的原因。在《通往未来的过去》一书中，波兹曼对互联网的关注终于有所提升，"互联网"一词出现的频率也明显增加，但上述问题依旧存在。波兹曼更多的是将互联网作为自己固有观点的佐证，而没有对互联网展开针对性强的阐述。例如，在"科技六问"中，波兹曼引用了一篇关于政府计划将学校连上互联网的新闻，指责社会管理机构一边投资数亿美元将学校连上互联网，一边抱怨经费短缺，不愿意增聘教师和提高教师薪资。对于学校教育，波兹曼更看重教师的引导和教育作用，他认为任何科技都不能替代教师，因为"目前找不到令人信服的证据显示，任何形式的电脑科技所提供孩童的，能够与循循善诱、待遇良好、负担不重的老师所提供的相提并论"[①]。波兹曼重申了这一观点：当前很多社会问题的出现并不是由于信息短缺，因为印刷文化主导下学生所获得的信息是足够得多了，"信息高速公路计划"并不像所宣扬的那样是急迫、不可或缺的。在这里，波兹曼指出了人们认识上的误区即唯有如此才能解决当前教育的种种问题，批评了社会上"将课堂教学效果的提高"直接与"互联网进入教室"相挂钩的这一普遍做法。很明显，在这里互联网并没有被波兹曼视为一种全新的媒介而获得更多的关注。

波兹曼反对人被技术驾驭，反对人们无任何理由就抛弃"旧"事物而使用新事物（技术），他对美国人普遍受到技术或者当局的控制这一现象

---

① 〔美〕尼尔·波斯曼：《通往未来的过去》，第52页。

倍感愤怒。在《信息至死》(Informing Ourselves to Death, 1990)一文中,自称是计算机技术门外汉的波兹曼承认计算机确实已经提高了大型机构(如军事设施、航空公司或银行、税收机构)的运作能力,而且对物理和其他自然科学领域的高级研究者而言,计算机是不可缺少的。但是,波兹曼依旧从文化与技术的关系出发,强调"技术的谦虚",并从谁受益/受损的角度揭露了计算机对社会民众生活的侵入和损害。波兹曼戳破了计算机技术热爱者所虚构的技术造福民众的神话,指出计算机技术究其本质乃是为当前赢家服务的,是被赢家牢牢控制和使用的,而不像宣称的那样可以帮助输家绝地反击、奋起直追。

正是出于对技术的警惕,波兹曼在生活中也对各类新兴的电子技术保持距离。以电子邮件为例,电子邮件出现于互联网的发展初期,是互联网最基本的应用服务之一,其便捷、高效、低廉的通信方式为广大网民进行信息沟通和交流提供了便利。早在20世纪90年代初,美国便拥有上百万台可以"投递"电子邮件的传真机,数千万台计算机中的一部分联网计算机也可以"投递"电子邮件。尽管当时投递电子邮件的方法和现在相比显得很古老和麻烦①,但电子邮件确实给人们带来了不少便利,福特等公司甚至表示只和能投递电子邮件的公司接洽。《美国的电子邮件》(1991)一文指出"现在,不少美国人睁开眼或者走进办公室的第一件事,是打开电脑,检查电子信箱里有没有给他的紧急电子邮件"②。从20世纪90年代电子邮件兴起直到2000年互联网迅猛发展,各类互联网业务风生水起,然而,波兹曼都不为所动,坚持以钢笔写作,从来不使用电子邮件(因为他认为电子邮件会使自己成为海量讯息瞄准的靶子),没有购买计算机,更没有为从未上过网而遗憾。③ 直到波兹曼罹患病痛的后几年

---

① 在电脑上写好给对方的信函,再发出一定的命令,信函通过电脑网络投进对方电脑的信箱中。投递这样的电子邮件,快的只要几秒钟,慢的也不过几分钟,比信函投递要快捷无数倍,有时比打电话还方便、快速,并留有文字凭据。

② 健生:《美国的电子邮件》,《电脑报》1991年3月25日。

③ Jay Rosen, "Neil Postman: A Civilized Man in a Century of Barbarism," http://dir.salon.com/story/tech/feature/2003/10/10/postman/index.html.

(1990—1993),波兹曼才聘请自己的博士生珍妮特·斯滕伯格担任私人助手和录入员,用文字处理机帮自己抄写了很多演讲稿和两部书稿。对波兹曼而言,是否使用电子邮件/计算机/互联网,并不仅仅是方便与否的问题。波兹曼之所以拒绝使用以上技术,是因为他要避免被技术奴役而丧失了独立思想的能力,正如他一贯的告诫"我们要记住不用电脑的情况下能够做什么,这一点至关重要;要提醒自己注意,在使用电脑的时候可能会失去什么"①。对于这一点,波兹曼承认"别人认为是好的事物的时候,我的意见往往正好相反。比如,我认为给汽车配备电话是很糟糕的想法"②。或许正是如此的"特立独行",才使得波兹曼在电子邮件刚刚兴起之时就能够敏锐地觉察并批判互联网、电子邮件等电子技术对普通民众的隐形操控。他在《信息至死》(1990)一文中质疑刚刚兴起的电子邮件,指责计算机技术使人们被垃圾邮件淹没。

任何事物都有两面性,这一点在波兹曼身上也得到了鲜明的体现。虽然他多次声明自己并不是勒德分子,而且有时会流露出对自己论断的反思,为自己的批判留下回旋余地,表现出了一种难得的历史视角和包容心态,但是由于波兹曼对新技术的高度警惕,使得波兹曼在日常生活中拒斥新技术。波兹曼对互联网的刻意回避直接导致了他对互联网的认识存在着重大偏差。

为了更好地探究波兹曼对互联网的认识程度及其偏差性问题,我们必须考察一下当时美国的互联网发展状况。这可以帮助我们更好地了解哪些是由历史局限性造成的,而哪些又是由人为因素造成的。纵览美国互联网的发展过程,除了 AOL 美国在线出现于 20 世纪 80 年代中期之外,其他互联网业务都集中出现在 90 年代中后期,如 Netscape 网景公司(创建于 1994 年)、Yahoo 雅虎(创建于 1994 年)、Hotmail(创建于 1995 年)、Infoseek 搜索引擎(创建于 1994 年)、ICQ 互联网 IM 服务(创建于 1996 年)、Amazon 亚马逊网上书店(创建于 1995 年),如今常见的 IE 浏

---

① 〔美〕尼尔·波斯曼:《技术垄断》,第 70 页。
② "Neil Postman Ponders High Tech," Online Newshour, January 17, 1996.

览器出现于 1995 年。可见,直到 1994 年,美国互联网才真正步入了具有开创性的发展阶段,如今风靡世界的各类门户网站、搜索引擎、电子商务、即时通信等都是在 90 年代中后期才陆续出现的。在此之前,互联网或可说仅仅是对计算机技术的一种延续,它并没有展现出自身独有的开创性的技术优势。技术批判三部曲的最后一部《技术垄断》正是写作于互联网迈出开创性步伐之前的 1992 年前后。波兹曼延续了他在《信息至死》("Informing Ourselves to Death",1990)中的思路,独辟一章论述计算机技术,并作出了如此评判:"但就目前情况而言,计算机技术的功能与其说是真正用于交流的新手段,不如说它是一种新的运输方式。"[1]但是,波兹曼没有完全否定新技术可能开创的未来,承认"既然印刷术替代手稿时创造了新的文学形式,所以电子书写创造新文学形式的可能性也是存在的"[2]。

在《技术垄断》出版之后的短短数年之内,互联网开始展露出它不可限量、令人充满遐想的未来。1995 年之后,互联网的发展可谓是一日千里,它以惊人的速度渗透到美国经济社会生活的各个领域。1998 年,在美国发送的电子邮件已达每天 30 亿件,超过了电话使用量。1999 年,美国的上网人数已达 1.01 亿。纽约斯卡博鲁研究公司的调查表明,华盛顿、旧金山、奥斯汀、西雅图、盐湖城等 5 个城市,半数以上成人利用互联网进行通讯、研究、学习、购物、娱乐和享受各种服务,他们的生活和工作已经网络化了。[3] 一般的说法是,中国互联网的发展比美国要晚上 20 年(有人认为这个差距已经缩短为 10 年[4])。此言大体呈现了中国互联网在世界图景中的地位和发展进程。由此推论,美国互联网(1999)的发展水平是超过了中国互联网(2014)的发展水平或者起码是与之持平的。

---

[1] 〔美〕尼尔·波斯曼:《技术垄断》,第 68—69 页。
[2] 同上书,第 68 页。
[3] 顾纪瑞:《美国互联网产业的崛起、特征和前景》,《世界经济与政治论坛》2000 年第 3 期。
[4] 王建硕曾是微软最年轻的部门经理和渠道经理,微软亚洲技术社区和微软高级培训(MAT)团队的创建人,被业界誉为国内最早写博客的人。他在《中国的互联网现状究竟相当于美国的哪一年》中认为"在中国,好似正上演着美国互联网的 1995—1998 年的历史,我所看到越来越多的现象指向这个结论"。引自《三联生活周刊》2005 年第 22 期,第 76 页。

波兹曼出版《通往未来的过去》一书时的1999年正是互联网在美国迅速发展的时期。然而,《通往未来的过去》(1999)却鲜明地呈现出波兹曼对互联网认识的落后和偏差。在这本书中,波兹曼表达了对电子文化时代信息肆意泛滥的不满,指出信息不等同于知识,更不等同于智慧。他对当前新闻报道的方式和内容表示了不满,认为当前这种只求资讯不求知识的报道模式无疑大大地助长了信息泛滥。在各类媒体中,波兹曼尤其关注报纸,他认为报纸刊登的各则信息之间缺乏必然的联系,只单纯地追求信息的海量、及时性以及趣味性,"它们没有解释为何报道这则资讯,没有说明背景、没有点出与其他事件的关联、没有提供观点、对于观众或是听众应该如何处理这则资讯毫无概念,就好像'因为'这个词完全从广播或电视新闻的文法中消失了。呈现我们眼前的世界,是由'然后'组合而成,没有'因为'……目前,电视与广播新闻是给对资讯上瘾的人看的,不是给想要知道'因为'的人看的,至少在美国是如此"①。波兹曼认为,作为印刷文字产物的报纸更应责无旁贷地肩负起传播知识和智慧的重任,而不是整日与脱离情景、支离破碎的信息为伍。只要报纸能够远离资讯产业而进入知识产业,就可以而且也应当发挥帮助人们解决资讯过剩问题的功能。不须说,波兹曼倡导的媒体报道范式的改革是积极正确的而且是亟待进行的。但是,对于波兹曼所勾勒的媒体报道范式的理想构架,想必熟悉互联网的人们会立刻产生一个回应即当前互联网上常见的专题新闻页面不正是该建议的具体呈现么?日益成熟的互联网新闻充分利用了互联网超链接技术,很好地实现了人们对单一新闻背后的知识需求。和传统媒介不同,互联网不受版面空间和节目时间的限制,它拥有足够多的网络空间对主题新闻进行深度挖掘,并将之与相关新闻进行无休止的勾连。互联网新闻采用超链接的技术,以页面新闻组合的方式,开放新闻评论平台,较好地实现了新闻打包、背景交代和深度挖掘等功能,满足了人们对新闻刨根究底的需求。以轰动一时的华南虎事件为例,腾讯网专

---

① 〔美〕尼尔·波斯曼:《通往未来的过去》,第105—106页。

门设置了一个专题页面,设有18个大栏目:"华南虎照事件尘埃落定,'周老虎'是纸老虎""最新进展""评论分析""网友调查:华南虎照事件""真的真相大白了吗?""大事记""网络打虎人之打虎英雄榜""谁放出了'华南虎'?""各方'打虎'""'挺虎'派""对有关责任人的处理意见""特别策划""图说'华南虎'""最新报道""相关资料:华南虎""相关博客""人类的朋友""关注珍稀动物"[①]等。这一网络新闻专题不仅交代了华南虎事件的最终定论和处理结果,详细展现了此事件的来龙去脉,并且将激撞的正反观点呈现出来。该网页中的每篇新闻都开放了评论功能,有的新闻评论条数高达3785条,而且该专题页面还开设了一个网友调查专栏,充分吸纳和反映网民对此事件的看法。在这个图文并茂的新闻专题页面中,实时跟踪报道、深度分析、延展阅读以及感性冲击等都全部在场,满足人们不同层次的阅读需求,而且为人们进行理性思考活动提供了充分的场地。这种新闻编排方式的实现对互联网而言是轻而易举的,而且也是当前一种常见的方式。笔者认为,单就新闻形式而言,这样一种依托新媒介而实现的成本低、操作性强、互动性强的新闻编排和报道方式,确实是比较符合波兹曼所追求的理想新闻模式。所以,从这一点上看,波兹曼对互联网的认识是不全面的,而且就美国互联网技术发展的进程看,波兹曼(1999年)对互联网的认识是远远滞后于当时美国技术发展的步伐。

波兹曼的研究主要是以美国社会文化为样本,他并没有对其他国家尤其是发展中国家的媒介文化状况进行深入调研。所以,波兹曼对互联网的评价不高,除了他本身对电子技术的否定性预设之外,还有基于国家地域不同的社会历史文化背景等方面的原因。一方面,在传统媒体领域,美国的私营媒体占多数且发展成熟,它们"更多代表美国社会而不是美国政府的声音"[②]。另一方面,美国的公共领域历史悠久且孕育充分,各类民间机构、非政府组织数量众多且稳定成熟,美国民众拥有较大的结社和集会的自由,社会公众表达呼声不仅可以通过传统媒体实现,而且在媒体

---

① http://news.qq.com/zt/2007/huananhu/.
② 王文峰:《苹果为什么批不得?》,《环球时报》2013年3月27日。

之外的领域也具有较大的可选择性。因此,相对而言,美国民众并不缺乏表达和沟通的渠道。互联网对于美国公众而言,确实有利于个人意愿/民众呼声的表达和沟通、有利于民主体制的推进等,但在这些方面,互联网并不具有太多的历史变革性/阶段性意义。相反,美国社会更看重互联网在破解信息传递、获取和散播等难题方面所发挥的重要作用。波兹曼也正是从信息这一角度,对包括互联网在内的电子媒介所导致的信息泛滥、信息等级制度崩溃及其社会文化恶果展开了严厉的批评。

在中国,情况则有所不同。当代的中国人在政治经济、知识与个人生活等方面拥有了较以往更多的自由,这是毋庸置疑的。但是,在复杂交错的历史文化因素的综合作用下(如不同政治体制下不同的媒介性质、媒体的不同盈利模式以及历史文化背景差异等因素),中国社会的政治文化生活具有自己的鲜明特点。一方面,就信息传播/沟通而言,(互联网出现之前)中国社会的公共议题是由政府和主流媒体规定的,普通民众鲜有参与构建的机会,而中国主流媒体在新闻报道中偏好正面报道,过多地采纳来自政府的新闻,忽略了来自民间个人的新闻,因此存在内容层面上的视角单一化等问题。另一方面,中国各类民间组织/非官方机构的数量和种类以及它们的自由度和活跃度等,也远远不足以满足广大社会民众日益增长的多样化和个人化的强烈需求,相反,它们更多代表的是正统/主流的官方观点。因此,在中国的信息流中,尤其是在传统的大众媒体中,更多的是自上而下的信息发布,而不是自下而上的信息反馈,更不是信息之间的充分交流和碰撞。可以说,在互联网兴起之前,中国民众缺乏便利的信息反馈和交流的渠道,中国民众表达呼声的渠道并不多样且限制较多、程序繁复,民众集会和结社的自由较为匮乏。在国家和个人的对话中,国家话语以极大的强势压盖住了缺乏表达通道的个人话语。当然,这里并不是说中国上层组织不重视/倾听草根民众的意见(相反,中国政府一向高度重视民众,自古以来就有"民为贵,社稷次之,君为轻"的治国理念和重视民情舆论的采风制度),只是说传统媒介自身的特点(如传播的单向性、媒介的可接近性及信息发布的把关制度等)导致了以上信息交流失衡现象的客观存在。随着互联网的出现,这一局面逐步得到改变。毫无疑问,互联网让信息传递更为快捷、沟通更为便利,但是互联网对于中国的意义不仅在此,互联网"前所未有地提供了一个没有边际的横向联系平台及一个没有中心的意见表达平台,且在不知不觉间成为了推动中国向更开放、更自治社会转型的重要加速器"①。就互联网对中国的独特意义,研究者毫不讳言地指出"在政治民主相对完善、政治自由相对充分的国家中,互联网只是提供了信息传播和动员的又一个有效出口而已;但在中国这样的公共领域并不发达的国家,互联网可能成为普通公民抵制官方信息垄断和发出声音的唯一出口"②。不止一个西方研究者观察到互联网在中西语境中的不同意义,如瑞典学者约翰·拉杰维斯特就曾表示"'中国人多次告诉我:互联网对我们比对你们西方人意味的东西多得多'。我认为这些说法说明了中国极权主义的过去、威权主义的现在,以及当下正在发生的中国公共领域的开启。社会需要使 BBS、聊天室和博客成为在中国互联网上表达公众意见的舞台。也是同一种社会需要促动了民意以及围绕民意的可能的动员,令党和国家对互联网的使用充满警惕性"③。

基于特殊的历史文化背景和深刻的现实原因,迅速兴起的中国互联网具有三大特点:第一,中国互联网的信息功能强大(相比其他媒介而言),中国网民高度重视知情权,对环境认知的信息需求凸显。中国互联网在一定程度上突破了传统大众媒介的筛选和把关,瓦解了权威对话语的垄断,充分发挥了互联网迅速传播信息的功能。互联网建构起了一个低门槛、四通八达、瞬息传递的传播环境,任何试图阻止信息流通、掩盖事实真相的行为是很难奏效的。尤其随着移动互联网媒体的兴起,传统的

---

① 夏燕:《鼠标撬动世界 中国互联网二十年脉动》,《观察与思考》2007 年第 24 期。
② 胡泳:《众声喧哗——网络时代的个人表达与公共讨论》,广西师范大学出版社 2008 年版,第 24 页。
③ Lagerkvist, Johan, "The Internet in China: Unlocking and Containing the Public Sphere," Ph. D. dissertation, 2006, p.23. 转引自胡泳:《众声喧哗——网络时代的个人表达与公共讨论》,广西师范大学出版社 2008 年版,第 24 页。

新闻采编和传播方式被彻底颠覆,通过微博、微信等自媒体①,人人都可以更加便捷地表达观点和传播信息,每一个人都是新闻播报员。现如今,不少新闻事件从国家大事到家长里短,第一时间往往都是通过互联网传播的。据统计,70%以上的中国网民高度依赖互联网的信息功能,这些人大多数拥有较高的知识文化水平,他们将互联网作为个人获取信息的重要渠道。相比之下,传统媒体由于受到本身体制和媒介特性的限制,往往在时效性和互动性等方面落后于互联网媒体(互联网媒体的出现极大地促进了传统媒体的改革,推动了中国新闻传播事业的发展)。当然,由于互联网缺乏把关人等信息筛选机制,确实导致了网上信息鱼目混珠、泥沙俱下、真假难辨,极大地增加了人们辨识和筛选信息的难度。在消费领域,互联网同样对中国网民的消费行为具有强大的指导意义。据《2012年中国网民消费行为调查报告》显示,互联网不仅是中国网民获取产品信息的首选渠道,而且已经成为他们购买产品的重要平台。

第二,中国互联网的舆论功能强大,中国网民自由表达与社会参与的需求强烈。由于互联网的匿名性、交互性、快捷性等特点,中国网民热衷于在互联网中表达情感、发表言论,人们对不同观点的诉求和认同更加突出。相较于美国网民,中国网民有强烈的自由表达的愿望,美国 IAC(InterActive Corp)的一项关于中美网民对比的调查显示,"将近 3/4 的中国用户认为其可以在网络上自由地做任何事情,说任何他们不能在现实生活中所说的话,而这个数字在美国只有不到 32%"②。据 2010 年北京市互联网舆论引导培训班课程的数据统计,在各类互联网言论中,社会类话题占 70%,其中位列第一的是环保话题,随后依次是社会公平、就业、教育等话题。当前中国发展过程中凸显的各类社会矛盾和问题都在互联网

---

① 自媒体又称公民媒体,由谢因波曼与克里斯威理斯两位联合提出。在美国新闻学会媒体中心于 2003 年 7 月出版的自媒体研究报告中,"We Media"被定义为"We Media 是普通大众经由数字科技强化、与全球知识体系相连之后,一种开始理解普通大众如何提供与分享他们本身的事实、他们本身的新闻的途径"。引自周丹:《调查性报道:纸媒在新媒介环境中的起航之帆》,《新闻爱好者》2012 年第 10 期。

② 转引自彭兰:《现阶段中国网民典型特征研究》,《上海师范大学学报》2008 年第 6 期。

上得到了充分显现和自由表达。相比传统媒体,社会民众在互联网中呈现出前所未有的高活跃度。2010年,中国有200多万的网站提供互动服务,拥有论坛上千万,相当于欧美国家网上论坛的总和。当前,以微博、微信为代表的自媒体,已成为互联网传播最活跃的主体。中国网民的这一特征源于现实社会的客观限制,也与中国社会高速发展中各种矛盾积累所导致的压力有关,并在一定程度上折射出了中国社会转型的复杂性。互联网的虚拟性以及相对的匿名性带给人们心理上的安全感,互联网的互动性强化了人们的表达愿望,互联网的媒介特性使个人表达汇聚为集体表达成为可能,显示出强大的力量①。随着2009年微博的出现及其迅猛发展,中国互联网的舆论监督功能得到了前所有为的强化,互联网上流传甚广的段子②形象地呈现出微博对于中国草根大众的特殊意义。仅仅几年时间,微博在中国悄悄地完成了一次华丽转身,从以单纯的交流平台或"展示自我"为目的的新媒体一跃站到舆论监督的潮头,从单纯的社交工具发展为舆论监督的利器,微博一举成为草根大众的发声器,并被坊间戏言为《焦点访谈》的升级品。如今,围绕社会热点问题,数亿微博用户集体围观并发声,微博的强大影响力早已通过社会实践得到了充分体现:网爆浙江宁波机场"让领导先飞",网络舆论直指官僚主义和领导特权;微博暴晒中石化广东公司天价购茅台的发票致其一把手下台;郭美美微博炫富导致中国红十字会遭遇信任危机;江苏溧阳卫生局长微博直播约会开房后被停职;微博晒海南三亚宰客清单引发网民集体吐槽,当地政府对市场进行严厉整顿;在雅安地震中,微博、微信成重要寻人通道,极大加速了信息的聚合和发布;在复旦大学投毒案中,在媒体官方微博和知情人士"自媒体"的合力下,重大新闻事件报道进入"直播模式"(当然,我们必须承认网络暴力事件也时有发生。一方面,非专业、掌握零碎信息/不明真相、情绪化的围观网民们的集体发声极容易盖过理性、专业、宏观的声

---

① 彭兰:《现阶段中国网民典型特征研究》,《上海师范大学学报》2008年第6期。
② 体现微博功能的段子:某领导对一女孩耍流氓,女孩强烈反抗,领导骂道:"小妞,别闹了,我可是有背景的人!"女孩一听,顿时笑了:"大叔,别闹了,我可是有微博的人。"

音,进而形成非理性的舆论压迫,势必对事件的进展造成直接的负面影响,甚至直接冲击了专业性的相关法律法规等;正常的司法和决策程序被互联网上庞杂的门外汉肆意践踏,少数的专业人士的意见被海量的非专业网民的集体发声所掩盖。另一方面,现实生活中的当事人因网络暴力而受到严重伤害的事件更是屡见不鲜,如"铜须门事件""史上最毒后妈事件""很黄很暴力事件"等。网络暴力尤其是非专业大众的暴力正是波兹曼所忧虑并大力反对的事情,当然这也是波兹曼"精英主义"倾向的鲜明体现)。中国人民大学舆论研究所所长喻国明教授指出"互联网正在全面渗透到社会生活的各个方面,并成为社会舆论最重要的传播载体"①。中国互联网尤其是微博现象不仅引起了国外研究学者的关注,而且同样吸引了国外政府机构的目光,国外政府机构纷纷将中国互联网视为对中国民众进行公关的重要舞台。美国《福布斯》杂志网站认为微博已经成为中国人反对地方腐败的新工具,美国前任驻华大使骆家辉在出使中国之前表示对中国日益流行的微博很感兴趣,坦言自己需要进一步熟悉情况②。此外,中国互联网的娱乐功能也十分强大,中国互联网游戏的注册人数以及聊天网站、棋牌网站等娱乐性网站无论是在规模上还是在数量上都位列世界前茅。

互联网极大地满足了中国民众在自由表达和深入交流等方面的强烈渴求,在不少方面都发挥出了传统大众媒体无法企及的重大作用,切实地推动了中国法制化和民主化的进程。很显然,受时代局限的波兹曼并没有注意到这些,而是多少带些武断且片面地将互联网同样划为批判的对象,将互联网视为技术垄断和信息泛滥的帮凶。

同时,波兹曼回避新媒介的这一行为成为批评者们的有力论据。莱文森在《软利器:信息革命的自然历史与未来》(1997)一书中直言波兹曼等媒介批评者是"把矛头指向一些媒介,或者指向人类的基本活动比如技术;他们认为,这些媒介与活动是社会的万恶之源,与某些思维方式和话

---

① 李舒:《3亿网民时代》,《瞭望新闻周刊》2009年第3期。
② 晓德:《微博改变中国社会生态》,《国际先驱导报》第596期,2011年7月8日。

语方式是你死我活、不可兼容的……我们将发现,媒介乃万恶之源的指控绝不能成立,不可调和的批判也很难成立"[1]。他认为在印刷媒介彻底粉碎了苏格拉底关于书写和对话互不相容的论断之后,电子文本的兴起进一步驳斥了波兹曼的电子媒介使理性缺席、"电视和电脑损害了理性的运作机制"[2]的观点,而且证明了"他最初对电视的批评也是站不住脚的"[3]。不仅如此,致力于构建在线教育的莱文森引用康德的"理性本身自有其局限性"这一观点,紧紧抓住波兹曼回避互联网这一事实,就波兹曼对在线教育展开批评这一行为的合理性进行质疑,因为波兹曼(波兹曼自己也承认)既没有在网上授课,也没有参与过这类工作,更没有观摩过用个人电脑和调制解调器上网。莱文森认为苏格拉底对书写的误判是部分地源于他缺乏使用新媒介的经验,同样波兹曼也是如此。在这里,莱文森毫不留情地指出波兹曼对电子媒介的批判是纸上谈兵,认为缺乏实际经验锤炼的理性"就可能变为意识形态;反映到媒介批判者的身上,理性就成为根深蒂固恐惧的表现,现状的任何动摇都使他们恐惧"[4]。应该说,波兹曼对互联网的回避确实成为他媒介批判理论中的一根软肋,而且也是我们在对波兹曼思想进行研究时必须正视的重要问题。莱文森对波兹曼思想的批评频繁地见诸于他的多本著作中。在《数字麦克卢汉》(1999)一书中,莱文森在感谢波兹曼的教导和提携之恩的同时,表达了对波兹曼观点的不认同:"波斯曼是颇有影响的媒介理论家。虽然有时我不敢苟同他对媒介的过分悲观的批评"[5]"他对电视和电脑持尖锐的批判态度,我的意见与他相左。我认为,它们对我们的文化大有裨益,比他说的要好。而且,它们的效应也很不一样"[6]。波兹去世之后,莱文森把

---

[1] 〔美〕保罗·莱文森:《软利器:信息革命的自然历史与未来》,何道宽译,复旦大学出版社2011年版,第4页。
[2] 同上书,第49页。
[3] 同上书,第4页。
[4] 同上书,第48页。
[5] 〔美〕保罗·莱文森:《数字麦克卢汉》,第2页。
[6] 〔美〕保罗·莱文森:《数字麦克卢汉》,第26页。

《手机》(2004)献给恩师,在扉页献词"谨以此书献给尼尔·波斯曼,他教我学会如何教书"①。这段谢辞巧妙地回避了对恩师学术观点的评价。可是在该书的文献述要里,他依旧表达了对波兹曼的批评:"在指控电视损害文化素养方面,他显然是错了;此外,他还把电脑拽进来批了一通。手机和电脑上的文本驳斥了他的批评。虽然我们观点不同,我还是把本书献给他,因为他是我最有才华、最有奉献精神、最善于激励学生的老师"②。

此外,对波兹曼的媒介环境学思想提出总体批评的也不乏其人。布鲁斯·格龙贝克在《口语—文字定理与媒介环境学》一文中从三方面对波兹曼提出了批评:首先,他指出以波兹曼为代表的媒介环境学学者在思考媒介文化问题上犯下了"进步主义""还原主义""失之过简"等错误。格龙贝克并不认同波兹曼将文字世界和电子世界之间的争斗认定为一种传播环境战胜另一种传播环境的残酷战争,指出这一思想具有明显的进步主义倾向即把每一次主导媒介的宏观变革看成是进步的。格龙贝克强调变化并非总是进步的,赞同翁的"次生口语文化"的提法,因为他认为进行媒介比较时不必做孰优孰劣的价值判断。很明显这是对麦克卢汉观点的附议。其次,格龙贝克批驳了媒介环境学派的另一个核心词汇"主导媒介",认为"主导媒介"这一概念本身就需要仔细厘清和慎重使用,因为"用主导媒介来思考问题,有可能会使人忘记同一社会里同时起作用的其他媒介"③。如果简单地用"主导媒介"来对复杂辽阔的社会文化进行分析,就明显堕入了"还原主义"的陷阱。与之关联的便是使人们忘记非主导媒介的存在及其发挥的不可忽视的作用,进而导致人们过分简单地理解社会文化政治的进程,这又犯了"失之过简"的错误。因此,他指出"即使在宏观理论框架内,把关注的焦点简化为一个'主导'媒介也是非常危

---

① 〔美〕保罗·莱文森:《手机:挡不住的呼唤》,何道宽译,中国人民大学出版社2004年版,扉页。
② 同上书,第188页。
③ 〔美〕林文刚:《媒介环境学》,第279页。

险的事情"①。再次,他对波兹曼关于现代心理学的看法进行了反驳。在《技术垄断》中,波兹曼对唯科学主义下的现代心理学提出了质疑,并对现代心理学的主导研究范式(如调查问卷和实验室观察)进行了嘲讽。波兹曼否定了心理实验的真实客观性、合理性及有用性,因为他认为这类实验赖以建立的基础不是自然而然的生活环境下的人,并宣称斯坦利·米尔格兰姆进行的"深受敬佩"的社会科学研究实际上是"臭名昭著的"②。波兹曼指出单纯的观察和计数本身并没有意义,客观性和中立性实际上是研究者逃避道德判断的借口。格龙贝克并不认同波兹曼对实验心理学的批判,认为在实验室里研究大脑尽管耗费时间但常常也是颇有收获的,并针锋相对地指出媒介环境学者在没有系统观察的情况下,就去设定各种媒介对认知—情感的一连串影响,容易流为空谈。最后,格龙贝克认为之所以媒介环境学者会犯以上的错误,是因为听说媒介、视觉媒介和文字媒介被人为分割得太久的缘故,"我们必须牢记,人实际上已经成为承担多重任务的动物"③,电子时代的儿童在同步处理不同感知的各种数据时几乎没有什么困难。格龙贝克指出"过分简单地区别不同媒介的做法,可能会导致集体的歇斯底里"④。

就格龙贝克的最后一点批评而言,莱文森也曾表达过类似的观点。莱文森指出,波兹曼等研究者将电子媒介与印刷媒介人为地对立起来,他们倾向于认为电子媒介和光化学媒介的运行是以牺牲原有的印刷词语为代价的,电子媒介所扮演的角色就是残酷无情的收割者。莱文森认为"麦克卢汉(如1962)在一定程度上是这一态度的始作俑者,他把字母表导向的视觉与声觉对立起来,又把电子媒介放进声觉的阵营。波斯曼(如1979)把话说得更加明白;与麦克卢汉不同的是,他的错误一目了然。他反复争辩说:计算机严重损害理性、文明以及一整套的认知过程和社会态

---

① 〔美〕林文刚:《媒介环境学》,第280页。
② 〔美〕尼尔·波斯曼:《技术垄断》,第89页。
③ 〔美〕林文刚:《媒介环境学》,第280页。
④ 同上。

度;我们应该珍惜一切与文化素养有关的品格。我不能苟同"①。莱文森坚决反对电子媒介使理性缺席的说法,并以自身的实际经历(幼年对电视的接触并没有影响到如今个人所拥有的理性)作为对波兹曼等媒介批评家的反驳。

中国研究者指出波兹曼存在鲜明的"西方中心主义的内在视野""媒介中心主义的方法论倾向"和"精英主义倾向",认为波兹曼受保守主义道德立场的影响而对童年的消逝耿耿于怀;在研究视野上,波兹曼局限于媒介领域而忽视了媒介背后的政治经济因素,没有触及"儿童"在电视商业广告中被商品化的资本逻辑等问题。② 也有人提醒中国读者不要忘记波兹曼的美国文化语境,在阅读时要保持对奥威尔和赫胥黎的预言的双重警惕。除此之外,还有不少人批评波兹曼对于电子文化的看法过于严厉偏执,认为波兹曼只盯着技术的阴暗面不放而忽视了技术的好处,波兹曼的论断过于激烈而失去了以双重视域看待研究对象的多维性;批评波兹曼的论述雄辩有余而论证不足,认为他过多地依赖直觉与激情来阐述观点,论证相对较弱③,等等。当然,我们应该认真地考虑合理性意见,并将之作为波兹曼思想研究的有益补充。

波兹曼对电子媒介持有鲜明的批判态度,直言"电力使得一手开创、养成童年的资讯环境,变成了一堆废话。说来难过,我们眼前是一场没有赢面的仗"④。波兹曼对人类未来的忧虑溢于言表,但是,紧跟着的是他铿锵有力的话语"但是,失掉了童年,我们不必输掉一切"⑤。他自始至终都怀抱着希望进行写作,并致力于将这种希望播撒人间。尽管他看到的大多数都是让他不免忧虑的社会现象,但是他依旧坚信"人类进步的故事是一个乐观主义的故事,并非没有苦难,但占主导地位的是令人震惊的一

---

① 〔美〕保罗·莱文森:《软利器:信息革命的自然历史与未来》,第56—57页。
② 张慧瑜:《"童年"的发明与消逝》,《新京报》2004年6月18日。
③ 刘永谋:《媒介编码 VS 社会控制:尼尔·波兹曼的信息论》,《自然辩证法研究》2011年第5期。
④ 〔美〕尼尔·波斯曼:《通往未来的过去》,第149页。
⑤ 同上。

次又一次的胜利"①。为了保持一颗乐观的心,他甚至在写作《教育的终结/目的》时不去回想和浏览自己以前的著作,目的是避免那些书籍中所描述的令人忧心忡忡的社会文化事实扰乱他对当前研究对象的理性判断,引诱他萌发灰暗和负面的心理情绪。尽管《纽约时报》刊载的扑面而来的各类坏消息让波兹曼不免沮丧和忧虑,但是在《教育的终结/目的》的结尾,波兹曼依旧表达了三个信心,"第一个,既然我们还没有发明比学校更好地向年轻人传授知识的方式,那么学校将能幸存下来;第二个,既然我们还没有发明比公立中小学更好地塑造公众的方式,那么公立中小学将能幸存下来;第三个,如果没有'童年',我们就必定会失去对成年内涵的感知,所以,童年也将幸存下来"②。当波兹曼回顾历史展望21世纪之时,他充满信心地指出正如经历印刷文化冲击的西方文明"仍然存活了下来,完好地保留下一些人道的价值,而且还能够打造出新的人道价值"③一样,当我们走到21世纪之桥的另一端时,电子文化及其科技对我们造成的巨大冲击应该会逐渐消退。当冲击逐渐消逝,我们同样可以保留一些人道价值并打造出新的人道价值。

  与波兹曼批判电子文化形成鲜明对照的是他对印刷文化所表现出来的溢于言表的热爱。由此,不少人将波兹曼定义为印刷文化的哀叹者。波兹曼曾婉转地批驳了这一定义。在《技术垄断》中,波兹曼清楚地表明"惋惜过去的时光徒劳无益"④。相反,波兹曼告诉我们要做的就是明白"它在这里"⑤。由此,我们可以看到波兹曼的历史发展观即历史不可能走回头路。波兹曼从来没有要求我们退回到前电子时代去,也没有要求我们像勒德分子一样去砸毁电子媒介。只不过,波兹曼希望我们能够看清楚近在咫尺的这个对象(媒介/技术),了解它将带我们走向何方,理性地驾驭它而不是被它驾驭。因此,与其说波兹曼是一位文字的守护者

---

① 〔美〕尼尔·波斯曼:《技术垄断》,第113页。
② Neil Postman, *The End of Education: Redefining the Value of School*, p.197.
③ 〔美〕尼尔·波斯曼:《通往未来的过去》,第149页。
④ 〔美〕尼尔·波斯曼:《技术垄断》,第21页。
⑤ 同上书,第22页。

(Defender of The Word),不如说他是一位观察者,正如波兹曼反复强调的那样:"我们容许一种技术进入一种文化时,就必须要瞪大眼睛看它的利弊。"①这就是审视。波兹曼作为一位理性的审视者,作为一位身处印刷文化和电子文化交替的历史时代的媒介研究者,他没有一笔抹杀电子媒介的种种好处,但是他选择了殚精竭虑地揭示电子媒介的弊端。这是因为,波兹曼从来不担心电子媒介的好处会被人们忽视,漫长的技术发展史证明,人们在接受新技术方面从来不存在太多的困难。对于新技术,人类总是具有一种趋之若鹜的天性。对于新技术的弊端,人们倒常常茫然无视,或者被技术的好处遮蔽而一叶障目。为了澄清外界对自己的误解,波兹曼一再自述"我并不是反对一千个电视频道、自动门把、或是美国的超音速喷射机,我只是站在以沉静的理性面对疯狂的科技发明的立场发言"②"我认为反科技是愚蠢的,就像是反对食物一样"③"我抗拒被科技使用"④。对此,国内学者孙玮作出了如下评价:"波兹曼的思想还是在媒介技术论的范畴中,缺陷也是显而易见的。但媒介技术论终究提出了传媒研究中能与传播政治经济学、批判学派、文化研究、实证学派形成平衡的、别具一格的思想路径,波兹曼在其中也算得独树一帜。这对于打破技术的盲目乐观论调具有振聋发聩的作用,技术不是中立的,人类不可轻信自己驾驭技术的能力和意识"⑤。然而,我们要明确的是,波兹曼的这种对媒介/技术的审视,从一开始就是抱着不信任的态度。柯日布斯基对语言缺乏信任,他认为人们不能毫无批判意识地听从语言的指导,这样会犯下严重的错误。这无疑使波兹曼产生了一种先入为主的判断,即包括语言在内的技术是不可靠的,人们必须依靠理性去审视并驾驭技术。笔者认为这是波兹曼媒介学思想的主基调。

波兹曼对前互联网时代的电子媒介(以电视为代表)的批判切中肯

---

① 〔美〕尼尔·波斯曼:《技术垄断》,第3页。
② 〔美〕尼尔·波斯曼:《通往未来的过去》,第49页。
③ 同上。
④ 同上书,第61页。
⑤ 孙玮:《人类将会娱乐至死吗——波兹曼〈娱乐至死〉引读》,《新闻记者》2005年第10期。

繁、酣畅淋漓,但是对于互联网这个新兴电子媒介的关注则明显弱化,呈现出强弩之末的态势,令读者不免心生波兹曼落伍于时代之感。在电子文化批判中,波兹曼将互联网与计算机、电视等同视为电子媒介大家族的成员,看到的更多的是它们的共性,而忽视了互联网与它们存在的重要区别。尽管互联网在传播"无语境的碎片信息"和"真伪难辨、鱼目混珠的信息"以及瓦解信息等级制度等方面比电视有过之而无不及;尽管网络文本的超链接和跳跃式阅读打乱了读者思维的线性逻辑轨迹;尽管互联网信息如大海般浩瀚但却没有任何将信息组织起来的固定中心,"去中心化""延异"是互联网的常态;尽管电子文本瓦解了作者与读者之间的区分,创造出一个全新的文本,对作品的典律性乃至对学科的边界提出挑战;尽管在互联网世界中,个体不再是自律理性的稳定个体,而成为游戏、想象的多重自我……但是,我们还要看到以下几点:互联网的"去中心化"极为有力地瓦解了权威和等级层序,在一定程度上恢复了众声喧哗的对话狂欢,为构建交往行为理性搭建了很好的平台;互联网融合了书写与言语,强烈地激发起人们的书写热情,这一点鲜明地体现在论坛、聊天室、QQ、MSN以及如今风行的博客、微博、微信上。互联网在瓦解印刷文字的同时,也在某种程度上促进了书写文化的兴盛。正如莱文森所认为的,电子媒介对印刷文化具有巨大的助益作用,因为电子媒介可以比以往任何媒介更为快捷地将书面文字传播得更远,电子媒介对文本的解放"产生一个高潮,使书面文化的一切载体都得到提升"①。我们要正视互联网的缺点,但是更要看到互联网的革命性、前所未有的正能量。历史的车轮是滚滚向前的,任何阻挡都是螳臂当车。因此,一味地哀叹印刷文化、抗拒电子媒介都是不切实际的。重要的是我们应看清媒介的倾向和影响,明确如何使用媒介而不是被媒介奴役,这才是波兹曼关注的核心所在。

波兹曼对传播结构系统是如何塑造人这一问题赋予了极大的关注,他无情地质疑技术对我们生活的影响,持续地拷问历史文化走向中的媒

---

① 〔美〕保罗·莱文森:《软利器:信息革命的自然历史与未来》,第57页。

介作用。他的这种探寻远远地突破了大学围墙的包围,与人们的日常生活息息相关。波兹曼的媒介环境学思想既受到了热烈的追捧也同样受到了众多的批评和质疑。面对种种赞誉和非议,笔者想援引一段话作为对它们的回应和本书的结束,谨以此向波兹曼以及所有像波兹曼一样为实现人类更美好的未来而孜孜不倦的人们致敬:"严格说来,波兹曼不是一个诗人,但是他具有诗人的天性和灵魂。和诗人一样,波兹曼并不排斥读者也不讨好他们,而总是郑重其事地告诉读者他认为重要的问题。波兹曼认为这些问题,如果我们予以注意则可获得拯救,如果对它们视而不见则会加速我们毁灭的进程。他推崇的价值观与大多数的诗人无异,他和诗人们一样怀抱着同等的热情、施展着不相上下的雄辩才能去谈论相同的问题:谨慎的思考,探究问题的重要性、定义的危险性、对人文主义的欢庆和传播、对语言的热爱,等等。他理解布莱克笔下黑暗的恶魔工厂①,并且全力抵抗它。他了解梭罗的平静的绝望,希望帮助我们远离这一绝望境地。"②

---

① 在《通往未来的过去》中的"科技"一章中,波兹曼写道:"布莱克写黑暗的恶魔工厂,将人的灵魂剥得精光,他坚称被动顺从所谓的'进步'变迁,将导致心灵被奴役。"前引书,第41页。
② "The Neil Postman Award for Metaphor", http://www.rattle.com/poetry/extras/postman/#respond.

参考文献

专著

1. 北京大学外哲所:《西方哲学原著选读第一卷》,北京:商务印书馆1989年版。
2. 胡泳:《众声喧哗——网络时代的个人表达与公共讨论》,桂林:广西师范大学出版社2008年版。
3. 江晓原:《看!科学主义》,上海:上海交通大学出版社2007年版。
4. 《马克思恩格斯选集》第1卷,北京:人民出版社1995年版。
5. 南帆:《双重视域——当代电子文化分析》,南京:江苏人民出版社2001年版。
6. 吴文虎:《传播学概论》,武汉:武汉大学出版社2000年版。
7. 吴予敏:《传播与文化研究》,北京:北京大学出版社2007年版。
8. 夏德元:《电子媒介人的崛起》,上海:复旦大学出版社2011年版。
9. 曾欢:《西方科学主义思潮的历史轨迹》,北京:世界知识出版社2009年版。
10. 赵勇:《大众媒介与文化变迁——中国当代媒介文化的散点透视》,北京:北京大学出版社2010年版。
11. 赵勇:《整合与颠覆:大众文化的辩证法——法兰克福学派的大众文化理论》,北京:北京大学出版社2005年版。
12. 〔美〕阿尔文·托夫勒:《第三次浪潮》,黄明坚译,北京:中信出版社2006年版。
13. 〔美〕阿尔文·托夫勒:《未来的冲击》,孟广均等译,北京:新华出版社1996年版。
14. 〔英〕阿雷恩·鲍尔德温:《文化研究导论》,陶东风等译,北京:高等教育出版社2004年版。
15. 〔加〕埃里克·麦克卢汉、弗兰克·秦格龙:《麦克卢汉精粹》,何道宽译,南京:南京大学出版社2000年版。
16. 〔美〕安德鲁·基恩:《网民的狂欢:关于互联网弊端的反思》,丁德良译,海口:南海出版公司2010年版。
17. 〔古希腊〕柏拉图：《理想国》，郭斌和、张竹明译，北京：商务印书馆1986年版。
18. 〔美〕保罗·莱文森：《软利器：信息革命的自然历史与未来》，何道宽译，上海：复旦大学出版社2011年版。
19. 〔美〕保罗·莱文森：《数字麦克卢汉——信息化新纪元指南》，何道宽译，北京：社会科学文献出版社2001年版。
20. 〔法〕保罗·维希留：《消失的美学》，杨凯麟译，台北：扬智文化事业股份有限公司2001年版。
21. 〔英〕布赖恩·里德雷：《科学是魔法吗》，李斌、张卜天译，桂林：广西师范大学出版社2007年版。
22. 〔日〕村上春树：《电视人》，林少华译，上海：上海译文出版社2002年版。
23. 〔加〕菲利普·马尔尚：《麦克卢汉：媒介及信使》，何道宽译，北京：中国人民大学出版社2003年版。
24. 〔德〕弗兰克·施尔玛赫：《网络至死》，邱袁炜译，北京：龙门书局2011年版。
25. 〔英〕弗里德里希·A.哈耶克：《科学的反革命——理性滥用之研究》，冯克利译，南京：译林出版社2003年版。
26. 〔英〕傅伊德，金：《西方教育史》，任宝祥、吴元训译，北京：人民出版社1985年版。
27. 〔加〕哈罗德·伊尼斯：《传播的偏向》，何道宽译，北京：中国人民大学出版社2003年版。
28. 〔美〕赫伯特·马尔库塞：《单向度的人——发达工业社会意识形态研究》，刘继译，上海：上海译文出版社2008年版。
29. 〔美〕亨利·戴维·梭罗：《瓦尔登湖》，徐迟译，上海：上海译文出版社2004年版。
30. 〔美〕J.赫伯特·阿特休尔：《权力的媒介》，黄煜、裘志康译，北京：华夏出版社1989年版。
31. 〔丹麦〕克劳斯·布鲁恩·延森：《媒介融合：网络传播、大众传播和人际传播的三重维度》，刘君译，复旦大学出版社2012年版，第59页。
32. 〔德〕克拉达·登博夫斯基：《福柯的迷宫》，朱毅译，北京：商务印书馆2005年版。
33. 〔法〕孔多塞：《人类精神进步史表纲要》，何兆武译，北京：三联书店1998年版。
34. 〔美〕林文刚：《媒介环境学：思维沿革与多维视野》，何道宽译，北京：北京大学出版社2007年版。

35. 〔美〕隆·莱博:《思考电视》,葛忠明译,北京:中华书局2005年版。
36. 〔美〕马克·波斯特:《第二媒介时代》,范静晔译,南京:南京大学出版社2005年版。
37. 〔美〕马克·波斯特:《信息方式:后结构主义与社会语境》,范静晔译,北京:商务印书馆2000年版。
38. 〔德〕马克斯·霍克海默:《批判理论》,李小平等译,重庆:重庆出版社1993年版。
39. 〔德〕马克斯·韦伯:《学术与政治》,冯克利译,北京:三联书店2005年版。
40. 〔加〕马歇尔·麦克卢汉、斯蒂芬妮·麦克卢汉、戴维·斯坦斯:《麦克卢汉如是说:理解我》,何道宽译,北京:中国人民大学出版社2006年版。
41. 〔加〕马歇尔·麦克卢汉:《理解媒介——论人的延伸》,何道宽译,北京:商务印书馆2004年版。
42. 〔美〕米歇尔·福柯:《疯癫与文明》,刘北成、杨远婴译,北京:三联书店2007年版。
43. 〔美〕尼尔·波斯曼:《技术垄断:文化向技术投降》,何道宽译,北京:北京大学出版社2007年版。
44. 〔美〕尼尔·波斯曼:《通往未来的过去:与十八世纪接轨的一座新桥》,吴韵仪译,台北:台湾商务印书馆2000年版。
45. 〔美〕尼尔·波兹曼:《童年的消逝》,吴燕莛译,桂林:广西师范大学出版社2004年版。
46. 〔美〕尼尔·波兹曼:《娱乐至死》,章艳译,桂林:广西师范大学出版社2004年版。
47. 〔美〕尼古拉斯·阿伯克龙比:《电视与社会》,张永喜、鲍贵、陈光明译,南京:南京大学出版社2007年版。
48. 〔法〕让·波德里亚:《消费社会》,刘富成等译,南京:南京大学出版社2000年版。
49. 〔英〕斯各特·拉什:《信息批判》,杨德睿译,北京:北京大学出版社2009年版。
50. 〔英〕特雷·伊格尔顿:《十世纪西方文学理论》,伍晓明译,西安:陕西师范大学出版社1987年版。
51. 〔美〕托马斯·A.西比奥克、珍妮·伍米克-要加上西比奥克:《福尔摩斯的符号学——皮尔士和福尔摩斯的对比研究》,钱易、吕昶译,北京:中国社会科学出版社1991年版。
52. 〔加〕文森特·莫斯可:《数字化崇拜——迷思、权力与赛博空间》,黄典林译,北京:北京大学出版社 2010 年版。

53. 〔美〕沃尔特·翁:《口语文化与书面文化:语词的技术化》,何道宽译,北京:北京大学出版社 2008 年版。

54. 〔古希腊〕亚里士多德:《形而上学》,吴寿彭译,北京:人民出版社 2003 年版。

55. 〔美〕约翰·杜威:《确定性的寻求:关于知行关系的研究》,傅统先译,上海:上海世纪出版集团 2005 年版。

56. 〔英〕约翰·洛克:《教育漫话》,傅任敢译,北京:人民教育出版社 1979 年版。

57. 〔美〕约翰·维维安:《大众传播媒介》,顾宜凡等译,北京:北京大学出版社 2010 年版。

58. 〔美〕约瑟夫·斯特劳巴哈、罗伯特·拉罗斯:《今日媒介:信息时代的传播媒介》,熊澄宇等译,北京:清华大学出版社 2002 年版。

59. 〔美〕约书亚·梅罗维茨:《消失的地域》,肖志军译,北京:清华大学出版社 2002 年版。

60. 〔美〕詹姆斯·W. 凯瑞:《作为文化的传播》,丁未译,北京:华夏出版社 2005 年版。

61. Postman, Neil, *Conscientious Objections*, New York: Vintage Books, A Division of Random House. Inc., 1992.

62. Postman, Neil, *The End of Education: Redefining the Value of School*, New York: Vintage Books, A Division of Random House. Inc., 1996.

63. Lance, Strate, *Amazing Ourselves to Death: Neil Postman's Brave New World Revisited*, New York: Peter Lang International Academic Publishers, 2014.

64. Postman, Neil, *Teaching as A Conserving Activity*, Dell Publishing Co., Inc., 1979.

65. Postman, Neil & C. Weingartner, *Teaching as a Subversive Activity*, New York: Dell Publishing Co., Inc., 1969.

期刊、论文

1. 常红梅、高霞:《柏拉图教育思想述评》,《内蒙古师范大学学报》2006 年第 8 期。

2. 陈嘉映:《说隐喻》,《华东师范大学学报》2002 年第 6 期。

3. 陈沛志、王亚平:《浅析宗教改革对西欧近代教育世俗化的影响》,《世界史研究》2008 年第 8 期。

4. 陈晓端:《当代美国教育改革六次浪潮及其启示》,《陕西师范大学学报》2007 年第 6 期。
5. 谌启标:《尼尔·波兹曼学校批判与学校重构理论》,《比较教育研究》2005 年第 4 期。
6. 崔永杰:《科学技术即意识形态——从霍克海默到马尔库塞再到哈贝马斯》,《山东师范大学学报》2007 年第 6 期。
7. 董书华:《论传播的技术垄断》,《东南传播》2008 年第 8 期。
8. 宫艳丽:《教育大辩论与英国近代大学改革》,《现代大学教育》2008 年第 4 期。
9. 顾纪瑞:《美国互联网产业的崛起、特征和前景》,《世界经济与政治论坛》2000 年第 3 期。
10. 管晓刚:《论芒福德技术哲学的研究视角》,《科学技术与辩证法》2009 年第 3 期。
11. 何道宽:《媒介革命与学习革命——麦克卢汉媒介理论批评》,《深圳大学学报》2000 年第 5 期。
12. 何道宽:《媒介环境学辨析》,《国际新闻界》2007 年第 1 期。
13. 何道宽:《异军突起的第三学派——媒介环境学评论之一》,《深圳大学学报》2006 年第 6 期。
14. 何宏:《"科学主义"我选择回避》,《中华读书报》2000 年 6 月 28 日。
15. 贺圣遂:《技术是如何改写出版史的?》,《中华读书报》2008 年 11 月 15 日。
16. 胡华南:《西方反科学主义思潮产生的原因及思考》,《学术论坛》2007 年第 10 期。
17. 胡赳赳:《2009 中国电视何去何从?》,《新周刊》2009 年第 6 期。
18. 胡立耕:《"人文科学"、"社会科学"及其通称术语的由来与非规范性现象探讨》,《宁夏社会科学》2005 年第 5 期。
19. 胡翼青:《论传播研究范式的表层结构与深层结构——兼论中国传播学 30 年来的得失》,《新闻与传播研究》2007 年第 4 期。
20. 黄艾艾:《童年的消逝与媒体环境保护——兼谈布尔迪厄与波兹曼对电视的文化批判》,《新闻前哨》2006 年第 11 期。
21. 黄敏:《iPad 取代课本走进美国高中》,《北京青年报》2011 年 9 月 5 日。
22. 季苹:《"隐蔽课程"与"废除学校"——美国非学校化思想述评》,《教育科学研究》1997 年第 6 期。

23. 健生:《美国的电子邮件》,《电脑报》1991 年 3 月 25 日。
24. 江晓原:《科学是魔法吗?》,《第一财经日报》2007 年 7 月 27 日。
25. 江怡:《美国实用主义哲学的现状及其分析》,《哲学动态》2004 年第 1 期。
26. 姜玉洪:《科学技术是一种新的意识形态吗?——评法兰克福学派的理论》,《理论探讨》2004 年第 6 期。
27. 蒋原伦:《当代艺术与阐释性批评——多媒介语境下艺术评价机制之探析》,《文艺研究》2010 年第 12 期。
28. 蒋原伦:《技术垄断:当代人的文化困境》,《中华读书报》2008 年 10 月 31 日。
29. 瞿辉:《波兹曼媒介思想研究——电子媒介时代的技术悲观主义》,兰州大学 1997 年硕士论文。
30. 李日容:《浅析罗蒂对基础主义的批判》,《经济与社会发展》2008 年第 2 期。
31. 李舒:《3 亿网民时代》,《瞭望新闻周刊》2009 年第 3 期。
32. 李晓云:《尼尔·波兹曼的媒介生态学研究》,四川大学 2007 年博士学位论文。
33. 李艳霞:《科学技术是一种新的意识形态——法兰克福学派的科学技术意识形态观点剖析》,《理论界》2006 年第 9 期。
34. 李自强:《西方现代科学主义思潮的来源与发展》,《河南社会科学》2002 年第 5 期。
35. 梁盛:《快乐的芝麻街》,《视听界》2006 年第 1 期。
36. 刘丹:《人文主义"新学术"与英国近代的绅士教育》,《贵州师范大学学报》2005 年第 2 期。
37. 刘何蓉:《中美主流媒体社会问题报道的比较》,安徽大学 2012 年硕士学位论文。
39. 刘华杰:《如何面对狂奔的技术?》,《中国新闻出版报》2008 年 3 月 7 日。
39. 刘新科:《简论雅典教育兴衰的历史原因及现代启示》,《教育史研究》1991 年第 3 期。
40. 刘旸辉:《美国新闻界对社会舆论的报道与研究》,《中国记者》2010 年第 2 期。
41. 刘英杰:《科学技术何以成为意识形态》,《学术交流》2009 年第 7 期。
42. 刘永谋:《媒介编码 VS 社会控制:尼尔波兹曼的信息论》,《自然辩证法研究》2011 年第 5 期。
43. 陆月宏:《哈耶克:驱除唯科学主义的迷雾》,《中华读书报》2003 年 11 月 14 日。
44. 吕岚:《从电视媒介看布尔迪厄的媒介批判理论》,《东南传播》2007 年第 2 期。

45. 梅琼林、王志永:《试论传播学研究中实证主义和人文主义方法的融合》,《文化研究》2006年第6期。
46. 蒙锡岗:《借鉴与融通:真理观研究范式流变述评》,《学术论坛》2008年第3期。
47. 彭焕萍:《媒介即隐喻——从麦克卢汉到波兹曼》,《人民日报》2006年9月19日。
48. 彭兰:《现阶段中国网民典型特征研究》,《上海师范大学学报》2008年第6期。
49. 平丽:《英国绅士教育研究》,华东师范大学2007年博士学位论文。
50. 漆玲玲:《伊里奇"非学校化"思想述评》,《外国教育研究》2004年第10期。
51. 秦州:《麦克卢汉的价值中立辨析》,《国际新闻界》2011年第11期。
52. 邵培仁、廖卫民:《思想·理论·趋势:对北美媒介生态学研究的一种历史考察》,《浙江大学学报》2008年第3期。
53. 神彦飞:《古典时期雅典的学校教育》,山东大学2008年博士学位论文。
54. 宋霞:《哈贝马斯科技理论探讨》,《世界历史》2001年第2期。
55. 宋永平、刘晓勇:《法兰克福学派科学技术意识形态理论的发展逻辑及其评价》,《兰州大学学报》2006年第3期。
56. 孙益:《校园反叛——美国20世纪60年代的学生运动与高等教育》,《清华大学教育研究》2006年第4期。
57. 单波、王冰:《西方媒介生态理论的发展及其理论价值与问题》,《新闻与传播研究》2006年第3期。
58. 王樊逸:《被依赖的入侵者——村上春树文本中的大众媒介》,《读书》2011年第10期。
59. 王晓升:《阿多诺对于实证主义社会理论的三个基本命题的批判》,《江海学刊》2005年第3期。
60. 王元骧:《对文艺研究中"主客二分"思维模式的批判性考察》,《学术月刊》2004年第5期。
61. 吴国盛:《芒福德的技术哲学》,《北京大学学报》2007年第6期。
62. 吴康:《技术悲观主义与技术乐观主义评析及其借鉴意义》,《科技创新导报》2008年第22期。
63. 夏燕:《鼠标撬动世界 中国互联网二十年脉动》,《观察与思考》2007年第24期。
64. 晓德:《微博改变中国社会生态》,《国际先驱导报》2011年7月8日。
65. 谢耘耕:《中国电视娱乐节目市场报告》,《新闻界》2005年第4期。

66. 熊凤：《中国电视节目娱乐化的文化思考》，《湘潮》2007年第3期。
67. 熊光清：《中国网络民主中的多数暴政问题分析》，《社会科学》2011年第3期。
68. 徐贲：《笑话幽默和公共话语》，《中国新闻周刊》2011年5月23日。
69. 徐曼曼：《iPad进课堂引发争议》，《教育》2013年第10期。
70. 许静：《舆论研究：从思辨到实证》，《国际新闻界》2009年第10期。
71. 岩芳、黄小晏：《柏拉图〈理想国〉中的教育哲学探析》，《理论学习》2007年第3期。
72. 殷晓蓉：《社会转型与杜威的传播思想》，《新闻大学》2008年第3期。
73. 殷晓蓉：《战后美国经验主义传播学的演变及其启示》，《新闻大学》1999年第2期。
74. 曾建辉：《尼尔·波兹曼媒介思想初探》，《重庆邮电大学学报》2009年第5期。
75. 张浩军：《柏拉图〈国家篇〉中的教育思想述评》，《徐州师范大学学报》2007年第5期。
76. 张闳：《作为世俗神话的电视文化》，《南风窗》2007年第5期。
77. 张亮：《雷蒙·威廉斯"文化唯物主义"视域中的电视》，《文艺研究》2008年第4期。
78. 张炜：《论印刷媒介对近代早期英国教育变革的影响》，《杭州师范大学学报》2011年第2期。
79. 张轶骁：《电视仍是中国第一大媒介》，《新京报》2011年11月9日。
80. 张永红：《20世纪60年代美国新左派运动历史背景之分析》，《南京师大学报》2005年第1期。
81. 郑祥福：《从认识论视域解读大众文化》，《浙江社会科学》2003年第3期。
82. 周国平：《渐行渐远的童年》，《中国新闻周刊》2005年第14期。
83. 周可真：《罗蒂的后哲学文化观》，《江苏大学学报》2005年第3期。
84. 周荣芳：《伊里奇非学校化教育思想及其对我国构建学习型社会的启示》，福建师范大学2008年硕士论文。
85. 周宪：《文化工业/公共领域/收视率——布尔迪厄的媒体批判理论》，《国外社会科学》1999年第2期。
86. 〔美〕林文刚：《论传通教育课程内的传播科技：一个浮士德的交易？》，《新闻学研究》1999年第58期。

87. 〔美〕林文刚:《媒介生态学在北美之学术起源简史》,陈星、崔保国译,《中国传媒报告》2003 年第 2 期。

88. 〔美〕罗蒂:《实用主义:过去与现在》,张金言译,《国外社会科学》2000 年第 4 期。

89. Downie, Peter, "Neil Postman Interviewed with Peter Downie," at NYU, summer 1991, for Progress and Prophesy.

90. Kavanagh, Peter, "An Echoing Silence in His Wake," *The Globe and Mail*, October 11, 2003.

91. McLuhan, Eric, "Neil Postman, 1931—2003", www. Remembering Neil Postman. com, December, 2003.

92. Nelson, Robert, "Television and the Decline of Public Discourse," *The Civic Arts Review*, Vol. 3, No. 1, November, 1990.

93. Postman, Andrew, "Eulogy for Neil Postman," delivered on October 8, 2003, Parkside Chapel, Forest Hills, Queens.

94. Postman, Neil, "Alfred Korzybski," *Etcetera: A Review of General Semantic*, Winter, 2003—2004.

95. Postman, Neil, "A 'Simple' Way to Improve School," *High School Ed English Journal Urbana*, November, 2004.

96. Postman, Neil, "Commentary: Learning in the Age of Television," *Teacher Magazine/Education Week*, December 4, 1985.

97. Postman, Neil, "Dues Machina," *Technos Quarterly*, Winter, 1992.

98. Postman, Neil, "Epilogue: Cyberspace, Shmyberspace," in Lance Strate, Ron Jacobson, Stephanie B. Gibson, eds., *Communication and Cyberspace: Social Interaction in an Electronic Environment*, Cresskill, New Jersey: Hampton Press, 1996.

99. Postman, Neil, "Informing Ourselves To Death," This speech was given at a meeting of the German Informatics Society (Gesellschaft fure Informatik) on October 11, 1990, in stuttgart, ponsored by IBM-Germany.

100. Postman, Neil, "Language Education in a Knowledge Context," *Etcetera: A Review of General Semantic*, Spring, 1980.

101. Postman, Neil, "Neil Postman Ponders High Tech," *Online Newshour*, January 17, 1996.

102. Postman, Neil, Nelson, Robert, "Television and the Public Decline of Public Discourse," *The Civic Arts Review*, Winter, 1989.

103. Postman, Neil, "Of Luddites, Learning, and Life," *Technos Quarterly*, Winter, 1993, Vol. 2, No. 4.

104. Postman, Neil, "Propaganda," *Etcetera: A Review of General Semantic*, Summer, 1979.

105. Postman, Neil, "Science and the Story that We Need," Skirball Institute on American Values in Los Angeles.

106. Postman, Neil, "Seven Ideas About Media and Culture," *The Speech Communication Annual*, 1992.

107. Postman, Neil, "Social Science as Theology," *Etcetera: A Review of General Semantic*, Spring, 1984.

108. Postman, Neil, "Technology as Dazzling Distraction," *Technos Quarterly*, Winter, 1993.

109. Postman, Neil, "Television News Narcosis," *The Nation*, March 1, 1980.

110. Postman, Neil, "The American Experiment," *Teacher Magazine / Education Week*, September 6, 1995.

111. Postman, Neil, "The Disappearing Child," *Educational Leadership*, March, 1983.

112. Postman, Neil, "The Educationist as Painkiller," Originally published in English Education (1988), pp. 7—17. It was also published in *Conscientious Objections* (New York: Alfred A. Knopf, 1988), pp. 82—96.

113. Postman, Neil, "The Error of Our Ways," *Teacher Magazine*, August, 1995.

114. Postman, Neil, "The Humanism of Media Ecology," in Keynote speech at the first annual convention of the Media Ecology Association, 2000.

115. Postman, Neil, "The Metaphor in the Machine," *The Nation*, January 19, 1980.

116. Postman, Neil, "The Reformed English Curriculum," in A. C. Eurich ed., High School 1980, *The Shape of the Future in American Secondary Education*, New York: Pitman, 1970.

117. Postman, Neil, "The Technical Thesis: Protection in the Power of Those Traditional Value," in Seton Hall University, South Orange, New Jersey, November 9, 1978.

118. Postman, Neil, "Virtual Students, Digital Classroom," *The Nation*, October 9, 1995.

119. Postman, Neil, Weingartner C., "How to Recognize a Good School," *Phi Delta Kappa Educational Foundation Copyright*, 1973.

120. Rosen, Jay, "Neil Postman: A Civilized Man in a Century of Barbarism," www.Salon.com, October 10, 2003.

121. Rosen, Jay, "Neil Postman (1931—2003): Some Recollections", pressthink.org, October 7, 2003.

122. Rubin, Eugene, "Stirring Up Trouble About Technology," *Language & Education*, Aurora February, 2002.

123. Saxon, Wolfgang, "Neil Postman, 72, Mass Media Critic Dies," *The New York Times*, October 9, 2003.

124. Schuchhardt, Rob, "A Tribute to Neil Postman," *The New Pantagruel*, Winter, 2004, in Postman online.

125. Shanon, Claude, "A Mathematical Theory of Communication," *Bell System Technical Journal*, Vol. 27, 1948.

126. Shi, David, "Looking Backward into the New Millennium," *Christian Science Monitor*, September 23, 1999.

127. Strate, Lance, "Neil Postman, Defender of the Word," *Etcetera: A Review of General Semantic*, 2004.

128. Strate, Lance, "Post(modern)man, Neil Postman as A Postmodernist," *Etcetera: A Review of General Semantic*, Summer, 1994.

129. Terence M. Ripmaster, "How Neil Postman Changed My Life," *Etcetera: A Review of General Semantic*, Winter, 2003.

130. Thaler, Paul, "A Teacher's Life: Remembering Neil Postman," *The Villager*, Vol. 73, No. 28, 2003.

131. Walljasper, Jay, "Neil Postman is No Progressive," *Conscious Choice*, January, 2000, in Postman online.

132. Woo, Elaine, "Neil Postman, 72; Author Warned of Technology Threats," *The Los Angeles Times*, December 12, 2003.

133. Zimmerman, John, "Postman as Prophet," *New York Post*, October 12, 2003.

主题词索引

A

爱心斗士 244,256,267

C

阐释年代 90
成年/成人 8,9,25,33,133—138,140—145,151,157,160,211,276,288
成人化的儿童 145

D

道德神学 234,236
道德哲学 13,185
电视课堂 165,168
电视认识论 99,101,103,104,106,108,109,144,161
电视文化 3,53,57,92,93,106,108,116,119,124,141
电子媒介环境 136,158,247
电子文化 6,9,11—13,16,18,20,24,39,43,55,56,79,80,90,91,99—101,108,118,131,136,137,153,168,169,178—180,191,206,207,210,246,247,249,250,254,259,269,277,287—290
多维历史课程 260

E

躲躲猫的世界 25,124,250

儿童化的成人 141,142,145

F

废话探测 41,42,52,247,248,262
浮士德的交易 31,197,198,216

G

工具使用文化 179,183—185,188,217,218
公众话语模式（结构） 104,109

H

恒温器 19,248
宏大叙事 9,257,258,272
后视镜 42,43,261
互联网/网络 9,13—15,19,20,68,76,91—93,96—98,103,108,144,156,179,195—200,202,213—216,219,243,245,251,253,263,264,269—284,289,290
怀疑 32,59,173,184,256,267

J

技术代价论 197

技术垄断(文化) 170
技术迷思 189,190,194
技术统治文化 179,183—188,193,217,218,222
教育改革 1,19,20,22,24,39,43,46,49,51,53,66,149,156,157,249,251,255,257,267
教育危机 8,145—149,153,156,157,165,168

K

科学主义 11,80,170,185,222—230,233—237,243,286
客观 7,54,57,59—61,63,75,77,90,172,174,177,186,191,197,215,219,220,222,223,225,226,229—232,238,239,242,261,280,282,286

L

勒德分子 18,26,32,55,275,288
理性 10,11,14,15,17—21,25,26,31,49,58—61,63,77,78,83,87—90,96,99,100,103—106,109,110,115,117,119—121,123—125,130,131,133,135,142—144,147,148,150,153,161,163—165,169,175,182,184,191,193,194,196,199,204,211,216,218,220,221,224,225,228—231,234,236,244,246,248,252—256,258,263,264,267,269,278,282—284,286—290
历史 3,4,7—11,13,16,17,19,26—28,35,38,42,43,49,59,61,63,66,72,75,77,78,80,82—85,91,94,104,106,107,112,113,116,118,120,124,125,128,131,133,136,139—142,144,147,149,153,157,159,161,168,177—179,181,182,188,194—197,205,206,208,209,215,220,223—226,228,233,235,237,240,244,247,253—255,257,258,260—263,265,267,268,275,276,278—280,283,284,286,288—290

M

媒介方式 2,4,7,48,65,67,68,71—73,76,77,99,146,240
媒介环境学 1,2,5,9—11,14,17,19,22,24—26,36,40,43—48,50,53,54,56,66,73,149,150,157,158,181—183,211,222,234,240,247,248,253,269,270,285,286,291
媒介即讯息 2,14,25,64,66—69,76
媒介即隐喻 2,4,25,65—68,70—72,76,172,176
媒介偏向 4,14,169,221,247,260,264
媒介认识论 56,65,172
媒介素养 39,49,50,251,260,263
民意调查 237,240—243

P

批判思维 164,255,262
平衡 5,6,12,16,19,24,46,48,168,178,181,182,200,210,239,247—249,254,259,289
普通语义学 2,22,30,33—39,43—45,48,52

Q

启蒙 6,11,19,26,86,88,89,134,222,

224,254—257

确定性 16,53,57,58,60—62,113,205,225,231

R

人类的进步 8,174,258,267

人文主义/关怀 10,11,17,19,22,25,46,49,150,151,183,233,257,269,291

人性化的未来 19,21,43

S

社会科学 9—11,185,188,223,225—227,229—231,234,236,267,286

实用主义 61—63,77,78

实证主义 11,224—227,229—234,237—240

双重视域（复视） 13,16,17,287

T

童年 1,5,7—9,14,17,20,25,27,51,93,115,122,132,133,136,138—143,151,171,172,190,192,209,211,287,288

W

微博 15,68,108,167,195,215,263—265,280,282,283,290

未来冲击 51,52,210,251

伪语境 200,204,205

文化保存/平衡（观） 19,55,246,247,249

文化素养 119,153,209,252,253,257,285,286

X

心理测试/实验 286

信息等级制度 132—138,140,142,211,268,279,290

信息泛滥 9,12,20,168,170,178,200,205—207,209—211,213,216—219,221,243,246,252,256—259,271,277,279,283

信息机器 205,207,209,271

信息委琐 217—220,243

学校 8,9,11,14,16,19,20,23,24,26,28,34,40,42,43,49,51—54,86,94,98,134—136,138,146,147,149—165,167,168,178,194,200,215,217,218,246—254,256—261,263,266,267,273,288

Y

意识形态（偏向） 2,174,176,178,200,218,219

隐喻 39,42,52,66—76,132,174,212,236

印刷文化认识论 79,80

娱乐（化） 8,18,20,80,95,106,109,115,120,128,131,144,145,159,168,221

舆论 83,96,240—243,264,279,281—283

语义环境 37,43,48,53

元媒介 80,81,94,96,141,159

元语义学 44

Z

责任迁移 242,243,256

真理　7,19,41,57—65,72,77—80,86,87,99,103,148,161,174,177,192,224,225,231,233,236,237,243

真实　12,16,36,37,41,59—61,63,67,78,88,94,103,104,115,116,118,125,137,143,159,174,177,190,197,201,205,213,214,216,219,222,224,229,238,241,270,271,286

芝麻街　159—161,165,169,257,266

知识　2,7,10,13—16,18,23,40—42,45,48,52,55,56,58—61,63,64,70,72,75,77,79,81,83,85—87,89,91,93,94,96,99—103,111,112,116,127,133—136,138,140—142,146—148,150,152,153,157—161,165—168,170,176—180,186,193,197,200,201,209,212—214,220,221,223,225,226,228,233,238,239,242,243,246,249,252,254—257,259,261—263,267,277,279—281,288

资讯　100,104,195,200,204,209,220,246,270,271,277,287

自媒体　214,264,280,282

致　　谢

本书能顺利完成,首先要感谢北京师范大学蒋原伦教授。他是我学术研究的领路人和教导者。本书得到了他的悉心指导。在写作过程中,他引导我用"路径"概念去探索波兹曼的媒介学思想。

感谢北京师范大学赵勇教授和方维规教授、首都师范大学陶东风教授和邱运华教授、北京外国语大学汪民安教授、北京邮电大学周晔教授对本书提出的修改意见;感谢媒介环境学第三代代表人物、媒介环境学会会长Lance Strate(兰斯·斯特雷特)和波兹曼夫人Shelley为我答疑解惑,感谢波兹曼纪念网站建设者Christopher Blosser(Kew Gardens, New York)、Joshua Sowin的热心帮助;感谢北京邮电大学梁翠媚老师、北京航空航天大学万涛老师、江西省南昌市广南学校熊英老师给予的英文指导;感谢北京大学出版社周丽锦主任和武岳编辑的辛勤付出;感谢清华大学谢维和教授、南昌大学王仙凤、易平和陈建华教授、北京邮电大学王文宏教授对我的无私帮助!

感谢父亲吴尚志、母亲熊根凤,他们给予我无微不至的关怀,让我全身心地投入到写作工作中。感谢我的先生熊伟,一路走来,他与我相濡以沫、风雨同舟。他的理解、陪伴与支持,是我坚强的精神后盾。感谢可爱调皮的儿子熊晟杰,他是上天赐予我的独一无二的瑰宝。在书稿写作的艰辛之旅中,他那天真烂漫的笑容带给我无限的满足和纯恬的欢愉。家人的笑容是我最大的慰藉和不竭的源泉!

感谢每一位帮助过我的人们,感谢你们赐予我的缕缕温暖,漫漫人生路,我将继续努力前行!

吴晓恩

2015年春,回龙观